Inhalt

Einleitung

Eine Passage aus einem US-amerikanischen Bericht, der als topsecret eingestuft war, beschäftigt seit mehr als 15 Jahren einige Forscher. In verschiedensten Arbeiten wurde diese Passage immer wieder zitiert, ohne allerdings je genauer untersucht zu werden: »Auf der Brennerpassroute, von Österreich herkommend, ist die erste Station an der Untergrundlinie [des jüdischen Fluchtwegs; Anm. SE] in Italien ein Schloss in Meran, dessen Direktoren deutsch sprechen. Es heißt offenbar ›SCHLOSS RAMETZ‹ und gehört CRASTAN, Albert, einem Juden, der sich als Schweizer Konsul und Mitglied des Internationalen Roten Kreuzes ausgibt. Während des Krieges war er Agent einer SS-Sondereinheit, ›SCHLOSS LABERS‹ oder auch ›WENDIG-GRUPPE‹ genannt, welche Oberst Friedrich SCHWENDT unterstand, der nur gegenüber KALTENBRUNNER und HIMMLER Verantwortung zu tragen hatte. Vier andere jüdische Agenten dieser Gruppe sind auf freiem Fuß. Ein gewisser VAN HARTEN, JAAC, im Moment in der Hayarkon-Straße 184 in Tel Aviv/Palästina wohnhaft, verlangt von der Amerikanischen Regierung fünf Millionen Dollar, welche eine Beute der SS-Gruppe war, die in SCHLOSS RAMETZ und SCHLOSS LABERS – dem Hauptquartier SCHWENDTS – und anderen Gebäuden in Meran lagerte. Bestandteil dieser Beute ist eine große Anzahl gefälschter britischer Pfundnoten. […] Ein anderer Agent Schwendts ist LOVIOZ, Carlo, ebenfalls Jude, ehemals Chef der ›Banca Commerciale‹ in London und derzeit Direktor der ›Banca

Commerciale‹ in Como. Dieser hat einen Bruder, der die ›Basler Bank‹ in der Schweiz leitet. Bei den anderen beiden handelt es sich um die Gebrüder MANSER, von denen der eine während der Nazibesetzung regelmäßig die deutsche Botschaft in Rom mit einem Auto mit IKRK-Nummernschild besuchte. [...] Es ist interessant zu bemerken, dass CRASTAN, VAN HARTEN und die MANSERs, alle, das IKRK [Internationales Komitee vom Roten Kreuz; Anm. SE] als Deckmantel benützen. Es wird vermutet, dass sich VAN HARTEN fälschlicherweise als Holländer ausgibt. Die genaueren Beziehungen zwischen dem Rest von ›SCHLOSS LABERS‹ und dem jüdischen Untergrund sind im Moment nicht bekannt, aber eine Verbindung scheint zu bestehen.«[1]

Dieser Text wurde 1947 vom US-Agenten Vincent La Vista verfasst und 1984 freigegeben. Darin werden mehrere jüdische Nazikollaborateure erwähnt und sogar eine Verbindung mit einem jüdischen Untergrund suggeriert. Was ist wahr an diesen Behauptungen? Wenn sie stimmen: Wie kam es dazu und wie ist das mit der NS-jüdischen Zusammenarbeit zu verstehen?

Diese Fragen sind nicht leicht zu beantworten, denn sie streifen ein geheimnisumwittertes und tabuisiertes Kapitel der Nachkriegszeit. Das bislang zugängliche Material deutet darauf hin, dass sich im idyllischen Kurort Meran die Wege von jüdischen, amerikanischen, schweizerischen und nazistischen Agenten kreuzten. Letztere waren Mitglieder der SS-Zentrale für den Vertrieb von gefälschten englischen Pfundnoten und standen mit Funktionären des Vatikans in Verbindung.

Noch schwieriger ist es, festzustellen, auf welcher Ebene diese anrüchige Zusammenarbeit beschlossen wurde. Zum einen fragten die Agenten in den damals chaotischen Zuständen nicht mehr bei jeder Aktion nach, ob das der Zentrale oder den übergeordneten politischen Instanzen auch so recht sei. Und zum anderen kennen vorsichtige politische Machthaber die Kunst der Spurenverwischung und schieben die Verantwortung für ihre dubiosen, kriminellen Handlungen gerne auf die rangniedrigste Ebene ab.

Dennoch kann man zu der im La-Vista-Report angedeuteten Verbindung zwischen SS und jüdischen Kollaborateuren sowie zu der im La-Vista-Report ausgesparten Verbindung zwischen SS und US-Geheimdiensten schon an dieser Stelle einiges Grundsätzliches sagen: Nach dem Zweiten Weltkrieg gab es zwar von allen alliierten Mächten offizielle Bestrebungen, NS-Kriegsverbrecher zu bestrafen, doch überwogen dann häufig pragmatische, realpolitische Überlegungen: Wenn Nazis mit ihrem Wissen, ihren Verbindungen oder ihrem Geld für die jeweils eigenen Zwecke dienlich sein konnten, dann sollten sie das auch sein.

Als sich der Zweite Weltkrieg seinem militärischen Ende näherte, war es für die Nazis notwendig, die Raubgüter in Sicherheit zu bringen und ihre Zukunft aufzubauen. Zu diesem Zweck mussten auch Verbündete im Lager der Feinde – das hieß bei den Alliierten und bei den Juden – gefunden werden.

Jüdische Organisationen hatten zu dieser Zeit große Flüchtlingsströme zu versorgen und den Kampf um Palästina zu finanzieren. Diese Aufgaben überstiegen ihre finanziellen Möglichkeiten bei weitem. Die Zusammenarbeit mit den Nazis und deren Helfern bot die reale Möglichkeit, diesen Engpass zu überwinden. Denn eine gern ignorierte politische Wahrheit lautet: Moral ist ein *Mittel* der Politik, nicht ihr *Zweck*. Sie ist genau so lange ein Argument in der Politik, solange sie den politischen Zwecken dient – und keine Minute länger. Folglich suchte etwa der israelische Staatsgründer David Ben Gurion Wege, wie aus dem Elend der europäischen Juden Kapital zu schlagen sei. Seine Parole hieß: »Katastrophe ist Macht.«

Was die westlichen Alliierten und die katholische Kirche verband, war die große Gefahr aus dem Osten, die Sowjetunion. Nazis und Faschisten wurden hier als natürliche Verbündete im antikommunistischen Kampf betrachtet. So waren etwa die SS-Geheimdienstler mit ihrem Spionagenetz im Osten sehr interessant. Zudem konnten sie genaue Auskünfte über die verschiedenen Verstecke von Raubgütern geben, was für die Finanzierung des Kalten Krieges nicht unwesentlich war. Die SS musste bei diesem Deal zwar auf einen gewissen Anteil an der Beute verzichten, sie hatte aber angesichts des Umfangs dieser Beute immer noch einen anständigen Happen zur eigenen Verfügung. So gesehen ist es nicht weiter erstaunlich, dass die SS schon während des Krieges den Kontakt zum US-amerikanischen Nachrichtendienstler in der Schweiz, Allen Dulles, suchte. Denn dieser Mann fungierte seit dem Ersten Weltkrieg zusammen mit seinem Bruder John Dulles als eine wichtige Drehscheibe für die Beziehungen zwischen den deutschen und US-amerikanischen Großunternehmen. Beide galten als bekannte und zuverlässige pro-deutsche Wirtschaftsanwälte. Seit seiner Stationierung in Bern Ende 1942 war Allen Dulles deshalb Anlaufstelle für die unterschiedlichsten deutschen Staatsbürger. Einer der ersten hieß Prinz Maximilian von Hohenlohe, ein Delegierter Heinrich Himmlers, der mit einem Sonderfriedensangebot vorstellig wurde. Nach ihm traten noch weitere Boten auf, deren Bedeutung bis heute nicht ganz geklärt ist – nicht zuletzt deshalb, weil relevante US-Akten nach wie vor gesperrt sind.

1945 begann die »Operation Sunrise«, die zur Kapitulation der Deutschen in Norditalien führte. Vom rein militärischen Standpunkt aus betrachtet waren diese Verhandlungen praktisch bedeutungslos, denn das Abkommen wurde erst am 29. April 1945 unterschrieben, also wenige Tage vor dem allgemeinen Kriegsende in Europa. Diese Verhandlungen werden hingegen von verschiedenen Forschern als der Beginn des Kalten Krieges betrachtet. Denn es ist anzunehmen, dass es im Zuge der »Operation Sunrise« auch zu Abmachungen kam, welche die Rettung von SS-Leuten und deren Beute betrafen. Auch die SS-Operation in Meran – die im La-Vista-Report erwähnte »Gruppe Wendig« mit ihrer »Geldwaschanlage« – genoss den Schutz dieses Abkommens.[2]

Die SS-task-force in Meran war das Hauptquartier des Distributions- und Verkaufsapparates der von den Nazis gefälschten britischen Pfundnoten. Diese Blüten wurden im Rahmen des »Unternehmens Bernhard« im KZ Sachsenhausen hergestellt und sollten während des Krieges zur Destabilisierung Englands, aber auch zur Finanzierung verschiedener geheimdienstlicher Tätigkeiten dienen. Nach dem Krieg war die »Gruppe Wendig« offensichtlich für die Zukunftssicherung von zahlreichen Nazifunktionären wichtig und entwickelte sich zu einem Stützpunkt für die Fluchtwege gesuchter Naziverbrecher.

Der im La-Vista-Report erwähnte Friedrich Schwend* alias Dr. Fritz

Wendig war ein gerissener schwäbischer Geschäftsmann, welcher nur pro forma den Grad eines SS-Majors erhalten hatte. Schwend war für die weltweite Distribution des gefälschten Geldes verantwortlich. Nach dem Krieg setzte er sich mit Hilfe des US-Geheimdienstes nach Peru ab, wo er zusammen mit dem »Schlächter von Lyon«, Klaus Barbie, Nazi-Nachkriegsstrukturen aufbaute und finanzierte.
Die geheimnisumwittertste Figur dieser Geschichte ist aber der Jude Jaac van Harten, der auch Yaacov Lewis Levy geheißen haben soll.
Wer war dieser Mann? War er ein Nazikollaborateur oder ein Judenretter? Was wussten die zionistischen Agenten, die ihm und der »Gruppe Wendig« Schutz gaben?
Wie in ähnlich gelagerten Fällen ist die Unterscheidung zwischen Rettungsaktion und Menschenhandel bzw. Kollaboration sehr schwierig. Es ist durchaus denkbar, dass eine Person wie van Harten sich – trotz oder gerade wegen seiner Beziehungen zu den Nazis – aus humanitären Gründen für Juden in Not einsetzte. Viele Akten sprechen aber dafür, dass er doppelspurig, ja opportunistisch handelte, um den Schutz jüdischer Organisationen für die »Gruppe Wendig« in Meran sichern und sich damit selbst den Weg in die Nachkriegsfreiheit bahnen zu können.

In der Folge wird der Versuch unternommen, all diesen gestellten Fragen nachzugehen, in der Hoffnung, mehr Licht in die damaligen Geschehnisse und deren Umständen zu bringen. Dieser Versuch soll – im Wissen, dass das Thema »Kollaboration von Juden mit Nazis« ein heikles Pflaster ist – zur Auflösung der immer noch vorherrschenden Schwarzweißmuster in der Geschichtsschreibung des Zweiten Weltkrieges beitragen.

---

* Friedrich Schwend wird in englischen Quellen, wie etwa dem zitierten La-Vista-Report, aus unklaren Gründen manchmal »Schwendt« geschrieben.

Kapitel 1: Unternehmen Bernhard

Die moderne Kriegsführung verwendet immer bewusster wirtschaftliche Instrumente, um ihre militärischen und politischen Ziele zu erreichen. Dazu gehört nicht nur der Aufbau einer eigenen, möglichst unabhängigen Kriegswirtschaft, sondern auch die Schwächung bzw. Zerstörung des gegnerischen ökonomischen Systems.

Da Nazideutschland unter einem chronischen Devisenmangel litt, erstaunt es nicht, dass früher oder später die Idee zur Fälschung der feindlichen Währungen auftauchte. Zwar war Deutschland 1933 dem Genfer Abkommen zur Bekämpfung der Falschmünzerei beigetreten, doch dies interessierte die SS wenig – schon gar nicht während des Krieges.

Führende Köpfe in der SS sahen darin eine regelrechte Wunderwaffe – eine Wunderwaffe, die sie vor allem gegen die Währung Englands einsetzen wollten, denn das englische Pfund galt vor dem Krieg als wichtigstes internationales Zahlungsmittel und diente seit 1932 in zunehmendem Maße der Reservebildung vieler Staaten. Die Bank von England war deshalb stets darauf bedacht, die Stabilität ihrer Währung zu garantieren. Ein erfolgreicher Schlag gegen diese Bastion des britischen Imperiums hätte fatale Konsequenzen für die ohnehin geschwächte englische Kriegswirtschaft haben können. Dies war zumindest die Überlegung einiger SS-Kaderleute.

Zudem sahen sie in dieser Fälschungsaktion eine günstige Variante für den Import ausländischer, dringend notwendiger Rohstoffe und die

Möglichkeit, geheimdienstliche Auslandsaktivitäten zu finanzieren. Denn auch diese waren durch den Devisenmangel eingeschränkt.
Als über den Ausgang des Krieges keine Zweifel mehr bestanden, änderte sich die Zielsetzung des Unternehmens: Die gefälschten Pfundnoten sollten der Existenzsicherung diverser Nazigrößen dienen, d. h. die Fluchtwege und die Schaffung neuer Nazistrukturen garantieren.
Über den Beginn des Projektes kursieren zwei Versionen. Julius Mader, ein DDR-Forscher, nennt Reinhard Heydrich, den zweithöchsten Mann in der SS-Hierarchie, Chef des SS-Geheimdienstes Sicherheitsdienst (SD), der kurz nach Kriegsbeginn im September 1939 die Initialzündung dazu gegeben haben soll.[1]
Der österreichische Nachrichtendienstoffizier, SS-Oberstleutnant Wilhelm Höttl, Historiker und Autor mehrerer Bücher, bezeichnet hingegen Alfred Naujocks als den Mann, der im Dezember 1939 das Projekt initiiert hat. Der SS-Major Naujocks war zu diesem Zeitpunkt Chef der Gruppe Technik (IV F) des Reichssicherheitshauptamtes (RSHA). Er hatte sich schon zuvor während verschiedener geheimer Einsätze profiliert: Am bekanntesten ist wohl jene von ihm geleitete Operation, in der ein mit polnischen Uniformen getarntes Kommando einen Überfall auf den deutschen Sender Gleiwitz inszenierte, der den Vorwand für den deutschen Einmarsch in Polen lieferte und damit unmittelbar den Zweiten Weltkrieg auslöste.
Laut Höttl, der Naujocks nahe stand, ging dieser im Dezember 1939 zu Heydrich, um ihm das Fälschungsprojekt vorzuschlagen. Heydrich war *der* Mann innerhalb der SS-Hierarchie und erhielt auch bald die Einwilligung Hitlers für dieses Vorhaben. Allerdings lehnte es Hitler ab, auch Dollarnoten zu fälschen; am Rand eines Memorandums notierte er: »Dollar – nein, befinden uns nicht mit den USA im Krieg.«[2]
Um perfekte Fälschungen zu erzielen, wurde in den darauf folgenden zwei Jahren systematisch geplant und geforscht. Naujocks scheute keinen Aufwand, um das »Unternehmen Andreas«, wie das Projekt zu Beginn hieß, zu fördern. Universitätsprofessoren lieferten exakte Papieranalysen, Mathematikprofessoren knackten das Banknoten-Nummerierungssystem. Die besten Papiermacher, Typografen, Graveure und andere Spezialisten wurden zu Rate gezogen.

Verpflichtet wurde auch Bernhard Krüger, Werkstättenleiter der Gruppe VI F in Berlin: Er war ein technisch versierter Mann, der zuvor reichhaltige Erfahrungen im Fälschen von Pässen gesammelt hatte.
Wilhelm Höttl wurde als Historiker von Heydrich persönlich damit beauftragt, Einzelheiten und Hintergrund der ungarischen Franc-Fälschungsaffäre von 1925 zu recherchieren. Vergangene Erfahrungen sollten ausgewertet, allfällige Fehler nicht wiederholt werden.
Höttl, einer der fähigsten und aktivsten SS-Geheimdienstler, wurde immer mehr in das »Unternehmen Andreas« mit einbezogen. Er war auch einer der wenigen, der mit allen Details dieser »geheimen Reichssache« vertraut war, und genoss das volle Vertrauen Naujocks.
Der 1915 in Wien geborene Höttl bewegte sich schon 1931 als 16-Jähriger im Dunstkreis der Nazis; als Student trat er 1933 der in Österreich damals verbotenen SS bei. Im Mai 1934 wurde er zum SD kommandiert und im Dezember 1934 übernahm er dessen Leitung in Wien. Gemeinsam mit seinem Chef Ernst Kaltenbrunner war er wesentlich an den Vorbereitungen zum »Anschluss« Österreichs an Nazideutschland beteiligt.
Seine Doktorarbeit, die er 1937 abschloss, trug den Titel »Anfänge der Deutschen Turnbewegung«. Sein Spezialgebiet war jedoch die Geschichte Ungarns, Rumäniens und anderer südosteuropäischer Länder. Nach dem »Anschluss« Österreichs übernahm er die Referate II, III und 112 (Juden und Freimaurer) und pflegte in dieser Funktion enge Kontakte mit Adolf Eichmann, der damals für die Vertreibung der österreichischen Juden verantwortlich war.
Die historischen Abklärungen Höttls zur Vorbereitung der Fälschungsoperation blieben jedoch nicht sein einziger Beitrag. Wie wir noch erfahren werden, hatte er später eine leitende Funktion im Vertriebsapparat der Falsifikate inne.
Bis Ende 1940 waren die meisten technischen Probleme des »Unternehmens Andreas« gelöst. Es galt nur noch, die Methoden zu verfeinern und dann zur Massenproduktion überzugehen.
Am 1. März 1941 fand die Generalprobe statt. An diesem Tag reiste ein Geschäftsmann in die Schweiz und ließ von seiner Bank, bei der er ein Konto mit beträchtlichen Summen besaß, die Echtheit einiger

Pfundnoten prüfen. Drei Tage später erhielt er eine positive Antwort: Die Banknoten seien einwandfrei echt.[3]

In einer der historischen Beschreibungen dieser Operation, welche die Fingerabdrücke Höttls trägt, wurde behauptet, dass jener Geschäftsmann der im La-Vista-Report als SS-Offizier erwähnte Friedrich Schwend war. Dessen Frau, so wird weiter behauptet, soll früher eine Liebesbeziehung zu einem Direktor der Schweizerischen Nationalbank (SNB) gehabt haben. Dieser wiederum habe die Überprüfung der gefälschten Noten selbst eingefädelt und sei zu einem späteren Zeitpunkt an deren Vertrieb selbst beteiligt gewesen.[4] Die Sichtung der SNB-Akten ergab bisher keine Bestätigung für diese Behauptungen, auch die Akten, die bei der Schweizerischen Bundesanwaltschaft gelagert sind, liefern keinen Hinweis in diese Richtung. Die Zweifel an diesem Gerücht werden außerdem durch den Umstand verstärkt, dass Schwend vermutlich erst ab 1942 an der Operation beteiligt war.

Unabhängig davon nützte Naujocks dieser erste Erfolg in der Schweiz wenig. Denn laut Höttl hatte er es gewagt, seinen Vorgesetzten Heydrich offen zu kritisieren und dessen Befehle zu verweigern, was ihn den Job und beinahe das Leben kostete.

Nach seiner Absetzung wurden die Ziele der Operation radikal geändert: Während das ursprüngliche Konzept den Abwurf der Banknoten über England vorsah – in der Hoffnung, durch diese künstliche »Inflation« die britische Wirtschaft zu destabilisieren –, galt es Ende 1941, dieses Geld zum eigenen Gebrauch zu nutzen und dessen Vertrieb in den neutralen Ländern systematisch aufzubauen.

Eine Ursache dieser Kursänderung war der Angriff auf die UdSSR. Die Luftwaffe argumentierte, dass sie die Flugzeuge nun primär für die Russland-Invasion (»Unternehmen Barbarossa«) benötigen würde. Zusätzlich verzögerte sich durch den Russland-Feldzug die Produktion der Pfundnoten, da nun vorrangig Rubel gefälscht wurden …

Das Projekt erhielt dann 1942 einen neuen Namen: »Unternehmen Bernhard« – benannt nach dem neuen Chef, dem schon erwähnten Bernhard Krüger.

Nun wurde die Produktion von der SS-Werkstätte an der Delbrückstraße in Berlin in den Block 19 des KZ Sachsenhausen verlegt. Vermutlich erschien die umfangreiche Herstellung der Falsifikate über einen längeren Zeitraum hinweg in einer zivilen Umgebung zu riskant. Einer der vielen zivilen Beteiligten hätte ja etwas »ausplaudern« können – ganz im Gegensatz zu KZ-Insassen konnte die SS Zivilisten nicht so einfach liquidieren.

Die Wahl fiel auf Sachsenhausen, da dort – nahe Berlin – auch diverse SS-Verwaltungsabteilungen tätig waren. Aus anderen KZ wurden professionelle Geldfälscher, Fachkräfte aus der grafischen Branche, zumeist Juden, nach Sachsenhausen verlegt. Kurzfristig bedeutete dies für die Häftlinge eine Verbesserung ihrer Lebensumstände. Zu ihren »Privilegien« gehörte – wie nach dem Krieg aus dem Toplitzsee geborgene Akten beweisen[5] – auch die Möglichkeit, in der Kantine Zigaretten, Käse, Zahnpasta und andere »Luxusgüter« zu kaufen. Auf die Dauer aber wurde die Angst, umgebracht zu werden, immer quälender. Zudem waren sie auch hin- und hergerissen zwischen dem Wunsch, das Projekt zu sabotieren, und dem Willen, zu überleben, was aber nur durch gute Arbeit zu erreichen war.[6]

Die SS war offensichtlich mit der geleisteten Arbeit sehr zufrieden, denn Krüger beantragte, so Höttl, 1943 die Verleihung von Kriegsverdienstmedaillen; dies nicht nur für SS und zivile Mitarbeiter des »Unternehmens Bernhard«, sondern sogar für 12 KZ-Insassen, darunter drei Juden.

Es wurden britische Noten im Wert von 5, 10, 20 und 50 Pfund gedruckt, ebenso russische Rubel; nebenbei wurden aber auch amerikanische Schiffsbriefe oder holländische Geburtsurkunden hergestellt und gegen Kriegsende amerikanische Dollar und jugoslawische Banknoten (das so genannte Titogeld).

Nach den Berechnungen des tschechischen KZ-Häftlings Oskar Skála wurden bis 1944 8,9 Millionen britische Banknoten im Gesamtwert von 134,6 Millionen Pfund Sterling hergestellt. Zum Vergleich: Im Jahre 1933 hatten die Goldbestände des britischen Empires einen Umfang von 137 Millionen Pfund Sterling. Allerdings konnten längst nicht alle Falsifikate in Umlauf gesetzt werden: Es mangelte an Zeit für den umständlichen Vertrieb und vor allem war die Qualität einzelner Notenserien ungenügend.

Laut Mader betrug der Gesamtprofit des »Unternehmens Bernhard« zugunsten des Dritten Reichs etwa 1 Milliarde Reichsmark, was etwa 50 Millionen Pfund Sterling entsprach.[7]

»Geht man bei der Quantität der Falschgeldproduktion von einer nur zweijährigen ununterbrochenen Fließbandherstellung aus, so fälschte das SD-Syndikat täglich durchschnittlich 12 500, monatlich durchschnittlich 375 000 britische Banknoten. Als tägliche Spitzenproduktion wurden 64 000 gefälschte Banknoten registriert.«[8]

Am 4. Juni 1942 starb in Prag Reinhard Heydrich, seit 1941 stellvertretender Reichsprotektor in Böhmen und Mähren, an den Folgen eines Attentats. Die offizielle Version lautet bis heute, dass die Täter Tschechen waren, die vom britischen Geheimdienst ins Land eingeschleust worden waren. Höttl selbst war nie ganz von dieser Version überzeugt; er brachte den Mord vielmehr mit einem SS-internen Machtkampf in Verbindung.

Höttl, der zusammen mit Naujocks bei Heydrich in Ungnade gefallen war, wurde nach dessen Tod wieder ins Amt VI des RSHA nach Berlin geholt. Der Chef des SD, Walter Schellenberg, legte Wert auf Höttls Mitarbeit, da dieser als Vertrauter des österreichischen Heydrich-Nachfolgers Ernst Kaltenbrunner galt. Höttls Aufgabenbereich umfasste nun die Balkanländer und Italien.

Seine Tätigkeit in Italien und die engen Kontakte zum ebenfalls aus Österreich stammenden SD-Mann in Rom, Willy Gröbl, spielten eine zentrale Rolle für den Aufbau und die Leitung des Falschgeld-Verteilernetzes. Gröbl führte nämlich eine der wichtigsten Personen in die Operation ein: Friedrich Schwend.

Der Schwabe Schwend wurde 1906 in Böcklingen/Heilbronn geboren. Sein Vater war Kfz-Mechaniker und nach dem Besuch einer Handels- und Gewerbeschule durchlief auch er eine Mechanikerlehre. Danach arbeitete er zwei Jahre als Fahrlehrer und Kfz-Sachverständiger, anschließend war er für einige Jahre Vertreter einer Motoren- und Flugzeugfabrik tätig. Ab 1934 bereiste er als selbständiger Kaufmann Europa, Asien, Nord- und Südamerika.[9] Die sowjetische »Neue Ökonomische Politik« (NEP) der 20er-Jahre, welche private Unternehmungen wieder zuließ, lockte ihn in die UdSSR. Sein dortiger Aufenthalt machte Schwend zu einem brennenden Antikommunisten.[10] Insofern ist es nicht erstaunlich, dass er für längere Zeit Berater und Wirtschaftsbevollmächtigter des weißrussischen Generals Semjonow wurde. Es war Schwend, der die Waffeneinkäufe Semjonows in Europa besorgte.

Schwend, der bei der rechtsradikalen Schwarzen Reichswehr* gewesen war, schrieb für den General ein Memorandum, worin er die Grundsätze einer Partisanenkriegsführung formulierte. Dieses Memo war später während des Russland-Feldzugs für die Wehrmacht von Bedeutung und Höttl musste sich einsetzen, dass der wendige Schwend nicht von dieser Seite beansprucht wurde.

Anfang der 30er-Jahre verbrachte Schwend einige Zeit in Deutschland und wurde dort am 1. Februar 1932 aktives Mitglied der NSDAP. Nach Hitlers Machtergreifung verfasste er mehrere Papiere, in denen er vor der neuen Politik der isolationistischen Selbstversorgungswirtschaft warnte und für eine internationalistische Offenheit plädierte. Göring, der den deutschen Großunternehmen nahe stand, zeigte sich offen gegenüber diesen Überlegungen.

Bald begann die Gestapo sich für Schwend zu interessieren und es wurde in Deutschland für ihn ungemütlich. Er zog nach New York, wo er seine Funktion als Vermögensverwalter der Getreidehandelsfirma Bunge & Born fortsetzte. Die Mitbesitzerin dieser Firma, Charlotte Bunge, war die Tante von Schwends erster Frau und vom angeheirateten Neffen sehr angetan. Dank dieses Vertrauensbonus hatte Schwend freie Hand in allen geschäftlichen Angelegenheiten, sodass er über große Vermögen verfügen konnte.

Noch vor dem Krieg kehrte er nach Europa zurück, ließ sich aber aus Angst vor der Gestapo im adriatischen Kurort Abbazia nieder. Die Gestapo konnte ihn jedoch 1941 unter einem Spionageverdacht verhaften und nach Deutschland ausliefern lassen. Aus dieser Notsituation ret-

* Schwarze Reichswehr: Illegale Einheiten aus Zeitfreiwilligen, die unmittelbar von der Reichswehr oder mit ihrer Duldung eingerichtet wurden. Die Reichswehr hatte die Aufgabe, illegale Waffenlager zu bewachen und die Grenzen, vor allem gegenüber Polen, zu schützen. Sie verstieß damit gegen die Demilitarisierungsbestimmungen des Versailler Vertrags. Ähnlich rechtsradikal wie die Freikorps, war sie nach 1924 bedeutungslos.

tete ihn der SD-Geheimdienstler Willy Gröbl, der Schwend in Italien kennen gelernt hatte und ihn als *die* Kapazität für den internationalen Vertrieb der Pfundnoten einschätzte.

So begann Schwend 1942 für das »Unternehmen Bernhard« zu arbeiten. Er sah darin viele Möglichkeiten, da man die Banknoten in großen Mengen absetzen konnte, doch glaubte er nicht, dass man damit den wirtschaftlichen Zusammenbruch Englands erzwingen würde. Er plante eine Zentralstelle aufzubauen, von der aus generalstabsmäßig Filialen in aller Welt gegründet und gesteuert werden sollten.

Der SD-Chef Schellenberg blockte aber ab – vielleicht befürchtete er, dass eine Panne beim Absetzen des Falschgeldes seine damaligen Bemühungen, einen Sonderfriedensvertrag mit England abzuschließen, torpedieren könnte.

Nur nach langem Drängen konnten ihm Höttl und Krüger die Erlaubnis zu einem Probelauf in Frankreich abringen. Dieser lief allerdings schief und das Projekt erlitt einen herben Rückschlag. Danach konzentrierte die »Bernhard-Lobby« ihre Tätigkeit auf Kaltenbrunner, doch auch er war skeptisch. Der Durchbruch gelang, nachdem der in Rom stationierte Gröbl einen Geheimdienstcoup hatte landen können. 1942 übergab SD-Mann Willy Gröbl Mussolini einen Bericht, demzufolge sich dessen Schwiegersohn und Außenminister Graf Galeazzo Ciano sehr abschätzig über seinen Schwiegervater – eben Mussolini – geäußert hätte. Ciano, der auch von Hitler nicht sonderlich geschätzt wurde, fiel in Ungnade. 1943 wurde er als Außenminister entlassen, was Höttls Überzeugungsarbeit in Berlin erleichterte. Denn in der NS-Diktatur überzeugte – wie praktisch überall – nichts mehr als der schnelle Erfolg.

So war es auch in diesem Fall und Kaltenbrunner erhielt mühelos den Segen Hitlers zum »Unternehmen Bernhard«.[11]

»Das war also die Wiedergeburt des bereits abgetöteten ›Unternehmens Bernhard‹. Aus der Art, wie dieser Erfolg zustande gekommen war, konnte man wertvolle Schlüsse ziehen. Es war auch in der Diktatur möglich, ein Projekt durchzusetzen, das von allen führenden Funktionären bislang abgelehnt worden war – man musste nur einen Mann finden, der das Ohr des Diktators besaß, und außerdem den Mut, die

betreffende Sache vorzutragen. Freilich musste man dabei taktisch richtig vorgehen; man musste auch hie und da etwas riskieren. Vor allem aber musste man sich ein für alle Mal damit abfinden, dass im Dritten Reich alles auf das Persönliche abgestimmt war. Nur wenn man sich danach richtete, konnte man auf Erfolg rechnen. Für irgendeinen Vorschlag Gründe der Zweckmäßigkeit, der logischen Richtigkeit oder gar der Gerechtigkeit ins Treffen zu führen reichte nicht hin. Man musste die persönlichen Machtinteressen des betreffenden Vorgesetzten, seine jeweilige persönliche personalpolitische Situation (ob er ›richtig lag‹ oder nicht) und nicht zuletzt auch seine momentane Stimmung berücksichtigen. Das letztgenannte Moment war besonders bei Hitler wichtig. Wenn es gelang, ihn zu einer günstigen Stunde zu erreichen, konnte man sehr viel erreichen. Gute Taktiker hatten auch eine Methode gefunden, ihn in jene gute Stimmung zu versetzen, die sie brauchten, um irgendein Projekt durchzubringen: sie koppelten ihren Vorschlag einfach mit der Bekanntgabe einer günstigen Nachricht, von der sie wussten, dass sie Hitler Freude machte. Dann waren die nötigen Voraussetzungen geschaffen und man konnte in solchen Augenblicken auch ›unabänderliche Entschlüsse‹ ins Wanken bringen, ja Entscheidungen herbeiführen, die der bisherigen Linie völlig widersprachen.
Aber dieses Spiel war schlechterdings zermürbend; kein Mensch hielt es länger als ein paar Jahre durch. Denn die geschilderte Methode konnte ebenso gut einmal versagen und dann war Hitlers Zorn über den Mann, der so ›unverschämte Ansinnen‹ an ihn stellte, besonders heftig.
Der Unglückliche konnte dann leicht in der Versenkung verschwinden.«[12]
Nachdem Hitler grünes Licht gegeben hatte, konnte es endlich richtig losgehen. Zum Sitz der Zentrale erkor Friedrich Schwend Schloss Labers, das unweit von Meran inmitten von Wein- und Obstgärten lag. Wilhelm Höttl stellte eine Wachmannschaft zur Verfügung und kreierte dafür eine spezielle Dienststelle mit dem Namen »Sonderstab – Generalkommando III. Germanisches Dienstkorps«. Schwend wurde als Einkäufer des Korps deklariert, erhielt den Grad eines SS-Majors und den Decknamen Dr. Wendig. Auf diesen Namen besaß er eine ganze Palette von Personaldokumenten diverser Nationen. Diese waren nicht

gefälscht, sondern mit Falschgeld gekauft worden. Zu dieser Sammlung von Originaldokumenten gehörten gegen Kriegsende auch Ausweise der Partisanen; so konnte er sich auch in Zeiten, als sich die Fronten ständig änderten, frei bewegen.

Schwend gründete in Triest die Firma »Saxonia«, die Waren aller Art – hauptsächlich auf dem Schwarzmarkt – ein- und weiterverkaufte. Allerdings wurde beim Einkauf mit Falschgeld bezahlt, während die Firma beim Verkauf echte Devisen, Gold etc. kassierte.

Schwends Agenten, die »Chefverkäufer« oder auch »Chefeinkäufer«, waren mitunter sehr respektabel wirkende Personen: »Ich hatte erwartet, den üblichen Schwarzhändlertypen zu begegnen, aber ich hatte mich getäuscht. Die Herren wirkten durchwegs seriös [...]. Auch zwei Bankdirektoren lernte ich bei Schwend kennen, einen Italiener und einen Schweizer, der so würdig aussah, dass ich mich scheute, mit ihm von falschem Geld zu sprechen. Auch Schwends Agenten im Ausland, besonders in Portugal und Schweden, sollen durchwegs von gleicher Art und Haltung gewesen sein, ebenso einige Südamerikaner, die Schwend von früher her kannte und nun für das ›Unternehmen Bernhard‹ heranzog. Es spricht für Schwends Menschenkenntnis und für die Richtigkeit seines Auswahlprinzips, dass im ganzen Verlauf der Aktion nur wenige Pannen passierten – und niemals mit einem ›Chefverkäufer‹, wie Schwends Spitzenagenten hießen. Die Zwischenfälle, die praktisch nicht zu vermeiden waren, wurden durchweg von Unteragenten verschuldet.«[13]

Zu den wichtigen »Chefeinkäufern« gehörten zwei Brüderpaare, die Schwend in Abbazia kennen gelernt hatte: Rudolf und Oskar Blaschke und die Schweizer Alfred und Franz Manser. Hinzu kamen die Bankiersgeschwister Arthur und Carlo Lovioz und ein jüdisch-österreichischer Betrüger namens Georg Spencer Spitz. Eine zentrale Rolle für die folgende Geschichte spielte aber ein gewisser Jaac van Harten, der in Wirklichkeit Julian Yaacov Levy geheißen haben soll.

Die Organisation Schwends bekam ein Drittel des Verkaufsumsatzes, trug aber das gesamte Verlustrisiko. Wurde eine Fälschung entdeckt, waren allein die »Chefeinkäufer« für die finanziellen Konsequenzen verantwortlich. Sie erhielten dafür 25 Prozent des Erlöses, Schwend »lediglich« 8 $^{1}/_{3}$ Prozent.

Schwend wurde laut Höttl trotz guter Geschäfte nicht reich, denn er investierte stets in die Infrastruktur der Operation, kaufte Häuser, Schiffe usw., die für den Ausbau notwendig waren. Er hatte auch hohe Auslagen für Bestechungen und ähnliche »Betriebskosten«. Höttl berichtet weiter, dass Schwend nicht durch Ideologie oder Gewinnsucht motiviert war, vielmehr stellte seine Tätigkeit im Rahmen des »Unternehmens Bernhard« eine Art sportliche Betätigung für ihn dar, einen Nervenkitzel bei gewagten Aktionen, wie zum Beispiel dem unrentablen, aber sehr gefährlichen Handel mit den Partisanen. Höttl lässt jedoch unerwähnt, dass diese Geschäfte höchstwahrscheinlich als eine Art Lebensversicherung für die Nachkriegszeit gedacht waren und Schwend kurzfristig auch in den von den Partisanen kontrollierten Gebieten Bewegungsfreiheit garantierten.
Eine zuverlässige Charakterisierung Schwends fehlt. Bis zu einem gewissen Grad musste man wohl eine Spielernatur sein, um sich in solche Abenteuer zu verstricken. Wenn man dazu noch berücksichtigt, dass Schwend in den 70er-Jahren in Deutschland als Sozialfall lebte, dann scheint sich die romantisierende Darstellung Höttls allerdings fast schon wieder zu bestätigen.

Kapitel 2: Blaschke in Liechtenstein

Erstmals registrierten die Schweizer Behörden am 16. November 1942 die gefälschten Pfundnoten beim Grenzübertritt einiger Flüchtlinge.
Am 23. November 1942 gab Schwends Chefeinkäufer Rudolf Blaschke im Postamt von Vaduz ein Paket mit Banknoten im Wert von 10 000 Pfund auf. Das Paket war an Josef Dommen, Devisenchef der American-Express (Amexco) in Zürich adressiert. Absender: Friedrich Schwend.
Zwei Tage später telefonierte Blaschke von Vaduz aus mit Dommen und bat ihn, Schweizer Franken in der entsprechenden Höhe auf eine Bank in Vaduz zu überweisen. Blaschke deutete an, dass einige Noten gefälscht sein könnten; Dommen solle deren Echtheit kontrollieren – offensichtlich waren die »Bernhard«-Leute so von ihren Blüten überzeugt, dass sie das Risiko, bei dieser Aktion enttarnt zu werden, eingehen wollten.[1]
Am 27. November übergab Dommen der Schweizerischen Nationalbank (SNB) je eine 5- und 10-Pfund-Note und verlangte hartnäckig eine gründliche Begutachtung. Bei der darauf folgenden Überprüfung wies zumindest die Fünfernote kleinere Abweichungen vom Original auf. Sicherheitshalber und weil Dommen so insistiert hatte, leitete die SNB das Geld an die Notendruckerei Orell Füssli weiter. Nach einer langen Untersuchung schloss sich deren Experte der Meinung des SNB-Rechtsbüros an.
Danach wurden die Zürcher Kantonspolizei und die Schweizerische

Bundesanwaltschaft eingeschaltet. Sofort wurden die übrigen Scheine bei Amexco beschlagnahmt. Blaschke konnte als Absender des Paketes eruiert und im liechtensteinischen Schaan verhaftet werden. Er war im Besitz einer Grenzkarte für den Kleingrenzverkehr Feldkirch–Liechtenstein. Diese Karte war auf den Namen Hans Hacker ausgestellt. Die polizeilichen Nachforschungen ergaben, dass Blaschke 1900 in Wien geboren war und seinen Wohnsitz in Zagreb/Kroatien hatte. Weiter notierten die Beamten Blaschkes Liaison mit einer Schweizerin namens Alice Frauchiger – das in einer Zeit, in der das nichteheliche Zusammenleben zweier nicht gleichgeschlechtlicher Menschen strafbar war, ihre gemeinsame Übernachtung auch dem Portier des Hotels Adler in Vaduz am 25. November aufgefallen war.
Am 1. Dezember 1942 informierte die SNB die Bank von England telegrafisch und übersandte auch einige Falsifikate mit der Bitte, diese zu überprüfen. Nach kurzer Zeit bestätigten die Briten, dass es sich um Blüten handle.
Nichtsdestotrotz äußerte sich die SNB über die Qualität der Fälschung außerordentlich lobend: »Die vorliegenden Falsifikate erweisen sich als ganz vorzüglich gelungene und daher um so gefährlichere Nachahmungen der erwähnten zwei englischen Notenabschnitte; ihre Merkmale liegen, was den Druck anbelangt, in ganz kleinen Einzelheiten, die für den Laien kaum erkennbar sind und deren Umschreibung zuhanden des Publikums Schwierigkeiten bereitet. Das Papier ist vorzüglich ausgewählt und unterscheidet sich beim Betrachten und Anfühlen nicht von demjenigen der echten Noten; auch die Nachahmung des Wasserzeichens ist ganz vorzüglich gelungen.«[2]
Im Vergleich zur gründlichen Untersuchung der Nationalbank waren die Bemühungen anderer Schweizer Behörden äußerst gering. So verzichtete die Zürcher Staatsanwaltschaft auf ein Auslieferungsgesuch, was angesichts des schwerwiegenden Vorwurfes der Geldfälscherei verwundert.
Diese Unterlassung gab dem SD die Chance, einem wichtigen Mitarbeiter Schwends aus der Patsche zu helfen. Im Mittelpunkt dieser Bemühungen stand offenbar der damalige stellvertretende Regierungschef Liechtensteins, Alois Vogt, der ausgesprochen gute Kontakte zu

diversen SS-Kadern pflegte. So berichtet SD-Chef Klaus Hügel, dessen Stuttgarter Abteilung für die Spionage in Liechtenstein und der Schweiz zuständig war, dass sich sowohl Willy Gröbl als auch Friedrich Schwend an Vogt gewandt hätten.

»Sie hatten, wie ich dann […] erfuhr […] auf Dr. Vogt versucht einzuwirken, dass er die Freilassung Blaschkes erwirke. Dr. V. erzählte mir hiervon unter dem Gesichtspunkte, dass ihm dies völlig unmöglich gewesen sei und dass ihm die ganze Angelegenheit sehr unerfreulich sei. Ich solle mich doch dafür einsetzen, dass solche Aktionen wie Sch.[wends; Anm. SE] auf keinen Fall mehr von Liechtenstein aus versucht würden.«[3]

Nach einer anderen Version war es Hügel selbst, der zusammen mit Gröbl Vogt bestechen wollte.

Unabhängig davon meldete sich nach dieser SD-Intervention ein deutscher Polizeikommissär aus Feldkirch namens Kriener bei Vogt. Im Verlauf des Gesprächs meinte Vogt, dass ein deutsches Auslieferungsgesuch in Liechtenstein auf jeden Fall ernsthaft geprüft werde. Im späteren Verhör durch die Schweizerische Bundesanwaltschaft versuchte Vogt fast überdeutlich zu vermitteln, dass diese Idee nicht von ihm, sondern von seinem deutschen Gesprächspartner stammte – offensichtlich wollte er auch nachträglich so wenig wie möglich mit der Sache zu tun haben.[4]

In der Folge wurde tatsächlich von deutscher Seite ein Auslieferungsgesuch wegen des angeblichen Vergehens von Blaschke gestellt. Stets bemüht, sich vorteilhaft dazustellen, behauptete Vogt später, dass er dieses Gesuch blockiert hätte, weil die formellen Bedingungen des Begehrens nicht erfüllt gewesen wären: Das Gesuch war von der Oberstaatsanwaltschaft in München und nicht vom zuständigen Ministerium in Berlin ausgestellt. Deswegen will Vogt seinem Chef vorgeschlagen haben, dieses Gesuch »in die Schublade zu legen«.

Das zwiespältige Verhalten Vogts verdient eine tiefere, längst fällige Untersuchung vor allem vor dem Hintergrund der ebenso zwiespältigen Beziehungen zwischen dem Fürstentum Liechtenstein und Nazideutschland. Denn diesem wichtigen Politiker wird immerhin Kollaboration mit den Nazis vorgeworfen und dies dürfte nur die Spitze des Eisbergs darstellen. Aus unerklärlichen Gründen aber blieb der kleinen Monarchie und ihren Repräsentanten die Auseinandersetzung mit der eigenen Vergangenheit – im Gegensatz zu allen benachbarten Ländern – bis heute erspart.

Rudolf Blaschke jedenfalls wurde lediglich wegen unbefugten Grenzübertritts zu einer Arreststrafe verurteilt, das Verfahren wegen versuchten Betrugs wurde eingestellt. Kurz danach wurde Blaschke aus Liechtenstein nach Deutschland ausgewiesen.

Vogt beklagte sich nachträglich, dass die Staatsanwaltschaft Zürich in diesem Fall nicht aktiv gewesen sei und dem liechtensteinischen Untersuchungsrichter keine genügenden Beweismittel zur Verfügung gestellt, ja sich für den Fall überhaupt nicht interessiert habe. Er dementierte vehement, dass ihn der SD bestechen wollte; überdies konnte oder wollte er keine Auskunft dazu geben, wie Blaschke zu der auf Hacker lautenden Grenzkarte gekommen war.

Die Blaschke-Aktion hätte für das »Unternehmen Bernhard« gravierende Konsequenzen haben können, wenn er in die Hände eines pro-britischen Schweizer Polizisten geraten wäre – in den Ämtern befanden sich schließlich Sympathisanten und Agenten *aller* Kriegsparteien. Doch auch so war die Aktion unangenehm, denn nach Blaschkes Verhaftung wurden weitere deutsche Stellen auf diese »geheime Reichssache« aufmerksam, was angesichts der internen Ränkespiele und des klandestinen Charakters der Operation weitere Komplikationen nach sich ziehen konnte.

Den Briten und Schweizern wurde spätestens damals die deutsche Fälschungsaktion bewusst; außerdem mehrten sich in der Schweiz die Fälle, in denen solche Blüten auftauchten. Wie viele falsche Pfundnoten insgesamt unentdeckt in der Schweiz abgesetzt werden konnten, lässt sich heute schwer abschätzen. Angaben finden sich möglicherweise in den »Santos Papieren«, Schwends Akten, die in den 70er-Jahren in Peru beschlagnahmt wurden, dort aber nach wie vor großteils unter Verschluss liegen. Im ebenfalls konfiszierten Adressbuch fand sich auch der Name Blaschkes, der nach dem Krieg unbehelligt in der Schweiz lebte; in den Akten der Schweizerischen Bundesanwaltschaft existiert nicht einmal ein Dossier Blaschke!

Kapitel 3: Graf Ciano

Während keine Angaben über die Anzahl der »Bernhard-Einkäufer« in anderen Ländern existieren, sollen alleine in Italien mindestens 60 Personen für Friedrich Schwends Firma »Saxonia« tätig gewesen sein. Hier, in der Zentrale seiner »Geldwaschanlage«, wurden auch viele Blüten abgesetzt und immer wieder spektakuläre Aktionen durchgeführt.

Zu den wohl bekanntesten Operationen, die in Italien mit Falsifikaten finanziert wurden, zählt die Befreiung des inhaftierten Mussolini am 12. September 1943 durch eine SS-Kommandoeinheit. Der Leiter dieser riskanten Aktion, Otto Skorzeny, wurde damit weltberühmt, sein »Unternehmen Eiche« »kostete« 50 000 »Pfund«.

Das Schicksal von Mussolinis Schwiegersohn, Graf Galeazzo Ciano, war ebenfalls eng mit dem »Unternehmen Bernhard« verbunden. Es waren, wie schon erwähnt, »Bernhard«-Blüten, die seinen Niedergang als Italiens Außenminister eingeleitet hatten: Mit Falsifikaten war der Bericht über seine despektierlichen Bemerkungen, seinen Schwiegervater betreffend, finanziert worden.

Obwohl der abgesetzte Minister mittlerweile zu den Verschwörern gegen den Duce gehörte, fühlte er sich auch nach dem Sturz Mussolinis in Italien nicht sicher. Denn er war im Volk wegen seines extravaganten Lebensstils verhasst und nur die Popularität seiner Frau Edda hatte ihm knapp das Leben gerettet.

Am 22. August 1943 wandte sich nun die Gräfin Ciano über einen SS-

Vertreter in Italien an Hitler und bat ihn, sie und ihre Familie nach Deutschland zu holen. Hitler reagierte prompt: »Der Führer lädt Gräfin Ciano und ihre Kinder als seine Ehrengäste nach Deutschland ein und erwartet sofort Vorschläge, wie das Befreiungsunternehmen geplant ist.«[1] Für den Grafen hegte Hitler offenbar keine großen Sympathien, denn er meinte, dieser solle »dort bleiben, wo der Pfeffer wächst«.
Trotzdem organisierte Wilhelm Höttl eine Befreiungsaktion für die ganze Familie Ciano und brachte sie nach München. Der SD-Mann kümmerte sich sehr um den Grafen; sein Hauptinteresse galt dabei den berühmten Tagebüchern des prominenten Italieners, die verschiedenen Gerüchten zufolge politischen Sprengstoff enthielten. Vor allem wollte Höttl jenes Material ergattern, das den deutschen Außenminister Joachim von Ribbentrop gegenüber Hitler schwer belasten würde. Diese Information hätte helfen sollen, Ribbentrop auszuschalten, den Höttl ebenso wie sein höchster Dienstvorgesetzter Kaltenbrunner und einige andere NS-Granden als »Schädling und Zerstörer« betrachteten. Was Höttl damals allerdings noch nicht wusste, war, dass in diesen Tagebüchern auch Hitler nicht geschont wurde; sie waren somit als Waffe in Deutschlands innenpolitischen Machtkämpfen untauglich.
Graf Ciano bemerkte Höttls brennendes Interesse und verlangte eine überraschende Gegenleistung: »Können Sie mir nicht Ihre Pfundverteilung für Südamerika geben?«[2]
Ein italienischer Politiker fragt einen deutschen Agenten, ob er beim »Waschen« gefälschter Pfundnoten mitmachen könne? Höttl war von Cianos profundem Wissen über die »geheime Reichssache« sehr irritiert; dies um so mehr, als ihm der ehemalige Außenminister erklärte, seine Informationen stammten ursprünglich aus einer englischer Quelle. Ciano verfügte über ein ausgedehntes Beziehungsnetz mit wichtigen Personen, Banken und anderen Unternehmen in Südamerika und er schilderte seine Möglichkeiten, dort für das »Unternehmen Bernhard« tätig zu sein, in den rosigsten Farben. Er wollte als »Chef-Verkäufer« den ganzen Kontinent bedienen. Friedrich Schwend war von dieser Perspektive begeistert.
Der Südamerika-Plan Cianos wäre auch beinahe realisiert worden, doch da beging die Gräfin einen gravierenden Fauxpas: Sie war am 20. Sep-

tember 1943 zu einem Gespräch bei Hitler eingeladen und erwähnte so nebenbei ihre Absichten, nach Südamerika auszuwandern. Zu spät bemerkte sie ihren Fehler und verschlimmerte die Situation noch, indem sie Hitler erzählte, dass sich ihr Mann nur zur Ruhe setzen wolle, um seine Memoiren zu schreiben und sich damit vor der Weltöffentlichkeit zu rechtfertigen. Hitlers Empörung über diese Absichten war groß und kostete Ciano letztlich das Leben. Am 2. November wurde er nach Italien ausgeliefert und in Verona verhaftet.

Wilhelm Höttl, der nach wie vor an Cianos Tagebücher herankommen wollte, setzte sich massiv für den Häftling ein. Am 10. Januar 1944 wurde Graf Ciano jedoch zum Tode verurteilt und am nächsten Tag erschossen. Cianos Liste mit südamerikanischen Kontaktpersonen hingegen »überlebte« und war für Friedrich Schwend auch nach Cianos Tod von großem Nutzen. Leider zeigte Höttl nach 1945 ausgerechnet in diesem Zusammenhang ausgeprägte Gedächtnislücken: Er konnte sich nur mehr an wenige Namen erinnern.

Die Gräfin flüchtete jedenfalls unmittelbar nach dem Tod ihres Mannes mit einigen Vermögenswerten und den allseits begehrten Tagebüchern in die Schweiz. Kaltenbrunner, der ebenfalls an den Tagebüchern interessiert war, schickte Höttls ehemalige Sekretärin, Hildegard Beetz, in die Schweiz, wo sie im Rahmen des »Unternehmens Felicitas« beim deutschen Konsulat in Lugano eine Stelle antrat. Beetz hatte bis zu dessen Verhaftung für den Grafen Ciano gearbeitet und sollte nun mit der Gräfin Kontakt aufnehmen. Doch das misslang: Die Gräfin erhielt zwar politisches Asyl in der Schweiz; die Behörden unterbanden aber jeglichen »heiklen« Kontakt mit der Außenwelt, da der Bundesrat einen Skandal befürchtete. Deshalb hatte sie sich auch Elsa Pini zu nennen und wurde zuerst einmal in das Schwyzer Kloster Ingenbohl gesteckt. Im Sommer 1944 lieferte man sie schließlich wegen Depressionen in eine Walliser Nervenheilanstalt ein.

Doch die Vorsichtsmaßnahmen nützten alle nichts: Dass Mussolinis Tochter in der Schweiz lebte, wurde von der Presse publik gemacht. Als Antwort auf die dann entbrannte heftige Kritik schrieb Bundesrat von Steiger im Februar 1944: »Mitleid und Menschlichkeit, ja sogar der Anstand haben überhaupt erst dann einen Wert, wenn wir solchen

Leuten wohl tun, die uns an und für sich unsympathisch, ja sogar widerlich sind und denen wir nicht aus einer ersten und natürlichen Gefühlsbewegung heraus eine Wohltat erweisen. Leuten Gutes zu tun, die wir ohnehin lieben und die uns sympathisch sind, ist nicht schwer. Die größere Aufgabe beginnt erst da, wo wir es eigentlich unter Überwindung von innerer Abneigung tun.«[3]

Wohl formuliert, nur kann man leider nicht behaupten, dass die schweizerische Flüchtlingspolitik gegenüber den meisten anderen Verfolgten von einem nur annähernd vergleichbaren Mitgefühl geprägt war.

Kapitel 4: Die jüdische Connection

Hämisch schrieb Wilhelm Höttl in seinen Memoiren: »Als besonderer Leckerbissen galt bei diesem Vertrieb [der gefälschten Pfundnoten; Anm. SE], dass die eigentlichen Agenten häufig – möglicherweise sogar in der Mehrzahl – Juden waren, die in diesem Metier zu Hause waren.«[1]
Die bisherigen Recherchen konnten diese Behauptung, welche interessanterweise auch vom US-amerikanischen Geheimdienstler Vincent La Vista gemacht wurde, in diesem Umfang nicht bestätigen. Es gab zwar einige jüdische Agenten im Dienste Friedrich Schwends, es scheint jedoch, dass es sich hierbei um Übertreibungen handelt, die stark von den Vorurteilen gegenüber Juden beeinflusst sind.

Unabhängig davon ist es aber eine Tatsache, dass es in allen von den Nazis besetzten Teilen Europas eine beträchtliche Anzahl von jüdischen Kollaborateuren gab – ein sachlicher Umgang mit dieser Tatsache fällt Historikern aber offensichtlich bis heute schwer.

Die eine Seite stürzt sich auf das Thema, um von der eigenen Verantwortung abzulenken, und will damit den Beweis erbringen, dass »die Juden an ihrem Schicksal selbst schuld sind«. Die Gegenseite versucht das Vorhandensein dieser Kollaboration zu ignorieren, da sie – vielleicht unbewusst – eigentlich die gleiche Schlussfolgerung aus diesem Tatbestand zieht und gleichzeitig eine Stärkung der Auschwitzleugner befürchtet. Diese Haltung übersieht aber, dass die Kollaboration eine Widerspiegelung bestehender Machtverhältnisse ist: Kollaborateure verweisen auf die tatsächlichen Machthaber, die ein sol-

ches System einrichten, in dem sie dann Kollaborateure benützen können. Die Zusammenarbeit der Verfolgten mit ihren Peinigern stellt also keine Entlastung für Letztere dar, ganz im Gegenteil.
Diese Angst vor dem Thema Kollaboration behindert eine öffentliche Auseinandersetzung damit – ein Umstand, der sicher durch das Gefühl vieler Nicht-Juden verstärkt wird, bei diesem Themenkomplex ohnehin nur in Fettnäpfchen treten zu können.
Es scheint, dass die gängigen Analysen immer noch von einem krassen Schwarzweißdenken geprägt sind: Das Bild von »den Juden« ist nach wie vor entweder sehr positiv oder sehr negativ. »Der Jude« ist in den Augen vieler kein normaler Mensch – er ist Engel oder Dämon. Wobei der Übergang von einem Vorurteil in das andere jeweils nahtlos erfolgen kann.
Auf die Geschichtsschreibung des Zweiten Weltkrieges wirkt sich dies verheerend aus: Es gibt nur noch Opfer und Täter. Die Grauzonen dazwischen werden weitgehend ausgeblendet. Bekannt ist etwa die Typologie des Shoa-Forschers Raul Hilberg,[2] nach der sich angesichts der Judenvernichtung drei Rollenträger ergeben haben: Opfer, Täter und Zuschauer*. Diese Typologie stimmt zwar, es darf aber nicht übersehen werden, dass es sich dabei oft nicht um verschiedene Personen handelt, sondern um verschiedene Charakterzüge ein und derselben Person: Sie bildet oft eine unheilige Dreieinigkeit aller dieser divergierenden Eigenschaften.
Die Behandlung dieser Thematik erfordert also von Fachhistorikern genauso wie von allen anderen Menschen ein hohes Maß an Mut, Unbefangenheit und Differenzierungsfähigkeit.
Diese Unbefangenheit wird noch schwieriger, wenn es sich nicht nur um Kollaboration in einzelnen, isolierten Fällen handelt, sondern um die Zusammenarbeit von jüdischen *Organisationen* mit den Nazis. Die Gefahr, dass solch tragische Erscheinungen dann auf das gesamte Judentum projiziert werden – so als ob irgendeine Organisation alle Juden repräsentieren könnte –, ist unübersehbar.

---

* Die deutsche Sprache benötigt eigentlich eine vierte Kategorie: »Wegschauer«, ein Bedeutungselement, das im englischen »Bystander« ebenfalls enthalten ist.

Auch innerhalb der jüdischen Diskussion zum Thema Kollaboration zeigen sich zwei Hauptpositionen: Das eine Lager scheut keine Mühe, jegliche kritische Auseinandersetzung im Keime zu ersticken (was allerdings einleuchtet, da derartiger Widerstand von einflussreichen Bewegungen und Organisationen ausgeht, die die Aufarbeitung der eigenen schmerzhaften Vergangenheit verhindern wollen). Wenn es um die damalige Rolle der Jewish Agency (JA) geht, bildet sich andererseits eine eigenartige Koalition aus antizionistischen ultraorthodoxen und säkularen Juden sowie rechtsradikalen Zionisten, die eine schonungslose Aufklärung verlangt, wobei zuweilen mit unhaltbaren Vorwürfen nicht gespart wird.
Die Rechtsradikalen wollen damit die israelische Arbeiterpartei angreifen, welche damals die bestimmende Kraft der JA war. Die religiösen sowie die weltlichen Antizionisten sehen in der JA-Haltung angesichts der Judenvernichtung den besten Beweis für den antijüdischen Charakter der zionistischen Bewegung: Diese sei nur darauf bedacht gewesen, die Not der europäischen Juden für den eigenen politischen Zweck auszunutzen, nämlich die Errichtung eines jüdischen Staates in Palästina voranzutreiben. Die JA-Führung habe sich nicht davor gescheut, sogar Rettungsaktionen zu sabotieren und in bestimmten Fällen eben mit den Nazis zu kollaborieren.[3]
Mit den Verkrampfungen und Tabuisierungen wurde schon die jüdische Philosophin Hannah Arendt konfrontiert, als sie 1961 im Rahmen ihrer Berichterstattung über den Eichmann-Prozess in Jerusalem es wagte, die Rolle der so genannten Judenräte bei der Deportation der Juden in die Konzentrationslager zu beschreiben.[4] Diese jüdischen Gremien hatten – häufig ohne Kenntnis der Konsequenzen – der NS-Vernichtungsmaschinerie Hilfe geleistet, indem sie für einen reibungslosen Ablauf der Deportationen sorgten und sich auch aktiv gegen jüdische Widerstandsaktionen stellten. Dem großen Deportationsspezialisten Adolf Eichmann und den SS-Kommandos wurde dadurch viel Aufwand erspart – was in Kriegszeiten natürlich wichtig war.
Arendt wagte es, noch weiter in diese Tabuzone vorzustoßen, indem sie das problematische Verhalten des JA-Direktoriums angesichts der Vernichtung der ungarischen Juden zur Sprache brachte. Ihre Kritik

daran unterschied sich wesentlich von derjenigen, welche die Judenräte betraf: Bei Letzteren handelte es sich zum Teil um Gremien von kleinen, von der Welt vollkommen abgeschnittenen Gemeinden, deren verzweifelte Führer die drohende Vernichtungsgefahr nicht sehen konnten oder wollten. Der JA-Führung hingegen warf Arendt vor, sich ein schreckliches politisches Kalkül angeeignet zu haben: Sie hätte der Errichtung eines jüdischen Staates bewusst mehr Gewicht beigemessen als der Rettung der europäischen Juden.

Diese Haltung kommt in einer Rede David Ben Gurions zum Ausdruck, der als JA-Vorsitzender von 1935 bis 1948 der wichtigste zionistische Politiker war. Diese Rede kann als komprimierte Fassung eines Programms gelten:

»Wenn die Juden vor der Auswahl von Flüchtlingen, also der Rettung von Juden aus Konzentrationslagern oder der Unterstützung der nationalen Heimstätte in Palästina stehen, dann wird das Mitleid die Oberhand behalten, und die ganze Energie der Leute wird in die Rettung von Juden aus verschiedenen Ländern kanalisiert werden. Der Zionismus wird nicht nur in der öffentlichen Meinung in der Welt und in Großbritannien von der Tagesordnung gestrichen werden, sondern auch von der jüdischen öffentlichen Meinung anderswo. Wenn wir eine Trennung des Flüchtlings- vom Palästina-Problem zulassen, riskieren wir die Existenz des Zionismus.«[5]

Ben Gurions Position war nicht nur Theorie, es war die Linie der Hauptströmung des Zionismus und prägte ihre »Rettungspolitik« – so der Vorwurf. Jene Rettungsversuche wirken – mit sehr wenigen Ausnahmen – wie Alibiübungen. Die Verteidiger dieser Politik behaupten bis heute, dass diese Prioritätensetzung richtig gewesen sei, zumal man ohnehin nicht viel hätte ausrichten können. Dagegen sprechen die verschiedensten Aussagen von Rettungsaktivisten, die der JA verbrecherisches und absichtliches Unterlassen möglicher Rettungsaktionen vorwerfen.

Arendt, die eine explizit kritische Position vertrat, nahm in ihrer Argumentation Bezug auf die Aktivitäten des zionistischen Rettungskomitees in Budapest unter der Leitung von Rudolf Kastner*. Diesem wird vorgeworfen, dass er 1944 zusammen mit Adolf Eichmann wissentlich die

Deportation nach Auschwitz mit organisiert hat – und dies nach vorheriger Absprache mit dem JA-Direktorium.
Diese Ereignisse, die als die Kastner-Affäre bekannt wurden, belasten Israel bis heute und sind noch nicht restlos geklärt. Für die Kritiker stellen sie den größten Verrat der zionistischen Führung am europäischen Judentum dar, die Verteidiger hingegen sehen in den damaligen Bestrebungen den größten und mutigsten Versuch, Juden aus einer äußerst hoffnungslosen Situation zu retten.
Arendt schrieb: »Der größte ›Idealist‹, den er, Eichmann, jemals unter den Juden getroffen hatte, sei Dr. Rudolf Kastner gewesen, mit dem er während der ungarischen Judendeportationen verhandelt hatte und übereingekommen war, die ›illegale‹ Ausreise einiger tausend Juden nach Palästina zu gestatten (die Züge wurden tatsächlich von deutscher Polizei bewacht), als Gegenleistung für ›Ruhe und Ordnung‹ in den Lagern, aus denen Hunderttausende nach Auschwitz transportiert wurden. Da die wenigen Tausend, die durch diesen Handel gerettet wurden, prominente Juden und Mitglieder der zionistischen Jugendbewegung waren, also im Sinne Eichmanns ›bestes biologisches Material‹, hatte Dr. Kastner eben die anderen Juden seiner ›Idee‹ geopfert, wie es sich für einen Idealisten gehört.«[6]
Die Kastner-Affäre wird in einem nachfolgenden Kapitel noch genauer beleuchtet.
Arendt löste mit ihren Veröffentlichungen über den Eichmann-Prozess im Magazin »New Yorker« und ihrem darauf folgenden Buch »Eichmann in Jerusalem. Ein Bericht von der Banalität des Bösen« heftigste Reaktionen aus. Es ist insofern nicht verwunderlich, dass ihr Buch erst 1999 ins Hebräische übersetzt wurde. Im selben Jahr wurde mit dem Dokumentarfilm »Le Spezialist« ihre Arbeit auch einem größeren israelischen Publikum bekannt und sie als Person ernst- bzw. wahrgenommen.
Doch wieder zurück zum Verteilungsapparat des »Unternehmens

---

* Rudolf Kastner wird auch manchmal hebräisiert als Israel Kastner erwähnt; auch die ungarische Schreibweise Kasztner taucht in Quellen auf. Um Missverständnisse zu vermeiden, wird er im ganzen Buch Rudolf Kastner genannt.

Bernhard«. Hier konnten – entgegen den Behauptungen Höttls und La Vistas – bis jetzt nur einige jüdische Kollaborateure eruiert werden. In einem Fall handelt es sich um den Anführer einer international operierenden kriminellen Bande, ein anderer stand in engem Kontakt mit der Jewish Agency, was der »Gruppe Wendig« später enorm helfen sollte.
Der erwähnte Anführer der kriminellen Bande hieß Georg Spencer Spitz. Der 1893 in Wien geborene Kaufmann, dessen vermögender Vater im Exportgeschäft tätig war, schien ab Anfang der 20er-Jahre in zahlreichen europäischen Strafregistern auf, da er mehrfach als Betrüger und »notorischer Agent von Animierbanken« verurteilt worden war.
In einem Verhör in Luzern beschrieb sich Spitz wie folgt: »Ich bin in Wien aufgewachsen & in die Schule gegangen. Ich besuchte die Volksschule, nachher die Bürgerschule & absolvierte eine kaufmännische Lehrzeit bei der Firma Josef Leinkauf, Spediteur in Wien. Mein Vater hatte ein großes Exportgeschäft. Nach der Absolvierung der Lehrzeit, d. h. im Jahre 1914, machte ich mich selbständig. Ich erhielt von meinem Vater etwas Geld und beteiligte mich teilweise als Vertreter verschiedener Unternehmungen. Seit dem Jahre 1933–1934 gründete ich eine Filmgesellschaft in Wien. Diese Gesellschaft existiert heute noch & heißt: Kongress-Film, Wien I, Trattnerhof 1. Ich bin bei dieser Gesellschaft heute noch stiller Teilhaber und in Wien noch bei anderen Geschäften beteiligt. Als nennenswertes Geschäft, wo ich beteiligt bin, ist die Mirakel G.M.G.H. und die Elthermos A.G. in Wien [zu nennen; Anm. SE]. Letzteres Geschäft arbeitet momentan nicht. […] Ich bin schon öfters nach der Schweiz gereist. […] Im Jahre 1935 wurde in Zug die Firma Mesa Holding S.A. gegründet. Bei dieser Firma bin ich Aktionär. Präsident des VR ist Dr. Werner Stauffacher, Zürich, St. Peterstr. 18. Mit Herrn Dr. Stauffacher stehe ich ständig in Verbindung.«[7]
In den Schweizer Akten wird er 1933/34 als Mitglied einer internationalen jüdischen kriminellen Bande bezeichnet. In einer Zuschrift aus Wien an das Polizeipräsidium des Kantons Zürich heißt es: »Unterzeichneter gestattet sich, die Polizeibehörde von Zürich auf das betrügerische Vorgehen einer ganzen Bande deutscher, Tschechischer und Oesterreichischer Banken-Remissieurs aufmerksam zu machen.

Nachgenannte Herren haben fluchtartig Deutschland, Tschechien in die Schweiz verlassen, nachdem dieselben Tausende Banken-Klienten unter betrügerischen Absichten zu Börsen-Prämien-Geschäften verleitet haben, betrogen und haben seit März 1933 ihr Tätigkeitsfeld in der Schweiz aufgeschlagen, um die Städte und Provinzen […] mit ihren Gaunereien zu besuchen, unter dem Deckmantel serieuser [!] Banken haben sie sich in Zürich etabliert.«[8]

Es folgt eine lange Namenliste, in der sich auch derjenige Spitz' befindet. In den darauf folgenden Untersuchungen der Zürcher Polizei konnte zwar Spitz selber nicht erfasst werden, hingegen wurden »andere Mitglieder dieser Bande in Zürich angehalten und konnten solche zum Teil wegen Uebertretung des Gesetzes betr. den gewerbsmäßigen Verkehr mit Wertpapieren, bestraft und in der Folge ausgewiesen werden.«[9]

Als Mitglied der »Gruppe Wendig« soll Spitz mit Hilfe seiner Gang Falschgeld im Wert von etwa 3 Millionen Pfund in Frankreich, Belgien und in den Niederlanden abgesetzt haben.[10] Gegen Kriegsende suchte und fand er wie viele andere Mitglieder der Gruppe Schutz bei den Alliierten und konnte sich in München als respektabler Geschäftsmann etablieren.

Kapitel 5: Die van Hartens

Über einen der wichtigsten Agenten Friedrich Schwends, Jaac van Harten, schreibt Wilhelm Höttl: »Erfolgreichster Chefverkäufer – nach den Abrechnungen Schwends – war der holländisch-deutsche Jude Louis van Harten, dem es dank seines Einsatzes – und meiner Hilfe – gelang, einige deutsche Verwandte nach Italien zu bringen.«[1]
Jaac Lewis van Harten und seine Frau stehen im Zentrum einer rätselhaften Affäre, die bis heute bei weitem noch nicht geklärt ist. Das Paar ist so mysteriös, dass sogar ihre wahre Identität Gegenstand weiterer Untersuchungen sein sollte.
Wie es bei so umstrittenen Figuren der Fall ist, sind die Aussagen über ihre Tätigkeit sehr kontrovers: Während van Harten sich selbst immer wieder als großen Judenretter des Zweiten Weltkriegs darzustellen suchte und darin des Öfteren von jüdischen Rettungsaktivisten unterstützt wurde, gibt es eine nicht geringe Anzahl von Personen, die ihn als Gauner im Dienst der Nazis bezeichneten, der zwar einige Juden rettete, dies aber nur, um sich ein Alibi zu verschaffen.
Dieser Zwiespalt in der Beurteilung beruht u. a. auf einem falschen Verständnis der deutschen Judenpolitik. Denn trotz zahlreicher einschlägiger Erklärungen wurde *kein* totaler Krieg gegen die Juden geführt. »Judenrettung« – oder besser gesagt Menschenhandel mit Juden, Juden als Geiseln oder Pfand für politische Erpressung – war ein fester, zentraler Bestandteil der Nazipolitik während des gesamten Dritten Reiches. Diese Feststellung bedeutet keine Verharmlosung der

NS-Verbrechen, besteht doch kein *moralischer* Unterschied zwischen der Enteignung und Ermordung von Menschen und der Praxis, diese Verbrechen als Druckmittel zu verwenden, um andere Opfer zu erpressen. Beide Taten sind Teil desselben verbrecherischen Systems. »Die Deutschen versuchten die Juden in ihrer Macht nicht nur als Pfand für eventuellen wirtschaftlichen und persönlichen Nutzen auszunutzen, sondern auch als ein politisches Druckmittel«, schrieb der ungarische Rettungsaktivist Joel Brand.[2]

Sogar Historiker tun sich bis heute schwer, zwischen diesem erpressten Freikauf von Juden und humanitärer Hilfe zu unterscheiden. Diese grundsätzlichen »methodischen« Schwierigkeiten gelten natürlich auch in van Hartens Fall und der Forscher ist zu großer Vorsicht angehalten. Er darf kein voreiliges Urteil in diese oder jene Richtung fällen.

Genaue Informationen über die Vergangenheit der van Hartens sind sehr schwer zu finden; ihre eigenen Aussagen sind so widersprüchlich, dass eine aufwendige Recherche und Interpretationsarbeit nötig ist, um deren Wahrheitsgehalt festzustellen.

Eine wichtige Quelle bilden jedoch die Verhörprotokolle der Lausanner Polizei aus dem Jahr 1940. Damals erzählten die van Hartens ihre Geschichte, nachdem sie von England aus denunziert worden waren.

Laut dem Denunziationsbrief vom April 1940 an die Fremdenpolizei Bern hielten sich die beiden unter falscher Identität als Holländer namens van Harten in einer Ortschaft in der Nähe von Lausanne auf, während sie in Wirklichkeit deutsche Emigranten wären. Herr van Harten heiße eigentlich Julian Levy und stehe in deutschen Diensten; der echte Jaac van Harten sei ein holländischer Chauffeur, dessen Identität »geliehen« worden sei.[3]

Die Schweizer Polizei fand das Paar in der Villa La Roseraie in Territet nahe Montreux, vernahm sie aber erst am 11. Juli 1940 in einer Polizeistation in Lausanne. Beide gaben sofort zu, unter falschem Namen in der Schweiz zu leben. Der Mann nannte sich Jaques-Jules Levy* und gab

* Zu den Schwierigkeiten bei der Auseinandersetzung mit van Harten tragen auch die vielen Versionen seines Namens bei – wobei zu bedenken ist, dass Juden oft einen hebräischen *und* einen europäischen Namen führen. In diesem Fall soll Jaques-Jules auch Yaacov heißen.

an, 1901 in Gleiwitz/Schlesien geboren, in Breslau aufgewachsen und von Beruf Bijoutier (Juwelier) zu sein. Seine Frau hieß Elfriede-Viola Boehm, gebürtige Hirsch-Schocken, geboren 1901 in Platow/Ostpreußen; sie war Bildhauerin. Wie sich herausstellte, war sie mit den äußerst reichen Schocken verwandt, einer der wenigen vermögenden Familien, die aus Deutschland nach Palästina emigriert waren. Dort gründeten sie ein Verlagshaus, zu dem die bekannte Zeitung »Ha'aretz« gehört.
Beim ersten Verhör erzählte Levy der Polizei, dass sein Vater auch Bijoutier gewesen war. Nach dem Besuch der Primarschule und des Gymnasiums trat er als 17-Jähriger ins Geschäft der Eltern ein. 1916 starb sein Vater; die Mutter übernahm die Leitung des Geschäftes, übergab diese aber 1922. Im Januar 1927 heiratete er Kaete (geborene Robinski), die zwölf Monate später ihren Sohn Henry zur Welt brachte. In Berlin gründete Levy eine andere Firma, die im Engroshandel mit Juwelen tätig war. 1933, in dem Jahr, als seine Mutter starb, trennte er sich von seiner Frau, die zusammen mit dem Kind nach Amsterdam zog. Seit 1935 lebte Levy mit Viola Boehm und ihrem Sohn Antony zusammen. 1937 liquidierte Levy sein Geschäft in Breslau und übersiedelte nach Berlin. Er behauptete, dass sein ganzes Vermögen in Breslau von den deutschen Behörden beschlagnahmt worden sei.
1938 soll die Gestapo zu Levy gekommen sein und ihn zum Verlassen Deutschlands aufgefordert haben. Da er als Jude seine Staatszugehörigkeit verloren habe, kaufte er einen holländischen Pass, ausgestellt auf den Namen Jaac van Harten. Für diesen neuen Pass musste er der Gestapo angeblich 10 000 Mark bezahlen. Laut Stempel war der Pass am 16. April 1937 ausgestellt worden, gültig für zwei Jahre. Im April 1939, erklärte Levy, wurde der Pass durch die Gestapo für weitere zwei Jahre verlängert. Einige Tage später, am 3. September 1938, sollen die van Hartens Berlin in Richtung Schweiz verlassen haben.
Nach einem kurzen Aufenthalt in Zürich und Interlaken fuhren sie – wie sie zu Protokoll gaben – nach Montreux, wo sie je einen Monat im Hotel Montreux-Palace bzw. im Hotel Belmont logierten. Danach reisten sie nach Paris, um Ausstellungen zu besuchen; dort wollen sie einige Wochen ebenfalls in einem Hotel gewohnt haben. Nach ihren Angaben kehrten sie im April 1939 nach Montreux zurück, um ein

Visum nach Kanada zu beantragen. Im Oktober 1939 bezogen sie eine Wohnung in der Villa La Roseraie in Territet.
»Mein ganzes Vermögen in Deutschland im Wert von einer Million Mark wurde beschlagnahmt«, erzählte van Harten. Schon 1927 deponierte er in einem Safe der Schweizer Volksbank in Zürich Geld, Aktien, Gold und Schmuck. Bei ihrer Einreise in der Schweiz besaßen sie – laut Protokoll – 60 000 Schweizer Franken, zum Zeitpunkt ihrer Verhaftung nur noch 30 000 und ein Auto, welches 1937 in Deutschland gekauft worden war. Zum Schluss des Verhörs gab Levy an, dass er nun ein Visum nach Portugal beantragen wolle.
Viola Boehm sagte aus, ihr Vater sei Mitinhaber eines großen Geschäftes in Berlin gewesen. Sie selbst hatte Gesang, Design und Malerei studiert, heiratete 1924 einen Freund der Familie, Selmar Boehm, und gebar 1928 den Sohn Micha. Danach besuchte sie Kurse beim Bildhauer Ernesto dé Fiori, ab 1929 legte sie die ersten Prüfungen ab, nahm an verschiedenen Wettbewerben teil und gewann auch einige Preise. Da ihr Mann kein Verständnis für ihre künstlerischen Ambitionen zeigte, ließen sie sich 1935 scheiden. Ende dieses Jahres lernte sie Julien Levy in Berlin kennen. Ab Januar 1937* wohnten die beiden zusammen, konnten aber ihre Verbindung nicht offiziell machen, weil Levy ja noch verheiratet war; seine Frau, die in Amsterdam lebte, wollte sich nicht scheiden lassen, da sie immer noch auf einen Teil des Vermögens ihres Mannes hoffte.
Beim zweiten Verhör verwickelte sich Levy in gravierende Widersprüche. Zuerst wollte er weiterhin behaupten, dass die Gestapo ihnen die holländischen Pässe verkauft und auch erneuert habe. Dann hieß es plötzlich, er habe den Pass selbst verlängert, und zwar mit Hilfe eines befreundeten Bijoutiers aus Amsterdam namens Kurt Stavenhagen. Dieser soll Levy die notwendigen Utensilien zur Verfügung gestellt haben, um die Passeintragungen fälschen zu können; Stavenhagen habe ihm auch die dazu notwendige Technik erklärt.

---

* Van Harten gab hingegen 1935 an. Dieser Unterschied kann auf ein unterschiedliches Verständnis von »Zusammenleben« zurückzuführen sein, ebenso auf Sprach- und Übersetzungsprobleme in der Verhörsituation oder – aus welchem Grund auch immer – auf eine Lüge.

Danach nahm die Geschichte mit den holländischen Pässen noch einmal einen anderen Verlauf: Er war im August, sagte er, ins Gestapo-Büro am Berliner Alexanderplatz befohlen worden; dort hätte ihn ein Beamter namens Devin empfangen und informiert, dass er das deutsche Staatsbürgerrecht verloren hätte und nun das Land verlassen müsste, anderenfalls drohe ihm eine KZ-Internierung.
Nachdem ihm sein Pass abgenommen worden war, will Levy sich mit Stavenhagen in Verbindung gesetzt und ihn um Hilfe gebeten haben. Stavenhagen habe zwei Fotos (von Levy und seiner Lebensgefährtin) verlangt, um ihm kurz darauf die Pässe nach Deutschland zu schicken.
Ferner gab Levy zu Protokoll, dass ihn 1937 ein gewisser Missalla in Breslau erpresst und ihm regelmäßig Schmuckstücke im Gesamtwert von 20 000 Mark abgenommen habe. Missalla soll sich als NSDAP-Mitglied ausgegeben haben. Womit Levy erpresst worden sein soll, geht aus den Akten nicht hervor.
Die Schweizer Polizei wollte nun wissen, in welcher Beziehung Levy zu einem gewissen Franz Schatzky gestanden habe. Er antwortete, dass es sich um einen Kunden handelte, welcher in Breslau Schmuck im Wert von 5000 Mark kaufen wollte und diese Summe im Voraus bezahlt habe. Als Levy Deutschland verlassen musste, habe er Schatzky das Geld in Form von zwei Schecks zurückgeben wollen. Schatzky habe die Schecks nicht akzeptiert, kurz darauf habe die Gestapo diese beschlagnahmt. Wochen später habe Schatzky ihm einige Briefe in die Schweiz geschickt und ihm mit Denunziation bei der Schweizer Polizei gedroht. Dazu Levy: »Er wusste also, dass ich einen geliehenen Namen habe, demzufolge muss er im direkten Kontakt zur Gestapo gestanden sein.«
Diese Informationen sind relevant, um den Wahrheitsgehalt von van Hartens Aussagen einschätzen zu können. Die zahlreichen inneren Widersprüche der Stellungnahmen – sie gaben z. B. immerhin drei verschiedene Versionen der Passbeschaffung zu Protokoll – nähren berechtigte Zweifel. Selbst über seine Familiengeschichte besteht keine definitive Sicherheit: Es existieren keinerlei Belege über seine Herkunft; im Gegensatz dazu konnte immerhin die Verwandtschaft seiner Frau mit der Familie Schocken in Jerusalem eruiert werden.
Es ist jedoch festzuhalten, dass die van Hartens als denunzierte illegale

Flüchtlinge gute Gründe hatten, der Polizei nicht unbedingt die Wahrheit zu erzählen. Die Begründung, warum Schatzky sie denunziert haben soll, klingt plausibel. Und trotzdem: Warum soll die Schweizer Polizei die Gestapo als Passfälscher eher akzeptieren als einen holländischen Juwelier? Warum hat Schatzky die beiden Schecks abgelehnt, die von der Gestapo offenbar als echt eingeschätzt wurden? Wie konnte Schatzky von der Gestapo den neuen Namen Levys erfahren, wenn die Pässe nicht von der Gestapo ausgestellt worden sind?

Die deutschen Akten zu van Harten sind bisher nicht aufgefunden worden. Insofern ist es schwierig, abzuklären, welcher Art seine Beziehungen zur Gestapo in den 30er-Jahren waren. Wichtig für die nachfolgenden Ereignisse ist van Hartens Behauptung, die Gestapo sei über seine neue Identität informiert gewesen.

Unabhängig von all diesen offenen Fragen steht fest, dass seine Aussagen gegenüber der Lausanner Polizei im Widerspruch zu jenen Interviews stehen, die er später in Israel gab. 1967 stellte er sich nämlich den Fragen der israelischen Historikerin Nana Nusinow (heute Sagi) in Savion, einem Villenviertel für Superreiche in der Nähe von Tel Aviv. 1940 sei er von Dr. Chaim Pozner*, Funktionär des Palästina-Amtes in Genf, von der Schweiz aus nach Budapest geschickt worden, um dort eine Spezialaufgabe zu erfüllen. Er sollte sich mit dem dortigen Vertreter der Jewish Agency, Moshe Krausz, in Verbindung setzen und abklären, wie viel Geld die ungarischen Juden zur Rettung der jüdischen Gemeinschaft in Polen bereitstellen könnten. Krausz sei nicht sehr kooperativ gewesen, doch van Harten will über sehr gute Verbindungen zu »allen ungarischen adeligen Familien« verfügt haben. Er habe schließlich einen Mann gefunden, der ihm versprochen habe, gegen eine Bezahlung von 20 Franken pro Kopf Juden aus den KZs zu holen. Daraufhin habe er Nathan Schwalb**, einen Rettungsaktivisten in Genf,

---

* Dr. Chaim Pozner hebräisierte später seinen Namen auf Pazner; manchmal findet sich auch die Schreibung Posner. Um Missverständnisse zu vermeiden, wird er im ganzen Buch Chaim Pozner genannt.

** Nathan Schwalb hebräisierte später in Israel seinen Namen auf Nathan Dror. Um Missverständnisse zu vermeiden, wird er im ganzen Buch Nathan Schwalb genannt.

brieflich gebeten, beim schweizerischen Vertreter der amerikanisch-jüdischen Hilfsorganisation »Joint«, Saly Mayer, die für diese Aktion benötigte Summe zu besorgen.[4]

Die bisherigen umfangreichen Recherchen in den Nachlässen von Saly Mayer und Nathan Schwalb (in Israel und in der Schweiz) konnten seine Behauptungen nicht bestätigen. Dass er in dem Interview kein Wort darüber verlor, dass er die Schweiz eigentlich verlassen musste, kann noch verstanden werden, aber klärungsbedürftig ist, warum er einen Auftrag Pozners erfunden hat. Denn in einer Aktennotiz schrieb Pozner, der später gute Beziehungen zu van Harten pflegte: »Ich habe Herrn J. van Harten im Frühjahr 1940 in Genf kennen gelernt. Im Sommer 1940 hat er vom Palästina-Amt in Genf ein Zertifikat zur Einwanderung in Palästina erhalten und kurz darauf die Schweiz verlassen. Im Herbst 1944 hörte ich zum ersten Mal wieder von ihm«[5] – kein Wort von einem Auftrag.

Jaac van Hartens Stiefsohn Michael (Micha) erzählte dem israelischen Journalisten Habib Kna'an 1974 eine andere Version von der erwähnten Ungarnreise: »Vater beschloss, dass wir via Türkei nach Eretz-Israel fahren werden, und zwar mit dem Orientexpress, der damals noch zwischen Paris und Istanbul verkehrte. Von Istanbul beabsichtigten wir, mit dem Schiff unsere Reise nach Eretz-Israel fortzusetzen. Um nach Frankreich zu gelangen, benötigten wir aber ein italienisches Transitvisum. Aber Italien [...] erschwerte die Ausgabe von Transitvisen an Juden. Um ein solches zu bekommen, war es nötig, einen Taufschein zu beschaffen; Vater konnte sich einen solchen erschwindeln.

Im Frühjahr 1940 bestiegen wir den Orientexpress. Als wir Ljubljana in Jugoslawien erreichten, beschloss Vater, einen kurzen Abstecher nach Budapest zu machen, um Abschied von seinem Freund, dem polnischen Baron [deutscher Abstammung] Egon von Scheibler* zu nehmen. Scheibler war vor dem Krieg der Besitzer von riesigen Textilfabriken in Lodz und besaß auch ein landwirtschaftliches Gut in Schlesien. Als

* Der Name Scheibler wurde vom Autor bis jetzt nur in hebräischen Quellen gefunden. Es ist also durchaus möglich, dass er im Deutschen »Schaibler« geschrieben wurde.

Polen erobert wurde, weilte der Baron gerade in der Schweiz, wo er Vater wieder traf, denn sie kannten sich seit langer Zeit. Er wohnte für eine Weile bei uns in Montreux. Die Schweizer Behörde wollten es ihm jedoch nicht erlauben, als Flüchtling in der Schweiz zu bleiben.
In dieser Zeit wurde Ungarn ein wichtiges Zentrum für polnische Exilanten [...] und der Baron übersiedelte nach Budapest. Ich kann mich erinnern, dass zu Hause erzählt wurde, dass die Schweizer vom Baron eine exorbitante Summe als Spende [...] verlangten, und zwar als Gegenleistung für eine Aufenthaltsbewilligung. Scheibler sah darin einen Erpressungsversuch und zog es vor, auf die schweizerische Gastfreundschaft zu verzichten.
Diese Angelegenheit schmerzte ihn sehr, denn im Laufe der Jahre hatte er enge Verbindungen mit der Schweiz. Hier pflegte er seine Maschinen zu kaufen und seine Ferien zu verbringen.
In Budapest wollte Vater nur einige Tage beim Baron Scheibler verbringen.«[6]
Baron Scheibler wohnte in Budapest im luxuriösen Hotel Ritz und dort ließ sich auch die Familie van Harten nieder. Nach Michael van Harten betätigte sich sein Stiefvater damals im Kunsthandel und kam so mit ungarischen Adeligen in Kontakt. Diese Verbindungen sollen danach im Zusammenhang mit den Rettungsaktionen eine wichtige Rolle gespielt haben.
Über van Hartens Tätigkeit in Budapest herrscht große Unklarheit. Seine Aussagen über die Hilfsaktionen für Juden müssen mit sehr viel Vorsicht genossen werden, denn immer wieder erweist er sich als eine unzuverlässige Quelle – die Neigung, seine Rolle zu übertreiben, ist unübersehbar.
Bestätigungen von Dritten über seine Hilfstätigkeit zugunsten der Juden in Budapest gibt es nur für das Jahr 1944; über den genauen Umfang dieser Aktivität fehlen jedoch jegliche Angaben. Nach dem Krieg behauptete van Harten, dass er 120 000 Franken für Juden in Bratislava überwiesen habe. Ohne Erfolg forderte er lange diese Summe vom Internationalen Komitee vom Roten Kreuz (IKRK) und dem »Joint« zurück.
In dieser Auseinandersetzung verlangte er immer wieder die Unterstützung von Pozner und Schwalb und behauptete, dass diese eine

schriftliche Bestätigung für seine Forderung liefern könnten. Die beiden Funktionäre, die während des Krieges in Genf waren, versuchten zwar van Harten zu helfen, doch einen formellen Beweis für seine Hilfsaktion konnten sie nicht erbringen.

Die Frage nach dem Wahrheitsgehalt der »120 000-Franken-Geschichte« muss insofern offen bleiben, als die jüdischen Hilfsorganisationen häufig Darlehen von reichen Juden im besetzten Europa aufnahmen. Es wurde dabei versprochen, das Geld nach dem Krieg in der Schweiz in lokaler Währung rückzuerstatten. Oft war auch das IKRK in diese so genannten »Après-la-guerre-Darlehen« involviert, die allerdings sehr schlecht organisiert waren, denn die Kreditgeber erhielten jeweils nur eine sehr mangelhafte Empfangsbestätigung. Nach dem Krieg machte sogar »Joint«, die reichste jüdische Hilfsorganisation, große Schwierigkeiten beim Zurückgeben der Gelder: sie reagierte auch in den Fällen, in denen die Gläubiger eine formelle Bestätigung mit dem IKRK-Stempel vorweisen konnten, ablehnend.[7]

Eine unabhängige Untersuchungskommission, die seit 1997 diese Angelegenheiten erforscht, veröffentlichte bis jetzt noch keine Resultate. Insofern ist es durchaus möglich, dass auch van Harten tatsächlich das Geld an »Joint« lieh.

Auf eine andere finanzielle Leistung van Hartens zugunsten der jüdischen Rettungsarbeit in Budapest weist ein Brief von Nathan Schwalb an Saly Mayer hin: »Bezugnehmend auf unser heutiges Telefongespräch sende ich Ihnen die Fotokopie eines Briefes vom 19. 12. 1944, unterschrieben von Perez, Offenbach und Puffi [Rettungsaktivisten; Anm. SE], die […] von Herrn Jaac van Harten den Gegenwert von Sfrs. 42.500.– auf das Konto des Jointbudgets aufnahmen. […]

Herr van Harten ist mir aus den Briefen von Perez sehr gut bekannt als ein sehr ergebener Vertreter des Schwed. RK [Schwedischen Roten Kreuzes] in Bdp [Budapest], der sehr viel für die Rettung der jüd. Kinder durch Eröffnung von RK-Heimen für jüd. Kinder getan hat.«[8]

Dieses Plädoyer für van Harten klingt überzeugend, doch dann folgt eine seltsame Bemerkung, die diese Aussage erheblich relativiert: »Da Herr van Harten in den Kreisen des IKRK sehr bekannt ist, halte ich es für wichtig, dass diese Angelegenheit wohlwollend erledigt wird.«

Wie wir später noch sehen werden, war zwar van Harten »in den Kreisen des IKRK« bekannt, aber nicht im positiven Sinn, sondern als falscher Delegierter, als einer, der sich unberechtigterweise als IKRK-Mitarbeiter ausgibt. Schwalb, der in Genf stationiert war, musste davon Kenntnis haben; warum er darüber falsche Angaben machte, wird später behandelt.

Laut eigener Aussage gründete van Harten in Budapest eine Firma namens »Intercontinental Export-Import«. Diese Firma soll lediglich zur Organisation der Hilfsaktionen gegründet worden sein. Nach Yekhezkiel Sachar, dem ehemaligen israelischen Polizeichef und Botschafter a. D. in Wien, der mit seiner Militäreinheit 1945 in Norditalien stationiert war, war diese Firma jedoch kommerziell tätig; so verkaufte sie beispielsweise Reifen an das deutsche Militär.[9]

Im Jahr 1942 – so van Harten – kontaktierte er Frau Nielssen vom Schwedischen Roten Kreuz (SRK) unter Vermittlung durch ihren Landsmann Lungstrom und wurde als SRK-Mitarbeiter engagiert.

Diese Aussage darf in Frage gestellt werden, denn wie Akten des IKRK in Genf zeigen, behauptete van Harten auch später unberechtigterweise, IKRK-Delegierter in Budapest und Norditalien zu sein.[10]

Der israelischen Historikerin Nusinow erzählte van Harten in dem bereits erwähnten Interview, er sei erstmals im Mai 1944 mit den Deutschen in Ungarn in Berührung gekommen. Angeblich holten ihn damals 60 deutsche Soldaten von seinem Wohnsitz im Hotel Ritz ab und brachten ihn in eine Villa. Dort soll ihn ein verzweifelter SS-Offizier namens Kurt Becher empfangen haben, um seine Einschätzung bezüglich der Echtheit eines Frans-Hals-Bildes zu hören.

Dieses Bild des holländischen Meisters, dessen Wert auf 2 Millionen Mark beziffert wurde, habe Becher vom jüdischen Großunternehmen Manfred Weiss als Lösegeld für die Ausreise der Familie Weiss in die Schweiz erhalten. Himmler wolle das Bild mit einem Extrazug, bewacht durch 200 Soldaten, nach Berlin holen lassen. Falls sich aber herausstellen würde, dass das Bild eine Fälschung sei, so könnte dies Becher das Leben kosten. Van Harten, der in Budapest als Experte für holländische Kunst gegolten habe, sei deswegen von Becher herangezogen worden. Becher – so van Harten – wusste nicht, dass er Jude ist.

Van Harten will herausgefunden haben, dass das besagte Bild nicht von Hals stamme, sondern von einem weniger bedeutenden niederländischen Maler, Bartholomeus van der Helst. So habe er Becher quasi gerettet, indem er ihm den Rat gab, seinem Chef mitzuteilen, dass das Bild wegen seines schlechten Zustandes vor dem Transport unbedingt restauriert werden müsse. Van Harten soll Becher einen passenden Ersatz angeboten haben.

Der dankbare Becher soll dann bereit gewesen sein, eine Gegenleistung zu erbringen. Daraufhin hätte ihm van Harten vorgeschlagen, spezielle Werkstätten einzurichten, in denen jüdische Fachkräfte wie Schuster, Schneider etc. für das deutsche Militär Waren herstellen könnten und dadurch vor der Deportation nach Auschwitz gerettet würden. Becher soll bereit gewesen sein, diese Bitte zu erfüllen, und dann van Harten erzählt haben, wie er die 60 Mitglieder der Weiss-Familie in die Schweiz geschickt habe, nachdem er ihr Großunternehmen übernommen hatte.

Ist es wirklich möglich, dass die SS und die Gestapo in Ungarn über van Harten nicht informiert waren? Warum sollte Becher wegen eines einzigen Bildes so zittern? Das Gesamtvermögen des Manfred-Weiss-Clans überstieg 2 Millionen Mark bei weitem und deren Gemäldesammlung umfasste wesentlich mehr als nur ein Bild. Becher hatte derart viele Bilder beschlagnahmt, dass die Geschichte, die van Harten in Israel erzählte, einfach nicht stimmen kann.

Ein interessanter Hinweis zur Klärung dieser Affäre befindet sich in den Akten des Schweizer Journalisten Kurt Emmenegger, der 1962/63 zu Kurt Becher eine Serie in der Schweizer Illustrierten »Sie & Er« veröffentlichte, nämlich in einem Exposé eines Mitarbeiters (wahrscheinlich Joel Brand): »[…] der Fall des Kunstsachverständigen Mucki. – Becher hatte zu Himmlers Geburtstag diesem ein Bild schenken wollen. Die Waada [Rettungskomitee; Anm. SE] trieb einen echten Cranach auf. Der Kunstsachverständige Mucki erstellte eine Expertise. Becher brachte das Bild persönlich zu Himmler. Nach einiger Zeit behauptete Becher, das Bild sei eine Fälschung, die Expertise untauglich. Er ließ Mucki in den Kohlenkeller seiner Wohnung einsperren. Dort musste Mucki, bei wenig Wasser und Brot, eine dicke Kunstgeschichte auswendig lernen. Nachdem er vollkommen entkräftet war, wurde er deportiert.«[11]

Jahre später beschrieb Kurt Emmenegger die Geschichte anhand zusätzlicher Recherchen wie folgt: »Becher wollte seinem Reichsführer Himmler als Geschenk das Gemälde eines alten Meisters – möglichst einen Dürer oder Cranach oder Frans Hals – mitbringen oder hatte von Himmler Befehl, ein solches Bild in Ungarn aufzutreiben. Becher beauftragte deshalb seinen ›Schutzjuden‹ Max Knapp (der gegen einen SS-Schutzpass die jüdischen Werkstätten des SS-Ausrüstungsstabes leitete und so vor Judenverfolgung geschützt war) mit der Beschaffung eines solchen Gemäldes. Knapp brachte Becher den Dierck Hals, dieser nahm es [das Bild; Anm. SE] zu Himmler mit und wurde später heftig angepfiffen, weil Himmler keinen unbedeutenden Dierck Hals, sondern einen wertvollen Frans Hals wollte. Wütend ließ Becher den jüdischen Ingenieur Knapp samt einigen kunsthistorischen Büchern im Keller der Chorin-Villa an der Andrássy-ut 114 einsperren: er könne sich wieder melden, wenn er einen echten von einem falschen Frans Hals unterscheiden könne. Die Geschichte wird von Knapps Tochter berichtet und sie wird indirekt auch durch SS-Hauptsturmführer Karl Grabau bestätigt: ›Ich glaube mich erinnern zu können, dass mir der oben erwähnte Herr Knapp einmal ein Bild zeigte. Es sollte ein echter Frans Hals sein. Nachher stellte es sich aber heraus, dass es lediglich eine Kopie war.‹«[12]

Nach dieser Version ist es gar nicht klar, ob und wenn ja in welchem Zusammenhang van Harten in diese Geschichte verwickelt war. Es ist jedoch durchaus vorstellbar, dass das erste Bild von Frans Hals doch echt war und van Harten in seiner Wichtigtuerei ein falsches Urteil abgegeben hatte und Mucki dadurch – gewollt oder ungewollt – in Schwierigkeiten gebracht hat.

Welche Funktion van Harten im Zusammenhang mit den erwähnten SS-Werkstätten tatsächlich erfüllte, ist aber nach wie vor unklar. Stand er auf Seiten der Juden oder der SS? Seine Schwiegertochter jedenfalls will in ihm eine Art Oskar Schindler sehen.[13]

Eine interessante Aussage zur Klärung dieser Frage machte Alois Menick, ein Textilunternehmer aus der Tschechoslowakei, der während des Krieges in Budapest wohnte: »Ein SS-Mann namens Becher war nämlich beauftragt, möglichst viele Waren, unbekümmert um welchen

Preis, aus Ungarn herauszuholen. Zu diesem Zweck setzte er sich mit einem Holländer, Herrn van Hardten, in Verbindung. Dieser war bereit, den Deutschen zu helfen, unter der Bedingung allerdings, dass ihm zugesichert werde, dass einige Juden, mit denen er besonders in Kontakt war, unbehelligt bleiben.
Auf diese Bedingungen wurde eingegangen und die Betreffenden erhielten von den Deutschen Identitätsausweise, gestützt auf welche sie dann nicht belästigt wurden. Auf diese Weise sind (natürlich nicht alle durch Vermittlung des Herrn van Hardten) Tausende solcher Identitätsausweise ausgestellt worden.«[14]
Wie wir im nächsten Kapitel sehen werden, waren diese Ausweise ein wichtiger Bestandteil des Becher'schen Beutezuges, denn sie konnten nur gegen hohe Bezahlung erkauft werden.
Dass van Harten in Israel diese enge Zusammenarbeit mit Becher verschwieg, die Judenrettung hingegen sehr betonte, macht ihn unglaubwürdig. Die volle Wahrheit erzählte er zweifellos nicht. Es ist auf jeden Fall interessant, festzustellen, dass van Harten, der in der Beschreibung seiner Rolle bei der Judenrettung zu Übertreibungen neigte, bei der Darstellung seiner Leistungen für die Nazis überaus zurückhaltend war. Es ist wahrscheinlich, dass er schon in Budapest eine wichtige Funktion bei der »Operation Bernhard« innehatte. Dies könnte auch seinen luxuriösen Lebenswandel – etwa seinen vierjährigen Aufenthalt im teuren Hotel Ritz – sowie andere Ungereimtheiten erklären. Wenn man die Tatsache berücksichtigt, dass van Harten Ende 1944 eine zentrale Position bei der »Gruppe Wendig« übernahm, ist kaum anzunehmen, dass vorher keine Beziehungen bestanden haben sollen.
Im Interview mit Nusinow sprach van Harten weiters davon, dass der Chef eines jüdischen Rettungskomitees, Rudolf Kastner, zu ihm gekommen sei und seinen Rat gesucht hätte. Es ging um die Verhandlungen dieses Komitees mit Adolf Eichmann über die Rettung einer größeren Anzahl von Juden.
Diese Darstellung van Hartens ist so fantastisch, dass man sich fragen muss, warum er Derartiges erzählt, wo doch diese Geschichten leicht zu überprüfen waren. War van Harten nur ein notorischer Prahler oder war doch etwas dran?

Israelische Gesprächspartner Kna'ans rieten dem Journalisten jedenfalls, die Geschichte van Hartens lieber auf sich beruhen zu lassen: »Ich erkannte, dass es Leute gibt, die lieber nicht über diese Affäre sprechen möchten. Es gab andere, die meinten, ›es lohnt sich nicht, in dieser Geschichte herumzuwühlen‹. Sie erklärten aber nicht, warum diese Affäre auch nach 30 Jahren ungelöst bleiben muss.«[15]

Bechers Funktion in Ungarn, die Geschichte der Verhandlungen Kastners mit Eichmann und Becher werden wir noch genauer beleuchten. Denn es handelt sich nicht nur um eine der brisantesten und umstrittensten Affären des Zweiten Weltkrieges, die noch heute in Israel Wirkung zeigt. In mehrfacher Hinsicht ist sie auch relevant für die Aufklärung des »Unternehmens Bernhard« und der van-Harten-Story.

Kapitel 6: Die Becher-Kastner-Affäre

Am 19. März 1944 marschierten die Nazis bei ihrem Verbündeten Ungarn ein und besetzten das Land, weil – so die offizielle Begründung Deutschlands – Reichsverweser Miklós Horthy mit dem Westen Kontakt aufgenommen hatte. Obwohl die SS nur 150 Leute zur Verfügung hatte, war sie auf einen der lohnendsten Raubüberfälle des Krieges und auf eine umfangreiche Judenvernichtung sehr gut vorbereitet – und das scheint der wahre Grund für die Besetzung gewesen zu sein.
Denn hier bot sich der SS die letzte Chance, ein Land zu plündern, bevor der Krieg verloren ging. Zur Vorbereitung dieses Beutezugs stellte Wilhelm Höttl noch vor der Invasion eine Liste zusammen, welche die Namen aller führenden ungarischen Persönlichkeiten enthielt.[1] Um den Raubzug möglichst effizient zu gestalten, wurde das Schwergewicht auf die sehr Reichen gelegt – der Ideologie zufolge natürlich Juden zuerst – und schon am ersten Tag der Besetzung Ungarns begann die SS mit der Verhaftung der auf dieser Liste angeführten Personen.
Das Kronjuwel dieser Operation war die »Übernahme« des Großkonzerns der Familie Manfred Weiss. Dieser größte ungarische Industrie- und Wirtschaftskomplex gehörte der weit verzweigten Erbengemeinschaft des verstorbenen Barons Manfred Weiss, welche teils jüdisch bzw. konvertiert und teils christlich war.
SS-Chef Heinrich Himmler wollte dieses Großunternehmen unter seine Kontrolle bringen. Den Konzern einfach zu konfiszieren war jedoch nicht möglich. Denn der Territorialvertrag zwischen Hitler und Horthy,

der dem ungarischen Staat eine Scheinsouveränität zubilligte, stand einem solchen Vorhaben im Wege.
Die Lösung, um dieses verlockende Prunkstück Weiss doch noch zu ergattern, fand der gerissene SS-Oberstleutnant Kurt Becher, der deshalb zum Obersten und persönlichen Beauftragten Himmlers in Sachen wirtschaftlicher Ausbeutung in Ungarn befördert wurde. Dieser Vorgang war typisch für den NS-Staat, vor allem für Himmler: Ein relativ rangniedriger Offizier wurde nach einem Erfolg sofort nach oben katapultiert und erhielt mehr Kompetenzen als manche Generäle.
Der 1909 in Hamburg geborene Kaufmann Kurt A. Becher begann seine berufliche Karriere 1930 bei der Hamburger Getreidehandelsfirma Heins. 1934 trat er der allgemeinen SS bei und stieg langsam in der Hierarchie auf. Seine Tätigkeit war fast immer mit Pferden und der Kavallerie verbunden und brachte ihn so auch nach Ungarn: Offiziell war er dort Chef des SS-Ausrüstungsstabes, der mit der Beschaffung von Ausrüstungsmaterial und Pferden für die SS-Kavallerie-Divisionen beauftragt war.
Durch Zufall wurde sein Stab Ende März 1944 in drei Häusern der Familie Weiss in Budapest einquartiert. Dort erfuhr Becher alle Details über die komplizierten Verschachtelungen des Manfred-Weiss-Konzerns und war danach imstande, einen Plan für die »Übernahme« oder den »Fischzug«, wie die Operation in Nazikreisen genannt wurde, zu entwerfen: Er steckte zwei führende Köpfe der Familie so lange in ein Arbeitslager; bis diese zur Kooperation bereit waren und auf seine erpresserischen Forderungen eingingen.
Sie unterschrieben einen Vertrag Bechers, demzufolge die SS während der nächsten 25 Jahre als Treuhänder den Konzern verwalten sollte. Als Gegenleistung durften 39 Familienmitglieder nach Lissabon und Zürich ausreisen. Fünf Geiseln mussten jedoch in Wien zurückbleiben, damit die Geretteten »im neutralen Ausland keine Gräuelmärchen verbreiten«.[2]
Offensichtlich spielte van Harten in dieser Transaktion auch eine Rolle. Er selbst gab ja einen Hinweis, dass er Expertisen über Raubkunst gemacht habe. Und Anlass für Raubkunst-Expertisen gab es genug, denn wie in allen besetzten Ländern zeigten die Nazis auch in Ungarn eine Vorliebe für teure Gemälde und andere Kunstgegenstände.

Die Geschichte Bechers wurde, wie bereits erwähnt, 1962/63 vom Schweizer Journalisten Kurt Emmenegger in einer eindrücklichen 18-teiligen Serie in der Zeitschrift »Sie & Er« erzählt. Emmenegger schätzte den Gesamtwert von Bechers Plünderungsaktion, die sich zuerst hauptsächlich auf jüdische Besitztümer richtete, mit der Zeit aber ausgeweitet wurde, auf etwa 13 Milliarden Schweizer Franken. Dieser außerordentlich hohe Betrag resultiert aus der konsequenten Demontage von Fabriken und deren Wiedererrichtung in Österreich und Deutschland. Innerhalb kurzer Zeit wurde eine Unmenge an Maschinen, Rohstoffen, Halbfertig- und Fertigwaren gestohlen.
»Sie [die Ungarn; Anm. SE] stellen fest, dass zwischen dem 20. Oktober 1944 und dem 26. März 1945 durch Bechers Räumungsstab insgesamt 1167 Eisenbahnzüge mit rund 55 000 voll beladenen Güterwagen über die ungarisch-deutsche Grenze dirigiert worden sind, darunter 18 800 Waggons mit Stahl, Rohmaterial und Maschinen, 7700 Waggons mit Zucker und 235 Waggons mit Medikamenten. Dazu kommen 63 900 Personenautos, Lastwagen und Motorräder, 1227 Lokomotiven, 3839 Eisenbahn-Personenwagen, 43 741 Güterwagen und 370 Schiffe […]«[3]
Becher und seine Leute – offensichtlich war van Harten auch mit von der Partie – verwendeten zwei weitere raffinierte Methoden, um an jüdische Vermögen zu gelangen: die SS-Werkstätten und die SS-Schutzjuden.
In den Werkstätten wurden Fachleute unter Zwang eingezogen. Diese kosteten die Deutschen nichts, denn sie wurden vom Judenrat bezahlt. Im Vergleich zu den Deportierten und anderen Juden waren sie weitgehend vor antijüdischen Maßnahmen geschützt und ihre erzwungene Tätigkeit stellte eine relative Sicherheit dar.
Noch lohnender war das Geschäft mit den »freiwilligen« Schutzjuden. Es hatte sich herumgesprochen, »dass man vor den Verfolgungsmaßnahmen Schutz finden konnte, wenn man sich mit seinem Unternehmen den SS-Werkstätten zur Verfügung stellte«.[4]
Manchmal übergaben die Juden ihre Warenvorräte, manchmal wurden auch Maschinen und Arbeiter der SS zur Verfügung gestellt; sie erhielten dafür die rettenden Schutzpässe. Wer keine Waren besaß, konnte

sich das Leben mit einer großen Summe Geld erkaufen – allerdings nicht im Sinne einer »schnöden« Bestechung einzelner SS-Offiziere, sondern von Seiten der Nazis als generalstabsmäßig organisierte Geldbeschaffung der bestens aufeinander abgestimmten SS-Abteilungen.
Ein zusätzlicher Vorteil für die Deutschen manifestierte sich nach dem Krieg: In den Entnazifizierungsverfahren wiesen viele SS-Männer auf diese Werkstätten bzw. auf die Erteilung der Schutzpässe als Zeichen ihrer »Menschen rettenden Großmütigkeit« hin – unterließen es allerdings, zu erwähnen, dass dies Bestandteil der allgemeinen Erpressungspolitik war, die sehr viel Geld und kostenlose Arbeitskräfte einbrachte.
Dieser Mechanismus ist mittlerweile weltweit bekannt durch den Film »Schindlers Liste«. Denn Oskar Schindlers Betrieb in Polen funktionierte nach genau denselben Prinzipien wie später die Werkstätten in Ungarn. In der ganzen Euphorie um Steven Spielbergs Film wurden diese Parallelen jedoch übersehen. Niemand fragte danach, wie diese Geretteten auf die berühmte Liste kamen, wie viel sie dafür zahlten.
»Wer auf diese Liste will [...] der braucht Diamanten«, heißt es jedoch nicht ohne Grund in Thomas Keneallys Vorlage zu dem Streifen. Diamanten wurden auch in den Türverkleidungen von Schindlers Fluchtauto versteckt.[5] Wie ist es zu verstehen, dass Schindler genau wie Becher in sein Automobil stieg und mit einigen Schutzjuden und Vermögenswerten den deutschen Zusammenbruch ungeschoren zu überstehen versuchte?
Der engagierte Vertreter des zionistischen sozialistischen Jugendbundes »Hechalutz« (Der Pionier), der während des Krieges in Genf stationiert war, Nathan Dror (Schwalb), sagte 1994 dem Autor, für ihn sei Schindler »ein Bandit«, was bei seinem Sprachgebrauch so viel wie »SSler« bedeutet. »Ich wollte es öffentlich erklären«, sprach der alte Mann, »es wurde mir aber davon abgeraten. Es sei im Moment nicht opportun.«
Parallel zu den Raubaktivitäten liefen die Vorbereitungen Adolf Eichmanns für die Massendeportationen nach Auschwitz auf Hochtouren. Sie begannen schon am 15. Mai 1944. Am 8. Juli, als die Deportationen praktisch eingestellt wurden, teilte der zuständige ungarische Polizeioffizier Ferenczy mit, während dieser 56 Tage seien 147

Züge nach Auschwitz gefahren. Darin waren 434 351 Menschen aus der ungarischen Provinz eingepfercht. Die meisten wurden sofort vergast. Emmenegger beschrieb die deutsche Strategie so: »Eichmann mordete und Becher kassierte.«

Die jüdischen Organisationen im In- und Ausland waren vom Tempo der Ereignisse überrascht. Obwohl deren Führung mittlerweile sehr gut über Auschwitz informiert war und auch einige Verteidigungspläne ausgearbeitet worden waren, wurde in dieser Phase die jüdische Bevölkerung nicht gewarnt und auch sonst kein nennenswerter Widerstand geleistet. Kritiker meinen, dass die Verhandlungen mit der SS zum Freikauf von Juden Schuld daran tragen.

Zwei Tage nach dem Einmarsch – also am 21. März 1944 – meldete sich ein Mitarbeiter Eichmanns bei den ungarischen jüdischen Rettungsaktivisten. Alsbald übernahm Eichmann selbst die Leitung, zitierte Joel Brand zu sich, der Mitglied eines zionistischen Rettungskomitees war, und schlug ihm einen Menschenhandel vor: »Blut gegen Waren, Waren gegen Blut.« Die SS sei bereit, eine Million Juden auswandern zu lassen, wenn das »Weltjudentum« 10 000 Lastwagen und andere Waren liefere. Mit dieser Botschaft fuhr Brand am 17. Mai 1944 nach Istanbul, um die zionistische Führung in Palästina zu überzeugen. Er sollte innerhalb von zwei Wochen zurückkehren; falls er Bereitschaft zum Verhandeln vermelden könne, würden die Deportationen sofort gestoppt.

Das Jewish-Agency-Direktorium unterstützte ihn nicht. Im Gegenteil: Brand wurde an die Briten ausgeliefert, die seine Rückkehr nach Budapest verhinderten. Der in Kairo internierte Brand war überzeugt, dass die tagtäglichen Deportationen nach Auschwitz gestoppt werden könnten, wenn er mit der von der SS gewünschten Meldung nach Budapest zurückkehre, selbst wenn diese nur fingiert wäre. Die Alliierten hätten sich also gar nicht ernsthaft verpflichten müssen und hätten, im Gegensatz zu Brand, der damit sein Leben aufs Spiel setzte, nichts zu verlieren gehabt. Er konnte jedoch keinen wichtigen Entscheidungsträger für sein Anliegen gewinnen.

Am 20. Juli 1944 veröffentlichte die Londoner Presse Meldungen über die Mission Brands, begleitet von Stellungnahmen, dass die Alliierten auf dieses Angebot nicht eingehen würden. Dies war eine klare Botschaft an die Deutschen und kam einer Sabotage des Rettungsversuches gleich. Am 22. Mai 1944 meldete sich der Rabbiner Michael Dov Weissmandel aus Bratislava bei jüdischen Organisationen in der Schweiz mit der dringenden Bitte, die Verhandlungen mit den Deutschen über die Rettung der ungarischen Juden ernsthafter zu führen. Gleichzeitig verlangte er die Bombardierung von Auschwitz und der Bahnlinien, die dorthin führten: »Und Ihr, unsere Brüder in den Ländern der Freiheit, und Ihr Minister aller Staaten, warum schweigen Sie angesichts dieses Mordes, in dem bis jetzt sechs Millionen ermordet wurden und tagtäglich werden weiter Zehntausende vernichtet. […] Sie sind bösartig, Sie sind Mörder, wegen Ihrem bösartigen Schweigen, wegen Ihrem Nichtstun. Sie können [den Mord; Anm. SE] verhindern und verzögern – gleichzeitig. Deswegen im Namen des Blutes der Millionen und der Tränen der Millionen bitten, flehen, fordern und verlangen wir von Ihnen sofort zu Taten zu schreiten!«[6]

In Budapest war Rudolf Kastner, der nach der Abreise Brands die Verhandlungen mit der SS im Namen des jüdischen Rettungskomitees führte, völlig verzweifelt. In einem Brief vom 12. Juli 1944 an Nathan Schwalb nach Genf schrieb er: »Als diese Zeilen geschrieben werden, ist das ganze Land – außerhalb […] Budapest – bereits ohne Juden. […] Du wirst also meine Seelenlage verstehen […]. Der Traum des großen Planes ist ausgeträumt. Hunderttausende gingen nach Auschwitz in einer Weise, dass sie bis zum letzten Moment nicht im Klaren waren, worum es sich handelt und was vor sich geht. Wir, die es eben wussten, versuchten uns dagegenzusetzen, aber nach 3 $^{1}/_{2}$-monatigem erbittertem Kampfe muss ich feststellen, dass wir eher der Entfaltung der Tragödie und deren unaufhaltbarem Fortschritt zuschauten, ohne dagegen nur irgendetwas von Bedeutung unternehmen zu können.«[7]

Nach dem Scheitern der Brand-Mission machte das jüdische Rettungskomitee in Budapest ein neues Angebot an die SS. Anstelle von Lastwagen sollten für 5 Millionen Franken Traktoren in der Schweiz gekauft werden. Auf Grund dieser Verhandlungsofferte wurde die Deportation von 17 290 Juden ausgesetzt. Es wurde ein Treffen mit dem Europa-Chef der jüdisch-amerikanischen Hilfsorganisation »Joint« in Lissabon vorgeschlagen, aber die US-Regierung verbot ein solches

Treffen. Daraufhin suchten die Deutschen den Kontakt mit dem Schweizer »Joint«-Vertreter Saly Mayer.
Im Vorfeld dieses Treffens war Schwalb überaus optimistisch und schrieb an Kastner: »Bezüglich M. Matan [Verhandlungen; Anm. SE] selbst betone ich nochmals, dass es sich nicht um Kaspi [Geld] handelt, se jesch wajesch! [davon hat's genug] – selbstverständlich nicht ad absurdum geführt. Wir wollen auch Tmurah [Gegenleistung] und Bitachon [Garantie] schel Zad Hascheni [der Gegenseite] sehen.«[8]
Saly Mayer war über die weitere Entwicklung aber alles andere als begeistert und versuchte sich zu drücken. In einer Aktennotiz schrieb der Schweizer Polizeichef Heinrich Rothmund: »Zu den Geschäften, Austauschware gegen Menschen, erklärt Herr Mayer, dass er das unwürdig empfinde [...]. Herr Mayer wird, wenn er für solche Geschäfte angegangen wird, die Sache dilatorisch behandeln.«[9]
Dank seiner speziellen Beziehungen zu den Schweizer Behörden wäre es durchaus möglich gewesen – wie sich auch später zeigte –, eine Einreisebewilligung für die deutsch-jüdische Verhandlungsdelegation aus Ungarn zu besorgen. Dies tat er aber nicht – er wollte die Sache ja dilatorisch, also schleppend behandeln. Er weigerte sich auch, selbst in deutsches Herrschaftsgebiet zu reisen. So wählte Mayer einen unzweckmäßigen Verhandlungsort im Niemandsland, nämlich die Brücke zwischen St. Margrethen in der Schweiz und Höchst in Hitler-Deutschland, um diese schicksalsschweren Fragen zu diskutieren. Mayer betonte schon bei der ersten Begegnung am 21. August 1944, eine Lieferung von Lastwagen komme nicht in Frage. In Koordination mit seinen US-Auftraggebern spielte Mayer auf Zeit. Die Enttäuschung der Deutschen sowie des jüdischen Vertreters aus Budapest, Rudolf Kastner, war groß.
Am 22. August 1944, einen Tag nach der Begegnung in St. Margrethen, ließen die Nazis 318 Juden als »Geste« in die Schweiz einreisen. Die Schweizer Behörden waren darüber gar nicht erfreut: »Wir können aber nicht zulassen, dass man uns Transporte an die Grenze führt, über die wir uns nicht vorher haben aussprechen können«, sagte Polizeichef Rothmund zu Mayer.
In einem Memorandum an Saly Mayer vom 30. August 1944 warnt der

ungarische jüdische Aktivist Andreas Biss vor den verheerenden Folgen einer solchen Verzögerungstaktik: »Wenn wir also unsere Partner, was ihren Seelenzustand anbelangt, studieren, so beobachten wir eine ständig zunehmende Nervosität. [...] Wenn wir [...] nichts zu unternehmen gedenken [...], so müssen wir doch ihre drohenden Folgen, insoweit sie das Leben der unseren bedrohen, zu neutralisieren suchen. [...] Zu diesem Zwecke dürfen wir um keinen Preis mehr Verschleppungspolitik treiben.«[10]

Laut Biss drohten Becher und Konsorten mit der Vergasung von 150 000 bis 250 000 nach Auschwitz deportierten ungarischen Juden, wenn die Verhandlungen vom 1. bis 4. September erfolglos blieben.

Nach langem Zögern stellte Mayer als neuen Vorschlag die Zahlung von 20 Millionen Franken in Aussicht. Die Amerikaner, von denen der Vorschlag ausging, wussten, dass er für die Deutschen unbefriedigend war. Trotzdem gingen die Verhandlungen weiter.

Mayer, der immer wieder hin- und hergerissen war, konnte den Vertreter der amerikanischen Flüchtlingsorganisation »War Refugee Board« in der Schweiz, Roswell McClelland, lange nicht dazu bewegen, sich mit dem SS-Chefunterhändler Kurt Becher zu treffen. Der Versuch Mayers, eine Zusammenkunft zwischen Becher und den Schweizer Behörden zu organisieren, scheiterte. Die offizielle Schweiz wollte nicht öffentlich in diese Geschichte verwickelt werden und erachtete es »nicht als zweckmässig [...], dass ein Behördenvertreter mit Herrn Becher Fühlung nimmt.«[11]

In seinem Schlussbericht schrieb Roswell McClelland: »Im Rückblick ist es schwer zu verstehen, wie es gelungen ist, diese Verhandlungen so weit hinauszuzögern und weder Güter noch Geld tatsächlich zu liefern und dabei doch so – relativ – viel zu gewinnen.«[12]

Denn dies war die Bilanz der Verhandlungen von Saly Mayer und Rudolf Kastner mit der SS: In drei Transporten wurden insgesamt 1742 Juden in Richtung Schweiz entlassen; 17 000 Juden wurden statt nach Auschwitz nach Wien geschickt; 200 000 Juden wurden in Budapest am 25. August 1944 vor der Deportation gerettet.

Haben die Deutschen tatsächlich keine Gegenleistungen für diese »Konzessionen« erhalten, wie McClelland behauptet?

Sicher nicht. Für 1684 Juden erhielt Becher einen Millionenbetrag, dessen Höhe bis heute nicht bekannt ist: Vereinbart wurde ein Preis von 1000 US-Dollar pro Kopf, also fast 1,7 Millionen Dollar. Laut deutscher Version wurden lediglich rund 750 000 Dollar bezahlt, während die jüdischen Aktivisten, allen voran der direkt in diesen Deal verwickelte Andreas Biss, hartnäckig behaupten, dass der volle Preis bezahlt worden sei.[13]

Kurt Becher gab am Kriegsende das Lösegeld in drei Koffern voller Gold, Schmuck usw., welche danach als das »Becher-Deposit« bekannt wurden, der Jewish Agency, in der Hoffnung, sich damit freikaufen zu können. Nach mehreren Zwischenstationen landete dieser Schatz in Genf, doch der darin enthaltene Betrag war bedeutend geringer als erwartet.

Diese Tatsache lieferte Stoff für die wildesten Spekulationen und bis heute ist der Verbleib der restlichen Vermögenswerte nicht geklärt – in diesen chaotischen Zeiten war die Versuchung, alles, was glänzt, zu unterschlagen, sehr groß.

So ist es durchaus möglich, dass sich Mitglieder der Rettungskomitees damit bereichert haben, wie viele ungarische Juden behaupteten. Auch der »Joint«-Vertreter in der Schweiz, Saly Mayer, verdächtigte Andreas Biss, der – so Mayer – vor dem deutschen Einmarsch beinahe bankrott war, nach dem Krieg aber sehr reich wurde.

Hinzu kam, dass mehrere hundert Juden ihr Vermögen beim Rettungskomitee eingezahlt hatten und doch keinen Platz mehr im rettenden Zug erhielten. Nach dem Krieg erhoben sie ihre berechtigten Ansprüche auf die Besitztümer. Dass diese aber jeweils abgelehnt wurden, gab den Gerüchten über Korruption innerhalb des Rettungskomitees zusätzlich Nahrung.

Es ist außerdem möglich, dass nicht nur Becher nicht die ganze Summe übergab, sondern auch die US-amerikanischen Soldaten, welche den Schatz später transportierten, einen Teil für sich behalten haben.

Aufschluss über den Umfang des Schatzes könnte ein Wiener jüdischer Juwelier geben, der mehreren Berichten zufolge in Budapest den Wert der Juwelen schätzen musste; er wurde aber leider nie namentlich erwähnt.

Übrigens entdeckten Funktionäre der Jewish Agency in Genf auch

gefälschte Pfundnoten im »Becher-Schatz«. Wie kamen die Blüten dort hinein? Wie sah die Verbindung zum »Unternehmen Bernhard« aus? Nach dem Krieg behauptete Schwend in einem Briefwechsel mit einem Vertrauten, dass er Becher nicht gekannt habe. Wer war dann die Verbindungsperson? Könnte es sein, dass Andreas Biss damit zu tun hatte? Sein Warenlieferant im Menschenhandel mit den Nazis, Alois Steger, schrieb nach dem Krieg immerhin an Becher, dass sich Biss in Zürich mit dem Verkauf von falschen Pfundnoten beschäftigte.[14] Woher bezog Biss diese Blüten? Könnte es sein, dass auch er in Kontakt mit van Harten stand und dass dieser schon in Budapest dem Rettungskomitee »Bernhard«-Falsifikate zur Verfügung gestellt hatte?
Wie groß dieses Becher-Deposit letztlich auch immer war, eines ist klar: Dieses Lösegeld war nicht das Hauptziel der Verhandlungen Bechers mit Kastner und Mayer. Denn angesichts der unglaublichen Summen, die Becher in Ungarn raubte, erscheinen die Beträge, die in diesem Zusammenhang diskutiert werden, geradezu lächerlich und rechtfertigten einen solchen Aufwand seitens der SS nicht.
Was hat die SS dann mit diesen Verhandlungen bezweckt?
Der israelische Forscher Yehuda Bauer ist der Meinung, dass Himmler mit seiner Drohung, die ungarischen Juden zu vernichten – was zum größten Teil ja auch realisiert wurde –, Druck auf die Alliierten ausüben wollte, um im letzten Moment doch noch einen Sonderfrieden abschließen zu können.[15] So hätte Himmler nicht nur sich selbst retten, sondern ganz NS-Deutschland vor der totalen Kapitulation bewahren können.
Zweifelsohne war es Himmlers Politik, die Vernichtung der Juden als Druckmittel gegenüber den Alliierten zu nutzen, nur war dies kein Thema der Gespräche zwischen Becher und Mayer.
Nach einer bisher unveröffentlichten Quelle war Himmler schon 1942 daran interessiert, Verhandlungen mit den Alliierten aufzunehmen. Der außerordentlich gut informierte Berliner Korrespondent der »Neuen Zürcher Zeitung« und Mitarbeiter des Schweizer Nachrichtendienstes, Johann Conrad Meyer, schrieb 1942: »[…] über Himmler laufen in den eingeweihten Kreisen die widersprechendsten Gerüchte um. Unser Gewährsmann gibt sie nur referierenderweise und mit Vorbehalt wieder. Es heißt in diesen Kreisen, Himmler sei damit beschäftigt, Anschluss an

die führenden Oppositionellen in Deutschland und im Ausland zu suchen. Ein Vertrauter unseres GM [Gewährsmanns; Anm. SE], der in Berlin zur unmittelbaren Umgebung Himmlers gehört, erzählte, Himmler sei zu diesem Zwecke sowohl in Lissabon als auch in der Schweiz (Luzern) gewesen. In Lissabon sei es ihm nicht gelungen, Kontakt mit den maßgebenden ausländischen Kreisen zu finden. Dagegen hätte er in Luzern einen gewissen Erfolg gehabt. Himmler scheine die Absicht zu haben, im gekommenen Augenblick Hitler zu beseitigen, um das Reich in ordentliche Verhältnisse zurückzuführen, mit Hilfe einer neuen und umgebauten SS, die nur nationalen Richtlinien folgt und keine Parteiorganisation sein werde. Der Vertraute unseres Gewährsmannes aus dem Kreis Himmler wird in zwei Wochen in der Schweiz eintreffen.«[16]

Von den Verhandlungen zwischen der SS und den westlichen Alliierten über das europäische Judentum berichtete Meyer lakonisch: »Nach der heftigen Reaktion von England und USA auf den sog. Judenhandel ist anzunehmen, dass, wenn die deutschen Mittelsmänner mit amerikanischen Vertretern Kontakt nehmen, ein Skandal heraufbeschworen wird.«[17]

Eine weitere Unterstützung der These, dass es Himmlers Absicht gewesen war, Juden in größerer Zahl freizulassen, ist in einem Brief des Schweizer Arztes Fritz Thönen zu finden, der ein gutes Verhältnis zum SS-Reichsführer hatte: »Als ich 1942 Anfang Januar an die Ostfront ging [im Rahmen der Schweizer Ärzte-Mission; Anm. SE], hatte ich vorher noch eine lange Unterredung mit Herr[n] Musy* und er bat mich, wenn irgendwie möglich mit Himmler zu sprechen. [...] Kurz vor Ostern 1942 kam ich mit Himmler zusammen und legte ihm das Programm Musys vor. [...] Himmler sagte mir, dass ihm Musy mit seinem guten Bauernschädel ganz gut gefallen habe, dass es aber unmöglich sei, auf alle seine Bitten einzutreten [!]; er würde aber in Zukunft

* Alt-Bundesrat Jean-Marie Musy war ein berüchtigter Schweizer Nazisympathisant. Bekannt sind seine Bemühungen von 1944/45, Juden freizukaufen, die parallel zur Becher-Mayer-Linie liefen. Im Auftrag der Rettungsaktivistin Recha Sternbuch fuhr er nach Berlin, wo er Himmler und Walter Schellenberg traf. Resultat dieser Verhandlungen war der Freikauf von 1200 Juden.

›nett‹ zu ihm sein. Schließlich sei es nicht seine Schuld, dass die Engländer den Juden nicht ganz Palästina zur Verfügung stellten, wie es Balfour* zu seiner Zeit versprochen habe.«[18]

Die Bemühungen Himmlers in diese Richtung wurden praktisch bis zum Kriegsende erfolglos fortgesetzt, denn die Alliierten kümmerten sich offenbar überhaupt nicht um das Schicksal der Juden. Eine weitere Forschung könnte hier neue, wenig erfreuliche Aspekte der Judenvernichtung aufzeigen.

Was waren nun die eigentlichen Beweggründe, als die Alliierten das Angebot, Juden freizukaufen, ablehnten?

Die Briten versteckten sich hinter der Ausrede, dass die UdSSR solche Verhandlungen missbilligen würden: Die Russen profitierten nämlich militärisch davon, dass das deutsche Bahnsystem durch die Judendeportationen blockiert war, und sie misstrauten grundsätzlich jedem Kontakt zwischen Deutschland und den westlichen Alliierten. Die Briten bemühten sich z. B. deshalb, die Russen über die Joel-Brand-Mission zu informieren, was praktisch einer Sabotage gleichkam, da sie wussten, dass die russische Antwort nur negativ ausfallen konnte. In anderen Fällen hingegen scheuten sich die Briten ganz und gar nicht, mit den Nazis ohne Sowjets zu verhandeln.

Die Engländer waren ganz grundsätzlich gegen die Ausreise von so vielen Juden: Sie befürchteten, dass sie alle nach Palästina auswandern würden, was ihrer dortigen Politik diametral widersprach. Denn die Araber opponierten ohnehin schon vehement gegen die jüdische Masseneinwanderung und setzten sich u. a. deshalb mit den Nazis in Verbindung. Die Briten versuchten dieses Konfliktpotential in der wirtschaftlich und strategisch wichtigen Region (Ölfelder und Suezkanal) zu entschärfen. Das Direktorium der Jewish Agency, dem diese Sachlage bekannt war, ließ sich im Zusammenhang mit der Brand-Mission nur allzu gern mit einem besonderen »Zückerchen« beruhigen: Es erhielt grünes Licht für die Errichtung der lang ersehnten jüdischen Brigade im

---

* Arthur James Earl of Balfour sicherte als britischer Außenminister den Juden das Recht auf eine nationale Heimstätte in Palästina zu (Balfour-Deklaration, 1917).

Rahmen der britischen Armee. Denn für diese Führung stand nicht die Rettung der europäischen Juden, sondern die Errichtung eines jüdischen Staates im Vordergrund – und dazu gehört nun einmal auch ein ausgebildetes Militär.

Die US-Amerikaner hatten – meint der Forscher David Wyman – wegen ihrer eigenen Flüchtlingspolitik Bedenken: Wenn die angebotenen Juden nicht nach Palästina dürften, würden sie in die USA einreisen wollen, was der bisherigen US-Immigrationspolitik widersprochen hätte. Wyman schrieb: »Im Mai 1943 bezeichnete Robert C. Alexander von der Visa-Abteilung des State Department Rettungsmaßnahmen als ›Schritte, die Hitler von der Last und dem Fluch befreien würden‹. Ähnlich äußerte sich R. Borde Reams von der Europa-Abteilung, als er sich über die Forderungen jüdischer und anderer Gruppen aus dem Frühjahr 1943 ausließ, die Alliierten sollten mit Deutschland über die Freilassung von Juden verhandeln. Er begründete die ›Gefährlichkeit‹ solcher Schritte wie folgt: ›Während in der Theorie jedes derartige an die deutsche Regierung gestellte Ansinnen mit einem glatten Nein beantwortet worden wäre, hätte in der Praxis immer die Gefahr bestanden, dass die deutsche Regierung sich einverstanden erklärte, den Vereinigten Staaten und Großbritannien an einem bestimmten Ort eine große Zahl von Juden zum sofortigen Weitertransport in Gebiete der Alliierten zu überstellen. Weder die militärische Lage noch die Transportkapazität hätte es den Alliierten erlaubt, eine solche Operation durchzuführen. Falls wir uns für außer Stande erklärt hätten, für diese Leute zu sorgen, wäre die Verantwortung für ihr weiteres Schicksal weitgehend [...] den Alliierten aufgebürdet gewesen.«[19]

Abgesehen davon sollen die von der SS verlangten Warenlieferungen im Widerspruch zum allgemeinen Handelsverbot mit NS-Deutschland (»Trading-with-the-Enemy-Act«) stehen.

Diese Begründungen klingen zwar logisch, der Hauptgrund für die US-Verhandlungsverweigerung muss aber anderswo gesucht werden. Denn es wäre sehr wohl möglich gewesen, Juden zu retten und sie in anderen Ländern als in den USA in Sicherheit zu bringen. Diesen Einwand konterten die US-Behörden aber damit, dass die notwendige Schiffskapazität fehle, um so viele Menschen zu transportieren. Wyman selbst jedoch schreibt, dass die US-Industrie sehr stolz darauf war, wie viele Schiffe sie in kürzester Zeit produziert hatte. Demnach wären genügend Transportmöglichkeiten zur Verfügung gestanden.

»[US-Botschafter Laurence; Anm. SE] Steinhardt übte in diesem Zusammenhang scharfe Kritik an den alliierten Regierungen. [...] Er strich den Widerspruch heraus zwischen der Weigerung, auch nur ein 4000-Tonnen-Schiff bereitzustellen, und der Tatsache, dass Amerikaner und Briten sich zugleich ›vor dem Rest der Welt als Retter der Flüchtlinge‹ aufspielten und eine ›penetrante amerikanische Propaganda‹ nicht müde wurde stolz zu verkünden, in den USA würden monatlich über 1,5 Millionen Tonnen Schiffsraum gebaut.«[20]

Schlussendlich entpuppt sich auch die US-Argumentation gegen eine Bezahlung von Lösegeldern in Form von Lkws oder Traktoren als absolut zynisch. Denn die US-Vertreter in der Schweiz wie Botschafter Leland Harrison und der Handelsattaché Daniel J. Reagan, die Saly Mayer bei den Verhandlungen mit dem Argument, Handel mit dem Feind sei nicht erlaubt, immer wieder einengten, waren gegenüber den Vertretern der Standard Oil bei ihren Bemühungen um eine Öl-Exportbewilligung nach Deutschland sehr hilfsbereit. Zu dieser Zeit, im Sommer 1944, exportierte Standard Oil monatlich 48 000 Tonnen Erdöl ins Dritte Reich, General Motors und Ford bauten dort Lastwagen und anderes wichtiges Kriegsgerät.[21]

Es scheint, dass dem State Department, also dem Außenministerium der USA, ebenso wie dem »Big Business« die Zerstörung des britischen Imperiums und die Öffnung der Weltmärkte für die eigene Wirtschaft als eines der wichtigsten Ziele des Krieges erschien – wenn nicht gar als das wichtigste.[22] Eine frühzeitige Beendigung des Krieges wäre unter diesen Voraussetzungen sehr ungelegen gekommen, also sollten keine Verhandlungen mit den Deutschen stattfinden, die zu einer Kriegsverkürzung führen könnten.

Bei diesen Überlegungen des State Department spielte das Schicksal einiger Millionen jüdischer Menschen keine wichtige Rolle. Verhandlungen mit den Deutschen zur Rettung einer großen Anzahl Juden waren vielmehr unerwünscht, weil sie mit der »Gefahr« eines frühzeitigen Friedens verknüpft waren.

Es ist anzunehmen, dass der SS die ablehnende Haltung der Alliierten bezüglich des Menschenhandels mit Juden bekannt war, trotzdem wurden 1944/45 die Verhandlungsbemühungen intensiviert, wie wir in der Folge sehen werden.
Außer Zweifel steht, dass durch die Verhandlungen die SS die Unterstützung von Rudolf Kastners Komitee bei den Deportationen nach Auschwitz gewann. Deswegen wurde Kastner 1954 von einem israelischen Gericht die Kollaboration mit der SS vorgeworfen. Ein Augenzeuge, der Auschwitz überlebt hatte, sagte aus, dass Abgesandte Kastners ins damals noch ungarische Klausenburg (ungar. Koloszvár, rumän. Cluj) gekommen seien, um unter den 20 000 jüdischen Einwohnern mit Postkarten Propaganda zu machen. Auf diesen Karten empfahlen Deportierte den Klausenburger Juden – die sich damals über die nur drei Kilometer entfernte Grenze nach Rumänien hätten retten können – so schnell wie möglich die wartenden Züge in die paradiesische neue Siedlung, dem fiktiven Kenyermeze (in Wirklichkeit Auschwitz), zu besteigen – wer zuerst kommt, mahlt zuerst.
Der Hintergrund dazu: Kastner habe – so die Aussage – mit Adolf Eichmann den Handel abgeschlossen, dass er als Gegenleistung für diese Zusammenarbeit 388 ausgewählte Juden, darunter seine persönliche Sippschaft, aus Cluj retten durfte.[23]
Kastners Verteidiger meinen bis heute, dass er als unbedeutender Politiker die ungarischen Juden von der drohenden Gefahr nicht überzeugen konnte. Dass er seine Großfamilie rettete, ist zwar moralisch anfechtbar, doch verständlich.
Die Kritiker hingegen meinen, dass es seine Pflicht gewesen wäre, über die Gefahr offen zu informieren und es den Bedrohten zu überlassen, selbst zu entscheiden, wie sie sich verhalten sollten. Der Rechtsanwalt Shmuel Tamir sagte: »Sie [Kastner; Anm. SE] dürfen zwar Diplomatie betreiben und deshalb auch gewisse Informationen verheimlichen. Wenn Sie aber wissen, dass den Menschen der Tod droht und Sie nur 380 von 20 000 Personen eine Lösung anbieten können, wer sind Sie, dass Sie sich erlauben […], diesen vielen Leuten die Fakten vorzuenthalten, und dies nur, weil Sie glauben, dass diese so oder so keine Chance haben. […] Wenn er [Kastner] selber nicht imstande war, diese

Menschen zu retten, und er um dieses Unvermögen wusste, ist es ein Verbrechen, die Massen ihrer einzigen Waffe zu berauben: die Waffe des Erkennens der Tatsachen und der Verzweiflung. Denn die Erkenntnis hätte zur Verzweiflung geführt. Aus der Hoffnungslosigkeit heraus hätte immerhin eine Aktion führen können.«[24]

Kastner und anderen Komiteemitgliedern war es offenbar unmöglich, mit den Deutschen zu verhandeln und gleichzeitig Widerstandsaktionen zu organisieren – aus heutiger Sicht ist dies vielleicht schwer verständlich, den damaligen Akteuren erschien es aber bereits sehr mutig, als Juden mit Eichmann und Becher zu verhandeln.

Das Problem liegt nicht allein bei Kastner und dessen Leuten, die mit ihrer undankbaren Aufgabe restlos überfordert waren – schließlich ging es bei jeder Verhandlung und bei jeder Entscheidung um Leben und Tod. Es ist auch durchaus möglich, dass Saly Mayer von »Joint« die falsche Person war, um die Verhandlungen zu führen, wie ihm sehr viele Kritiker vorwerfen; ebenso kann der junge Schwalb, der Kastner von der Schweiz aus im Namen der JA betreute, diesem Job nicht gewachsen gewesen sein.

Eine Mitschuld liegt bei den Führungen der Jewish Agency und des »Joint«, die ihre Funktionäre in der Schweiz und im besetzten Europa im Stich ließen und sich nie deutlich entscheiden konnten, ob sie die Verhandlungen nun unterstützen sollten oder nicht. Die jüdische Organisation »Joint« wollte hier – wie auch sonst während des ganzen Krieges – keinesfalls mit dem State Department und der Roosevelt-Regierung in Konflikt geraten, obwohl – wie Wyman in seinem wichtigen Werk überzeugend argumentiert – eine wirksame Lobbyarbeit durchaus möglich gewesen wäre, selbst wenn die jüdische Lobby in den USA damals bei weitem nicht so mächtig war wie heute. Auch die JA scheute den Konflikt mit den Alliierten und war mehr mit sich selbst und dem Aufbau des Staates in Palästina als mit dem Schicksal der europäischen Juden beschäftigt.

Verschiedene Aussagen Ben Gurions, des damals wichtigsten zionistischen Politikers, erwecken den Eindruck, dass er und die JA sehr darauf bedacht waren, aus der Not der europäischen Juden politisches und materielles Kapital zu schlagen. Ganz pragmatisch.

Ben Gurions Biograf, Shabtei Teveth, formuliert diese Position wider Willen in einem Verteidigungsversuch sehr treffend: »Bei Ben Gurion entwickelte sich die Auffassung, dass die Not der Juden eine Machtquelle sei und man die jüdische Katastrophe ausnützen müsse, um einen zionistischen Vorteil zu erzielen. Aus dieser Auffassung formulierte er die Parole: ›Katastrophe ist Macht.‹

Es ist zu betonen, dass diese Auffassung die Katastrophen weder initiierte noch schaffte. Sie entsprang aus ihnen und meint: Könne man sie nicht verhindern, so sollen sie wenigstens etwas Positives hervorbringen.«[25]

Es stellt sich die Frage, ob sich die Verhandlungen des SS-Obersten Kurt Becher mit Saly Mayer und Rudolf Kastner nicht auch um die Verschiebung von Nazifluchtgeldern in die Schweiz drehten. Denn zu diesem Zeitpunkt wurden die Bemühungen der SS, ihre Beute in Sicherheit zu bringen, intensiviert und Becher war ja ein Raubexperte und kein Diplomat. Tatsächlich wurde ein Mitarbeiter Bechers, Herbert Kettlitz, von der Zürcher Polizei beobachtet, wie er bei verschiedenen Banken Transaktionen tätigte und einem bekannten Schweizer Vertrauensmann, Paul Holzach, der in unzählige Nazitransaktionen verwickelt war, längere Besuche abstattete. Wie viel Saly Mayer, Rudolf Kastner, Nathan Schwalb und deren Freunde darüber wussten oder ob sie sogar in diese Geschäfte verwickelt waren, ist unklar.

Bekannt ist, dass Kastner im Auftrag des damaligen JA-Finanzchefs Eliëser Kaplan Becher und andere SS-Offiziere in den Nürnberger Prozessen entlastete und dafür von Becher finanzielle Gegenleistungen erhielt.

In seiner Beziehung zu Becher machte Kastner eine interessante Entwicklung durch. Im September 1945 gab er vor einer US-amerikanischen Untersuchungskommission eine Erklärung ab. Darin bezeichnete er Becher und andere SS-Führer, die in die Verhandlungen mit den jüdischen Organisationen verwickelt waren, als Kriegsverbrecher, die angesichts der deutschen Niederlage ein Alibi suchten. Im Januar 1946 erklärte er plötzlich, Becher habe sich aus humanitären Gründen für Juden eingesetzt, er habe sogar bei Himmler interveniert, um die Vernichtungsmaschinerie zu stoppen.

Im August 1947 begab sich Kastner nach Deutschland, um eine eidesstattliche Aussage zugunsten Bechers zu machen: Dieser sei einer der wichtigsten Judenretter gewesen. Nachdem Becher in der Folge im Dezember 1947 aus der Gefangenschaft entlassen worden war, musste er sich vor einem Entnazifizierungsgericht in Nürnberg rechtfertigen. Dort stellte Kastner ihm und anderen SS-Offizieren wiederum einen »Persilschein« aus. Unter diesen SS-Schergen befanden sich General Hans Jüttner, der Kommandant aller Konzentrationslager, und ein Mitarbeiter Eichmanns, Hermann Krumey, ein so genannter Schreibtischtäter, dem der Tod von etwa drei Millionen Juden angelastet wird.

Dass Kastner nicht aus eigener Initiative nach Nürnberg ging, sondern mit Kenntnis des Direktoriums der Jewish Agency bzw. der israelischen Regierung handelte, geht aus seinem Brief an den nunmehrigen Finanzminister Eliëser Kaplan hervor: »Vor ca. drei Monaten wurde ich als Zeuge nach Nürnberg eingeladen. Ich benutzte die Gelegenheit, um mich mit Kurt Becher zu unterhalten. Wie bekannt, war Becher ein SS-Oberst und fungierte als Verbindungsoffizier zwischen mir und Himmler während der Rettungsaktionen. Er [Becher; Anm. SE] wurde inzwischen durch die Besatzungsbehörde *dank meiner persönlichen Intervention* freigelassen. Das Gespräch drehte sich um die finanziellen Angelegenheiten, die uns interessieren. [...] Es ist nicht ausgeschlossen, dass es noch eine Chance gibt, beträchtliche Teile der Beträge – abgesehen vom Koffer [»Becher-Deposit«] –, die wir Becher aushändigten, zurückzubekommen. Vorausgesetzt, dass man diesem Ziel viel Energie, Aufmerksamkeit und Vorsicht widmet. [...] Ich verlangte und erhielt von Becher die notwendigen Atteste zu diesen Angelegenheiten.

Das Wiedererlangen dieser Gelder ist mit komplizierten politischen und juristischen Problemen verbunden. Trotzdem bin ich der Meinung, dass es sich lohnt, die erforderlichen Schritte zu ergreifen, um an diese Beträge zu bekommen.

Auf dem Rückweg fuhr ich über Genf, dort informierte ich unseren Genossen Chaim Pozner über alle diese Angelegenheiten.«[26]

In diesem Brief erwähnt Kastner übrigens auch, dass auch SS-General Jüttner beim Wiedererlangen von Vermögen behilflich gewesen war.

Die israelische Historikerin Shoshana Eshoni-Beri behauptet: »Meiner

Meinung nach kann man nicht über die Zeugenaussage Kastners zugunsten von Naziverbrechern diskutieren, ohne die damaligen Anstrengungen der Jewish Agency zu berücksichtigen, die von den Nazis geraubten Gelder des jüdischen Volkes [...] zu erhalten.«[27]

Weiter dokumentiert die Historikerin, dass sämtliche Reisen Kastners nach Nürnberg von verschiedenen jüdischen Organisationen, darunter der Jewish Agency und dem Jüdischen Weltkongress, mitfinanziert wurden.

Der Generaldirektor der ungarischen Glühbirnenfabrik Tungsram, Leopold Aschner, wurde kurz nach der deutschen Besetzung Ungarns inhaftiert und ins KZ Mauthausen deportiert. Im Namen Bechers wurden bei der Tungsram-Tochtergesellschaft in Zürich Forderungen nach Auszahlung eines Lösegelds in der Höhe von einer Million Franken gestellt. Die Summe wurde auf 100 000 Franken heruntergehandelt und Ascher konnte am 18. Dezember 1944 in die Schweiz einreisen. Das Lösegeld wurde treuhänderisch an den Schweizer Geheimdienstler Paul Holzach in Zürich übergeben.

Nach dem Krieg verklagte Aschner Holzach auf die Rückgabe des Lösegelds, das »Vorrat Linde« genannt wurde. 1948 schrieb Becher, der »Vorrat Linde« sei der Jewish Agency in Genf auszuhändigen. Holzach weigerte sich und mit der Unterstützung der Schweizer Behörden konnte er das Geld behalten.[28]

Die komplizierte Geschichte der Verhandlungen zwischen den jüdischen Organisationen und der SS wuchs sich in Israel in den 50er-Jahren zu einem riesigen Skandal aus und beschäftigt seitdem immer wieder die dortige Öffentlichkeit. Es wurden mehrere Bücher, Theaterstücke, Fernsehserien und sogar eine Oper darüber verfasst, doch viele Fragen sind nach wie vor ungelöst.

Im Sommer 1952 ritt in Jerusalem ein aus Ungarn stammender alter Amokläufer namens Malkiel Grünwald eine frontale Attacke gegen Kastner. Diese veröffentlichte Grünwald in seinen Broschüren, die er nur an eine sehr beschränkte Anzahl von Lesern verteilte.

»Dr. Rudolf Kastner muss liquidiert werden!

Seit drei Jahren warte ich auf den Moment, diesen Karrieristen vor Gericht zu bringen. Dieser profitiert bis heute von den Raub- und

Mordtaten Hitlers. Wegen seiner kriminellen Machenschaften und seiner Kollaboration mit den Nazis [...] sehe ich ihn als indirekten Mörder meiner lieben Brüder.«[29]

Diese Anklage wäre sicherlich ohne weitere Folgen geblieben, wenn sich die israelische Regierung nicht veranlasst gesehen hätte, darauf zu reagieren. Denn Kastner, der inzwischen in Israel lebte, war Funktionär der regierenden Mapai, der Vorläuferin der heutigen Arbeiterpartei. Als solcher wurde er zum Sprecher des Handels- und Industrieministeriums und Chefredakteur einer ungarischsprachigen Zeitung, außerdem kandidierte er bei den damaligen Parlamentswahlen.

Nachdem Grünwald am 5. August 1952 von der Polizei verhört worden war, verschwand diese Affäre lange Zeit nicht aus den Schlagzeilen. Der Staatsanwalt reichte schließlich im Namen der Regierung am 25. Mai 1953 eine Ehrverletzungsklage gegen Grünwald ein.

Die große öffentliche Aufmerksamkeit entstand nicht infolge des großen Interesses an der Judenvernichtung in Europa – das Thema beschäftigte in Israel damals nur eine kleine Minderheit. Den verschiedenen Oppositionellen bot sich mit dieser Affäre vielmehr die Chance, die regierende Mapai – aus rein innenpolitischen Überlegungen – der Kollaboration mit den Nazis zu bezichtigen. Die Arbeiterpartei ihrerseits wollte die Aufarbeitung dieser Geschichte verhindern und die Diskussion darüber unterbinden. Letzteres gelang nicht, im Gegenteil: Die Kastner-Affäre ist bis heute ein Thema.

Für den rechts stehenden Anwalt und späteren Justizminister Shmuel Tamir war der Vorwurf gegen Mapai nur logisch. Denn er und viele andere Rechte beschuldigten die Regierungspartei der Kollaboration, und zwar mit den britischen Besatzern in den 40er-Jahren. Tamir selbst war wegen seiner Untergrundtätigkeit in britische Gefangenschaft geraten, da die Sozialdemokraten ihn verraten hatten. Deswegen übernahm er auch die Verteidigung Grünwalds.

Am 22. Juni 1955 verkündete der Richter Benyamin Halevi das Urteil: Er bezichtigte Kastner der Kollaboration mit den Nazis und erklärte mit einem berühmt gewordenen Satz: »Kastner verkaufte seine Seele dem Satan.«

Für dieses harte Urteil gab es zwei zentrale Gründe: Erstens berichteten

Zeugen vor Gericht, dass Kastner bzw. seine Mitarbeiter für die reibungslosen Juden-Deportationen nach Auschwitz entscheidende Leistungen erbracht hatten (etwa die bereits erwähnte Postkarten-Aktion von Cluj).

Ein zweiter entscheidender Punkt für die Verurteilung Kastners war dessen Aussage zugunsten Bechers in Nürnberg, denn in den Augen des Richters machte er sich damit zum Verteidiger eines Kriegsverbrechers. Weniger Gewicht maß der Richter dem 1948 verfassten Brief Kastners aus Nürnberg an den damaligen israelischen Finanzminister Kaplan bei. Der Richter schenkte den Berichten, wonach Kastner Koffer mit Vermögenswerten in die Schweiz geschmuggelt habe, keinen Glauben, denn für die Behauptung, Kastner habe sich unrechtmäßig bereichert, fehlten angesichts des Lebensstandards von Kastner stichhaltige Beweise. Dass er nicht für seinen persönlichen Vorteil, sondern für die Jewish Agency gehandelt haben könnte, wurde nicht berücksichtigt.

Der Richter sah also keine wirtschaftlichen Motive für die Kastner'schen »Persilscheine« an Becher und Konsorten in Nürnberg. Er stellte fest: »Das Benehmen Kastners, der Becher seit Kriegsende in Schutz genommen hat, [...] weist zwar auf starke und außergewöhnliche Motive hin, aber es gibt keine Notwendigkeit, die Erklärung dafür im finanziellen Bereich zu suchen. [...] Es gibt viele Anzeichen im Kastner-Bericht, dass zwischen ihm und Becher mit der Zeit eine private Sympathie entstand. [...] Die lange Kollaboration Kastners mit den Nazis beeinträchtigte seine Wahrnehmung, und die Erinnerung an seine Glanzperiode [als er im Zentrum der Verhandlungen stand; Anm. SE] beeinflusste seine Tätigkeit danach. Die Reinwäsche und Legitimierung Bechers war für Kastner notwendig, um sich selber zu legitimieren.«[30]

Das Urteil schlug mitten im Wahlkampf wie eine Bombe ein. Die starke öffentliche Stimmung gegen Kastner erhielt zusätzlich Auftrieb und die Forderung, ihn zu töten, die vor allem aus der radikalen rechten Ecke ertönte, wurde immer lauter.

Die Regierung strengte ein Rekursverfahren vor dem Obersten Gerichtshof an, doch kurz vor seinem knappen Freispruch (drei Richter gegen zwei) wurde Kastner am 3. März 1957 ermordet. Der Täter, Zwi Eckstein, wurde gefasst und es stellte sich heraus, dass dieser ein V-

Mann des Staatsschutzes »Shin-Beth« war, der in den rechtsradikalen Untergrund eingeschleust worden war. »Shin-Beth« wies jede Verantwortung von sich und behauptete, dass sich der Täter verselbständigt habe und seine Betreuer den Kontakt zu ihm verloren hätten.

Der israelische Publizist Uri Avnery, welcher eine führende Rolle in der Anti-Kastner-Kampagne spielte, meinte damals, dass die Einzigen, die zu diesem Zeitpunkt ein Interesse an der Ermordung Kastners gehabt hätten, die israelische Regierung gewesen wäre. Denn Kastner, bedroht durch die Todesstrafe, die im israelischen Gesetz für Nazis und deren Kollaborateure vorgesehen ist, wäre imstande gewesen, vor Gericht gründlich auszupacken und die Regierung in echte Verlegenheit zu bringen. Deshalb sollte er zum Schweigen gebracht werden. Die Rechtsradikalen hingegen hätten gerade damals, so Avnery, kein Interesse gehabt, Kastner zu töten. Sie hätten das Urteil des Obersten Gerichtshofes abwarten und nicht im Vorhinein die Aussage Kastners verhindern wollen. Erst im Falle eines Freispruchs wären sie eventuell imstande gewesen, Gewalt anzuwenden.

Heute ist Avnery nicht mehr dieser Auffassung. Er traut nach seinen jetzigen Kenntnissen dem israelischen Staatsschutz nicht mehr so viel Raffinesse und Klugheit zu.[31]

Noch Jahre nach der Ermordung Kastners erregten sich die Gemüter über seinen Fall. Seine Verteidiger wie Prof. Yehuda Bauer konnten Argumente finden, die seine Aktivitäten in Ungarn vom Kollaborationsvorwurf entlasten, seine Aussage in Nürnberg vermochten sie aber nicht wegzudiskutieren. Deshalb behauptete Bauer, dass Kastner in Nürnberg als Einzelperson handelte, um sich wichtig zu machen. Abgesehen davon, so Bauer, hätten diese Nachkriegsereignisse keine Beweiskraft bezüglich einer vermeintlichen Kollaboration während des Krieges.

Dass Kastner nicht aus eigener Initiative in Nürnberg, sondern im Auftrag des Jewish-Agency-Direktoriums bzw. der israelischen Regierung ausgesagt hatte, bewies ausgerechnet eine Schülerin Bauers. Shoshana Eshoni-Beri berichtete 1986 im Rahmen ihrer Magisterarbeit – die übrigens erst 1995 veröffentlicht wurde – von Dokumenten im Zionistischen Zentralarchiv, die klar aufzeigen, dass Kastner sehr wohl im Auftrag der Jewish Agency gehandelt hatte.

Hinzu kommt, dass die Akten des »Joint«-Vertreters in der Schweiz, Saly Mayer, Belege enthalten, wonach dieser bis zu seinem Tod im Jahre 1950 Becher Unterstützungspakete mit dem Absender des Schweizerischen Hilfsvereins für jüdische Auswanderung zu schicken pflegte.[32] Nach dessen Ableben meldete sich Becher mit angeblich offenen Ansprüchen in der Höhe von 20 000 Schweizer Franken. Was diese Sendungen tatsächlich enthielten und was deren Hintergrund war, ist nicht klar: Dass es hier um die Erfüllung etwaiger Versprechungen ging, die während des Krieges gemacht wurden, ist ziemlich unwahrscheinlich. Viel wahrscheinlicher ist, dass Becher auch hier eine wie auch immer geartete Gegenleistung erbrachte.
Es darf nicht vergessen werden, dass Becher für den Raubzug in Ungarn verantwortlich war, dessen Umfang auf 13 Milliarden damalige Schweizer Franken geschätzt wird. Es ist nur logisch, dass ein Teil dieses Vermögens in Sicherheit gebracht worden ist.
Wir haben schon die Aktivitäten von Paul Holzach und Hermann Krumey in diesem Bereich gesehen: Krumey hatte laut Becher Vermögen beim deutschen Konsulat in Zürich deponiert. Ein anderer interessanter Hinweis ist einem US-amerikanischen Telegramm vom 6. April 1945 zu entnehmen. Darin heißt es: »Thomas de Pechy, Direktor einer ungarischen Waffenfabrik (leichte Waffen und Munition) erreichte kürzlich Zürich aus Wien kommend zusammen mit einem 250 Pfund [!] schweren Koffer. Im Koffer waren verschiedene Wertpapiere. De Pechy kooperiert sehr eng mit dem SS-Obergruppenführer Becher in Wien, welcher die Reise in die Schweiz arrangierte. […] Über de Pechy wird auch berichtet, dass er über den Verkauf von deutschem Kupfer im Wert von 3 000 000 Schweizer Franken an die Schweiz verhandelt. […] Das Kupfer wird in Regensburg/Bayern gelagert und wurde durch Becher als Schweizer Besitz deklariert.«[33]
Schon kurze Zeit nach seiner Gefangenschaft etablierte sich Becher in Bremen als sehr reicher Getreidehändler. Woher er das Geld dafür nahm, blieb auch für den Schweizer Journalisten Kurt Emmenegger ein Rätsel.
Die Hauptgeschäftstätigkeit Bechers konzentrierte sich jedenfalls auf Peru. Er exportierte auch Getreide nach Israel, allerdings nur so lange,

bis diese Tatsache aufflog. Einiges deutet darauf hin, dass Becher für die Nazi-Nachkriegsordnung sehr wichtig war. So soll er die Fluchtwege der Nazis und deren Niederlassung in der Südamerika-Kolonie mit organisiert bzw. finanziert haben. Damit ist auch zu erklären, warum Becher als einer der wenigen Nazis von allen seinen Kollegen in Nürnberg durchwegs positive eidesstattliche Zeugnisse erhielt. Nach der Aussage von Adolf Eichmanns Sohn half Becher ihm und seiner Familie offensichtlich dabei, mit dem versteckt lebenden Vater wieder zusammenzuleben.[34]

Die Korrespondenz Rudolf Kastners mit Eliëser Kaplan sowie Dokumente im Schweizerischen Bundesarchiv beweisen, dass Becher Gelder und andere Raubgüter in der Schweiz bei Banken und Treuhändern deponiert hatte. Becher war bereit, Teile dieses Vermögens, deren genauer Umfang nicht zu eruieren ist, an die jüdischen Organisationen abzutreten. Dass er sich damit eine neue Existenz erkaufen konnte, ist eindeutig.

Becher bemühte sich ab 1952 um eine Einreisebewilligung in die Schweiz. Die Bundesanwaltschaft verweigerte sie aufgrund seiner Rolle bei den Verhandlungen der SS zum Freikauf von Juden. Trotzdem wurde ihm immer wieder, wie auch im September 1953, »ausnahmsweise« die Einreisegenehmigung erteilt, und zwar »um dringende Importverhandlungen mit seinen Schweizer Freunden [in Basel, Zürich, Genf und Lausanne; Anm. SE] zu führen.«[35]

Kapitel 7: Die van Hartens ziehen nach Meran

Als sich die Russen Budapest näherten, verließen viele Nazis und deren Kollaborateure Ungarn. Ende 1944 zogen auch die van Hartens aus dieser Stadt und übersiedelten nach Meran in Südtirol, wo sie im Hotel Stefanie ihr neues Quartier bezogen.

Van Harten erklärte, warum sie sich ausgerechnet in Meran niederließen: »Nach Lösung unserer Aufgabe in Budapest [die Aufgabe wurde nicht näher beschrieben; Anm. SE] kamen wir am 1. Januar 1945 in der Provinz Bozen an. Bereits in Ungarn hatten wir erfahren, dass in der Nähe Bozens sich ein Konzentrationslager befinden sollte, in dem sich die Reste der italienischen Juden u. a. befinden sollten. Diese Berichte deckten sich mit Berichten, die Herr Dr. Pozner von italien.[ischen] Freiheitskämpfern in Genf erfahren hatte.«[1]

Nach der langen Zeit, während der er keinen Kontakt mit Dr. Chaim Pozner, dem bereits erwähnten Funktionär des Palästina-Amtes in Genf, gehabt hatte, meldete sich van Harten am 12. April 1945 in seinem gebrochenen Deutsch wieder bei ihm: »Nachdem unsere Weiterreise vor 4 Jahren [1940 nach Palästina; Anm. SE] durch eine Verkettung von Umstaenden unmöglich gemacht worden war, unter Umstaenden, die wir Ihnen hoffentlich einmal mündlich zu schildern in der Lage sein werden, haben wir uns mit dem Naechstliegenden in dem Sinne, wie ich es s.Zt. mit unseren Freunden in Genf am Telefon besprochen hatte, befasst.

Durch unsere Erfahrungen, die wir leider persönlich durchmachen mussten, hatten wir erkannt, dass wir unsere Wege und Beziehungen in den Dienst der Sache stellen müssen. So konnten wir die Verhandlungen [mit] Becher inspirieren und dadurch positive Ergebnisse erreichen und vor allen Dingen durch Verhandlungen Zeit gewinnen. Wir konnten einige 1000 Kinder in Heimen unterbringen unter dem Schutz des I.R.K. sowie des Schwed. R.K., denen wir beide angehören. Meine Aufgabe war Mitte Dezember in Ungarn gelöst und so gingen wir nach [Italien], wo uns große Aufgaben – aehnlich der in Budapest harrten, und die wir Gott sei Dank positiv lösen konnten.«[2]

Van Harten suggerierte in diesem Brief, dass er im Auftrag des IKRK-Delegierten in Budapest, Friedrich Born, nach Meran gereist sei. Einem Augenzeugenbericht zufolge besaß van Harten in Meran ein Papier, welches am 10. Oktober 1944 von Born unterzeichnet worden war. Das Dokument ermächtigte ihn aber lediglich für einen zeitlich begrenzten Einsatz in Budapest.[3]

Wenn van Harten tatsächlich einen Auftrag gehabt hatte, nach Meran zu gehen, dann musste dieser von deutscher Seite stammen – konkret von der »Gruppe Wendig«, deren Zentrale ja in Meran lag. Dort konnte sich van Harten allem Anschein nach sehr rasch integrieren, so dass er, wie Höttl sagte, spätestens dann zum wichtigsten »Chefeinkäufer« Friedrich Schwends avancierte.

Kaum in Meran angekommen, will sich van Harten sofort für die jüdischen Insassen des KZ in der Nähe von Bozen (Bolzano) eingesetzt, ja die Deportierten sogar aus den Zügen geholt und damit vor dem Transport nach Auschwitz gerettet haben. Laut van Harten war diese Leistung die Folge eines Deals, den er mit dem Gauleiter von Bozen abgeschlossen hatte. Er habe diesem versprochen, sich als IKRK-Delegierter bei den Alliierten dafür einzusetzen, dass Meran und Cortina del Pezzo* als Spitalstädte deklariert, also nicht bombardiert würden. Dieses Versprechen habe er eingelöst, indem er eine Person in die Schweiz schickte, um sich mit dem dort stationierten US-amerikanischen Geheimdienstler Allen Dulles zu treffen. Diese Person war wahrscheinlich der Alt-Konsul Georg Gyssling von der »Gruppe Wendig«, der immer wieder im Auftrag von van Harten in die Schweiz fuhr.

---

* Schreibung im Original. Vermutlich ist Cortina d'Ampezzo gemeint.

Dulles schrieb an einen Mitarbeiter: »Wir glauben, dass es sich um eine Falle und um Versuche Hoettels [Höttls; Anm. SE] handelt, sich in Sunrise [die Kapitulationsverhandlungen zwischen SS-General Wolff und Dulles] einzuschmuggeln, da uns Hoettel über Gyssling erzählt hatte.«[4]

In der Folge gab van Harten die Geschichte dann allerdings so wieder, als ob er selber mit Dulles gesprochen hätte: »Ich erzählte ihm, dass wir mehr als 50 000 englische, amerikanische und italienische Soldaten und Partisanen in Cortina del Pezzo und Meran haben, und ich bat ihn, diese Städte nicht zu bombardieren, weil sie Spitalstädte waren. Ich gab ihm Garantien, dass kein deutscher Soldat dort sein wird. Unter dieser Bedingung könne ich die verletzten Soldaten retten. Denn wenn diese Städte bombardiert würden, würden sie als erste sterben. Er gab sein Versprechen.

Ich kehrte zurück zum Gauleiter und sagte: ›Ich habe meinen Teil erfüllt. Lassen Sie bitte jetzt die KZ-Insassen frei.‹ Er antwortete: ›Ich kann es nicht machen. Dafür muss ich die Bewilligung von SS-General Wolff haben.‹

›Wo ist General Wolff?‹

Er sagte: ›Im Hauptquartier in Pasano.‹

Darauf sagte ich: ›Ich werde meinen Mann nach Pasano schicken und die Bewilligung holen. Das ist einfach.‹

Am Schluss war es nicht so einfach, aber am 15. Februar 1945 befreiten sie alle KZ-Insassen, 15 000 Menschen. Ich nahm alle Juden und die, die wir noch dort fanden, mit nach Meran.«[5]

Verschiedene Akten deuten nun darauf hin, dass sich mit den KZ-Insassen von Bozen ein Menschenhandel entwickelte, der Merkmale aufweist, die wir schon im ungarischen Fall beobachten konnten.

Es scheint, dass es zu eigenartigen Überschneidungen zwischen van Hartens Aktion zu Gunsten der KZ-Häftlinge und den Bemühungen eines anderen jüdischen SS-Kollaborateurs namens Valerio Benuzzi kam. Benuzzi, ein Vertrauensmann des Mailänder SS-Chefs Oberst Walter Rauff, stand im Dienst der geheimen faschistischen Polizei OVRA und setzte sich offenbar ebenfalls für die Befreiung der Juden in Bozen ein.

Benuzzi präsentierte sich in Mailand ohne Legitimierung als Inspektor des Italienischen Roten Kreuzes. Dies hinderte aber den Schweizer Konsul in Mailand, Franco Brenni, nicht, ihn dem IKRK als Mittelsmann zu empfehlen. Auf Anraten Benuzzis bat das IKRK den Hotelier Oberst Hans Bon vom renommierten Hotel Suvretta in St. Moritz, Kontakt mit SS-General Wilhelm Harster in Verona aufzunehmen.
Bon sollte um eine Genehmigung zum Besuch im KZ Bozen und um die Erlaubnis für die Entsendung von Hilfsgütern zu Gunsten der Häftlinge ansuchen. Weiters sollte er auf die Einstellung der Deportationen, die Überstellung der Juden von Bozen in die Schweiz und die Repatriierung der Franzosen, welche von den Deutschen aus dem Departement Alpes-Maritimes, nach Italien verschleppt worden waren, hinwirken.
Dank der Vermittlung Benuzzis traf Bon im Januar 1945 nicht SS-General Harster, sondern den SS-Chef von Norditalien, General Karl Wolff, den Erzbischof von Mailand, Kardinal Ildefonso Schuster, und den deutschen Botschafter im faschistischen Teil Italiens, Rudolf Rahn. In einem Protokoll des IKRK steht über die Leistungen Bons: »Bon hat den Zugang zu den KZ in Oberitalien erweitern können. Er darf sich nach Bolzano begeben. [...]
Bon: General Wolff [im Original Wolf; Anm. SE] und Botschafter Rahn [im Original Rahm] wären der Meinung, dass man die Juden im Austauschverfahren wegbringen sollte. Ich habe vorgeschlagen, diesen Austausch im Verhältnis eins zu eins vorzunehmen, jedoch wollten Wolff und Rahn zwei Deutsche für einen Juden. Man sollte diesen Vorschlag in Betracht ziehen. Ich habe mit Herrn Präsident Burckhardt [vom IKRK] darüber gesprochen, welcher sich dahingehend äußerte, dass die ausländischen Staaten keine Juden mehr aufnehmen wollen; auch in der Schweiz gebe es schon sehr viele, immerhin könnte man einmal bei Direktor Rothmund [Schweiz. Polizeichef] vorsprechen.«[6]
Schon nach den ersten Gesprächen durfte Bon das KZ Bozen, das »nur« als Durchgangslager verwendet wurde, besuchen und die Deportationen wurden für die Dauer der Verhandlungen gestoppt. Die Aktion wurde jedoch von einer Krankheit Bons unterbrochen; er musste nach St.

Moritz zurückkehren und schickte an seiner Stelle einen Vertreter, Kurt Tschudi.[7]

In einem Brief an Saly Mayer äußerte sich Lelio Vittorio Valobra, Präsident der italienisch-jüdischen Hilfsorganisation »Delegazione Assistenza Emigranti« (Delasem), über Valerio Benuzzi: »Ich muss Ihnen offen sagen, dass ich diesen Nachrichten [über Benuzzis Verbindungen mit den Nazis; Anm. SE] keine große Wichtigkeit verleihe, denn Valerio selbst hat mir wirklich niemals verborgen, dass er Vertrauensmann der SS ist, und hat mir gegenüber nie über seine Vergangenheit geschwiegen. Ich habe [mir] auch gedacht, dass für solche Dienste nur diejenigen Leute in Betracht kommen können, welche [das größte Vertrauen] seitens der Personen, mit welchen man in Verbindung [zu] treten wünscht, genießen können, und es ist auch selbstverständlich, dass einer, der sich für diese Aufgabe zur Verfügung stellt, kein ›Gentleman‹ sein kann.«[8]

Benuzzi brachte – laut Valobra – den IKRK-Vertreter Oberst Bon auch mit SS-Oberst Rauff zusammen, um die Befreiung von Juden und deren Aufnahme in der Schweiz zu erwirken. Am 6. Februar 1945 telefonierte Mayer von der Schweiz aus mit Benuzzi, der gerade in Triest weilte. In diesem Gespräch sagte Benuzzi, dass es eine Chance gebe, 150 bis 160 inhaftierte Juden vor der Deportation nach Berlin zu retten. Abgesehen von Geldzahlungen bestehe die Möglichkeit, einen Gefangenenaustausch – deutsche Kriegsgefangene gegen Juden – durchzuführen, und er bat Mayer, diese Möglichkeit zu prüfen. Mayer sah aber in der kurzen Zeit keine Chance, einen derartigen Tausch in die Wege zu leiten.

Am 16. Februar schrieb Valobra an Mayer: »Ich muss Ihnen noch hinzufügen, dass mich Valerio eben von Chiasso angerufen hat, um mir mitzuteilen, dass ungefähr 150 Juden vom Gefängnis San Vittorio in Mailand [ins; Anm. SE] Lager in Bolzano Gries transferiert wurden und dass er sich jetzt bemüht, [die] deutschen Behörden [von der] Deportation dieser Juden [abzuhalten] in Erwartung, dass die Verhandlungen mit dem Internationalen Roten Kreuz abgeschlossen [werden]. Ich [wäre] Ihnen sehr dankbar, wenn Sie diese Angelegenheit selbst in [die] Hand nehmen möchten und sofort […] Herrn Dt. [Dr.]

de Schwarzenberg [vom IKRK] anrufen könnten, damit diese Verhandlungen abgeschlossen [werden], bevor die Juden […] deportiert werden.«[9]

Mit Hilfe des IKRK konnte Benuzzi nach Bern fahren, um im Namen des SS-Obersts Rauff die Verhandlungen (wahrscheinlich mit Allen Dulles) zu führen. In der Nacht vom 28. Februar auf den 1. März verschwand Benuzzi plötzlich, hinterließ jedoch Koffer und Dokumente im Hotel Bellevue. Über seine Verhandlungen liegen bis heute keine genauen Informationen vor.

In seinem Bericht vom April 1945 schrieb der IKRK-Delegierte Kurt Tschudi: »Wir hatten am 18. April 1945 den Besuch von H. [Herrn; Anm. SE] Valobra […], der uns aus seines Erachtens [nach] absolut glaubwürdiger Quelle mitteilte, dass es derzeit mindestens 200 Juden, verteilt auf die Lager Bozen und Meran, gebe, außerdem noch eine Gruppe von 400 ungarischen Juden, die wahrscheinlich erst kürzlich von Österreich aus nach Bozen gebracht worden seien.«[10]

Woher genau diese ungarischen Juden kamen, konnte bis jetzt nicht geklärt werden. Die Vermutung liegt aber nahe, dass van Harten sie im Zusammenhang mit der Becher-Aktion, in deren Rahmen ja 17 000 Juden von Budapest nach Wien deportiert worden waren, nach Norditalien gebracht hatte.

Nach den Recherchen des schweizerischen Historikers Jean-Claude Favez hatte das IKRK den jüdischen Häftlingen nicht helfen können: Hans Bon und Kurt Tschudi erwirkten nur die Rückführung von 2500 Franzosen über die Schweiz in ihre Heimat.[11]

Eine lakonische Notiz Mayers lautet hingegen: »Benuzzi – Benni – Bon JCR 150 Häftlinge.«[12] Wenige Wochen später, Ende April, schrieb van Harten an Chaim Pozner in Genf und reklamierte den ganzen Erfolg zu Unrecht allein für sich: »Unser Werk ist von Erfolg gekrönt. Ich habe alle Juden befreit und unter meinen Schutz genommen. Es hat sich herausgestellt, dass viele von ihnen [–] und zwar die mit anderen Namen [–] Italien nicht verlassen wollen [gemeint sind wahrscheinlich Menschen mit keinem eindeutig jüdisch klingenden Namen; Anm. SE]. Für unseren Transport habe ich nun 150 bereit.«[13]

Albert Crastan zufolge, dem schweizerischen Konsularagenten in Me-

ran, der van Harten sehr nahe stand, besuchte dieser die Insassen des KZ Bozen und konnte sie mit Medikamenten, Brot usw. versorgen.[14]
Möglicherweise war also van Harten der im Bericht der Hilfsorganisation »Delasem« erwähnte Vertrauensmann 522: »Vertrauensmann 552 übt immer eine große Tätigkeit aus und hat einen Kontakt mit dem Konzentrationslager Bozen ins Leben gerufen, der der wichtigste für dieses Lager sein wird. Ein großes [Industrie-]unternehmen [nimmt] uns [bei] seinen [umfangreichen] Transporten [in jene Stadt] mit und jede Woche wird eine große Anzahl von Paketen für diesen Zweck befördert. Diese Pakete werden dann persönlich an die Internierten verteilt. [...] [Bei] diesen Transporte[n] dürfen auch unsere Leute mit gefälschten Personalien fahren.«[15]
Ein britischer Gefangener im KZ Bozen berichtete später, dass Ende Februar 1945 van Harten auftauchte, 1000 Lire pro Kopf verteilte und versprach, Lebensmittel zu beschaffen. Danach kam van Harten zweimal im Monat. Die Gefangenen verlangten nach den versprochenen IKRK-Päckchen, aber van Harten meinte, dass dies nicht so einfach sei. Selbst berichtet van Harten: »Am 7. Januar in den Abendstunden war ich bereits mit dem Kommandeur des S.D. in Bozen, Sturmbannführer Thierolff, im Konzentrationslager und ließ mir zuerst alle Zivilinternierten vorführen. Es waren Amerikaner, Engländer, Franzosen und Schweizer. [...] Die Leute hatten von ihrer Schutzmacht in der gesamten Zeit ihrer Haft weder etwas gesehen noch gehört. Es gab eine Ausnahme, das war der Schweizer Staatsbürger Georg Stadler, der hatte in 18 Monaten von dem Geld, das seine Frau für ihn beim Schweizer Konsulat eingezahlt hatte, einmal 500 Lire erhalten. Eine Summe, für die er sich ein Stück Seife kaufen konnte, da die Preise in der Lagerkantine entsprechend den deutschen Methoden fantastisch hoch waren.«[16]
Darauf folgt eine detaillierte Beschreibung der schrecklichen Lagerbedingungen. Um dessen Insassen vor dem Hungertod zu bewahren, soll van Harten eine Hilfsaktion lanciert haben. Er kaufte zu diesem Zweck angeblich Lebensmittel ein, die er im Dominikanerkloster in Bozen deponierte. Van Harten will sich bei SS-General Wolff für die KZ-Insassen eingesetzt haben und verwies dabei auch auf seine Rolle bei

den Kapitulationsverhandlungen, ohne aber diese zu beschreiben. Er machte dabei aber keinerlei Angaben über seine Kontakte mit Allen Dulles in der Schweiz. »Am Morgen des 25. Februar kam ich nach Bozen«, schrieb van Harten weiter in seinem Bericht. »Man hatte am vergangenen Abend 130 Juden und 700 politische italienische Gefangene waggoniert, um sie zu deportieren. […] Ich fuhr nun wie ein Wahnsinniger zu allen den Beziehungen, die ich inzwischen Verbindungen geknüpft hatte. Zum Gauleiter, zum Stabsleiter, zum Chef des Generalstabs, zum Chef des Sicherheitsdienstes und der Geheimen Staatspolizei, zu den Kommandeuren der Waffen-SS und endlich nach 30 Stunden rastlosester Arbeit […] hatte ich die Genehmigung erhalten, dass alle 830 Personen wieder auswaggoniert werden konnten und sie ins K.Z. nach Bozen zurückgebracht wurden.« Wie er dieses Wunder vollbracht hat, beschrieb van Harten allerdings nicht. Und es scheint, dass er sich auch hier mit fremden Federn schmückte: In einem Telefongespräch mit dem IKRK-Hauptsitz wurde dem Obersten Bon am 26. April nämlich gemeldet, dass im Zuge der Verhandlungen zwischen dem IKRK-Generalsekretär Hans Bachmann und dem zweiten Mann in der SS-Hierarchie, Ernst Kaltenbrunner, Letzterer den Befehl gegeben hatte, die Juden in Bozen freizulassen. Bon solle diese Mitteilung so schnell wie möglich an die Delegation in Norditalien weiterleiten.[17]

Am selben Tag fuhr van Harten nach St. Moritz, traf sich dort mit Bon und wurde von diesem beauftragt, die KZ-Insassen in Bozen zu befreien: Damit erhielt van Harten eine klare und sehr wichtige Aufgabe seitens eines hochrangigen IKRK-Vertreters, was er später als Ernennung zum IKRK-Chef in Meran bezeichnete. Für diese Behauptung fehlen zwar jegliche Unterlagen, doch ist es durchaus möglich, dass es eine entsprechende mündliche Vereinbarung gegeben hat.[18]

Trotzdem wird man bei van Harten den Verdacht nicht los, dass er mit diesen Aktivitäten in erster Linie sich selbst ein Alibi beschaffen und der »Gruppe Wendig« den notwendigen Deckmantel besorgen wollte. Denn er interpretierte diesen Auftrag, wie wir später noch genauer sehen werden, sehr großzügig: Er gab verschiedenen »Chefeinkäufern« Dokumente, die sie als IKRK-Mitarbeiter auswiesen; diese fuhren in Autos mit IKRK-Wimpeln in der Gegend herum, Raubgüter-Depots wurden mit IKRK-Schutzschildern versehen.

»So wurde ich in Bozen von einem Herrn angesprochen«, schrieb ein IKRK-Arzt, »der sich als Vertreter des I.R.K. ausgab und mir einen von van Harten unterschriebenen Ausweis unterbreitete. Es handelte sich hierbei um einen Kaufmann der Umgebung, der den Pass hauptsächlich benötigte, um ungehindert die verschiedenen Straßenkontrollen passieren zu können.«[19]

Am 28. April 1945 erschien van Harten mit Lastwagen im KZ Bozen, holte einen Teil der Häftlinge aus dem Lager – so die Aussage eines englischen Gefangenen – und ließ sie nach Meran transportieren; zwei Tage später wurden auch die Juden befreit und in einem Schloss in Meran untergebracht. Selbst berichtete van Harten, dass er in diesen zwei Tagen 2972 Personen aus dem Bozener Lager und aus den verschiedenen Außenlagern weitere 7000 befreit hatte. Er behauptete auch, ein Lager mit Warenvorräten im Wert von mehreren Milliarden Lire versiegelt zu haben, um sie vor Plünderungen zu schützen. Es handelte sich hierbei – so van Harten – um Güter, die von den italienischen Juden geraubt worden waren, darunter Hunderte von Perserteppichen und viele Bilder aus den Schlössern der königlichen Familie Italiens.

»Ich habe ferner im April die gesamten Bilder der Uffizien und des Palais Pitti in einem Bauernhaus in S. Lionardo bei Meran entdeckt. Ebenso [...] die gesamten Kleinplastiken Michelangelos und Donatellos etc.«[20]

Vor lauter Begeisterung wurde van Harten unvorsichtig und schrieb in seinem Bericht: »Ferner habe ich den Amerikanern die Adresse des Hitlerschen Privatlagers in einem 3000 Meter tiefen Stollen in Bad Aussee angegeben, wo weitere Milliardenwerte entdeckt [...] wurden.« Mit dieser Aussage verriet er seine enge Beziehung zur SS, denn woher sollte ein Außenstehender sonst diese streng geheimen Verstecke kennen? Selbst wenn van Harten hier prahlte und diese Informationen gar nicht an die Alliierten weiterleitete, so verstand er es doch wieder, sich gut ins Bild zu setzen.

Offensichtlich war er auch über den Umfang des Raubes an den europäischen Juden gut unterrichtet: »Der Schaden, der den Juden in

Europa durch die Länder der Achse zugefügt wurde, wird von deutschen Stellen auf rund 160 Milliarden Goldmark geschätzt.«[21]
Woher konnte er überdies die Angaben Eichmanns zur Zahl der in Konzentrations- und Vernichtungslagern getöteten Juden kennen? In einem Brief an Pozner stellte er nämlich fest, dass, nach Eichmann, bis zum 31. Dezember 1944 5 200 000 Juden vernichtet worden seien.[22] In diesem Zusammenhang ist zu erwähnen, dass der SS-Nachrichtendienstler Wilhelm Höttl in Nürnberg aussagte, Eichmann habe ihm gegenüber von sechs Millionen getöteten Juden gesprochen. Diese Information verhalf Höttl zu seiner Entnazifizierung; später zog er sich damit den Hass etlicher Auschwitz-Leugner zu. Denn über lange Zeit hinweg galt er als *die* Hauptquelle für diese Zahlen zur Judenvernichtung.
Van Harten unterlief in seinem Bericht an das IKRK noch ein anderer Fehler: In Israel behauptete er, seine Budapester Firma »Transkontinental Import Export Gesellschaft« sei ausschließlich zum Zwecke der Rettung von Juden betrieben worden; hier aber heißt es: »Die Firma befasste sich mit Drogen, Medikamenten, Harzen und Pflanzenölen.«[23] Und genau diese Firma verkaufte er Ende 1944 offenbar an die Deutschen gegen harte Devisen. »Inzwischen war die Einfuhr von Banknoten nach der Schweiz verboten worden. Infolgedessen ließ ich mir die Banknoten von Berlin nach Italien übersenden.«[24] Für ein derartiges Vorgehen benötigte man schon außergewöhnlich gute Beziehungen zu den deutschen Behörden. Denn die waren über die Ausfuhr von Devisen alles andere als glücklich. Nur Nazibonzen besaßen dieses Privileg und selbst die durften es nicht allzu offen nutzen.
In einem Telefongespräch aus Münster (Schweiz) berichtete der Delegierte Dr. von Orelli nach Genf: »Herr van Harten kollaboriert eng mit der SS-Dienststelle Schwends [im Original Schwendt; Anm. SE]. Alle die Geschäfte van Hartens sind mit von Schwend gefälschten Pfund-Sterling finanziert. Während des deutschen Zusammenbruches versah v.H. alle Depots der SS mit dem IKRK-Zeichen.«[25]
Die US-amerikanischen Soldaten fanden mehrere Gebäude in Meran voller Raubgüter, welche alle mit Schildern »Unter dem Schutz des IKRK« ausgestattet waren. In Caserna Alpini lagerten beispielsweise

Militärausrüstung, 60 Boxen Vermouth, acht Boxen Buton Cognac, Seide, Wolle usw. Es wurden 248 000 IKRK-Identitätsausweise gefunden, die von den Nazis in Meran gedruckt worden waren. Van Harten behauptete gegenüber den amerikanischen Soldaten, dass er IKRK-Chef in Budapest gewesen sei, aber es fiel ihnen gleichzeitig auf, dass die SS-Mannschaften, wenn sie ihn oder sein Auto sahen, sofort salutierten.[26]
In einem Brief an das Allied Military Government (AMG, die Alliierte Militärregierung) distanzierte sich das IKRK von van Harten und stellte fest, dass er unberechtigterweise im Namen des Komitees auftrete.[27]
Im Frühling 1945 spielt noch eine weitere sehr dubiose Geschichte rund um van Harten: Am 30. April schrieb dieser an Chaim Pozner in Genf: »Soeben tritt das ungarische Außenministerium an mich heran, das I.R.K, vertreten durch mich, möge den Schutz des ungarischen Staatschatzes in Form von Gold, Juwelen, Gemäldesammlungen etc. übernehmen.«[28]
In den Akten Pozners in Jerusalem ist eine Vollmacht im Namen des kurzzeitigen ungarischen Staatschefs Ferenc Szálasi für van Harten zu finden, in dem er ihm den Schutz für (original deutsch geschrieben) »alle, dem ungarischen Staate gehörige Schätze und Werte, Waren und Gegenstände, wie den Kronschatz (Hlg. Stephanskrone, Königsmantel, Hlg. Rechte, usw.)«[29] überantwortet.
Diese Vollmacht trägt das Datum 17. März 1945. Wie ist diese große zeitliche Differenz zu erklären? Brauchte es wirklich mehr als einen Monat, bis eine derart wichtige Meldung in Meran eintraf? In Israel erzählte van Harten Jahre danach, wie zwei ungarische Delegierte nach Meran gekommen waren, um ihm das Dokument persönlich zu überreichen. Mussten sie ihn so lange suchen? Oder fiel es van Harten erst später ein, dass es eigentlich schlau wäre, bei dieser Angelegenheit Pozner einzuschalten?
Zweifel an dieser Geschichte scheinen mehr als angebracht zu sein. Nicht, dass die Szálasi-Vollmacht unmöglich gewesen wäre, aber die Beweislage ist sehr dürftig: Die heute vorhandene Vollmacht ist lediglich eine Art Abschrift. Der alleinige Umstand, dass Pozner eigens wegen dieser Angelegenheit nach Münster reiste, um sich darüber mit van Harten zu besprechen, beweist lediglich, dass der Palamt-Funktionär von dieser Geschichte überzeugt war.

Kgl.ung.Minister des Aeussern.

133 MT.-1945.

B e v o l l m ä c h t i g u n g .

Im Auftrage des Staatsoberhauptes des ungarischen Königreichs, des Führers der Nation Franz S z á l a s i und im Namen der kgl.ung. Regierung auf Grund des Gesetzes Art.II.1939. ermächtige ich hiermit den Bevollmächtigten des Internationalen Roten Kreuzes, Herrn J.L. van H a r t e n

1./ alle, dem ungarischen Staaten gehörige Schätze und Werte, Waren und Gegenstände, wie den Kronschatz (Hlg.Stephanskrone, Königsmantel, Hlg.Rechte, usw.), den Staatsschatz (Edelsteine, edle Metalle: Gold, Platine, Silber, usw.), die Kunstschätze (Bildergalerie, Bibliothek, Archiv, usw.) und alle Lebensmittel (Textilwaren, Leder, Nährmittel usw.) die sich im Besitz der kgl.ung.Regierung im Deutschen Reich befinden oder sich befinden werden, unter dem Schutz des Komités des Internationalen Roten Kreuzes zu stellen, und alles zu tun, die genannten Gegenstände der ungarischen Nation zu sichern und zu schützen.

2./ Die Vollmacht gilt für jegliche Schritte, die benötigt werden die im Interesse des Punkt 1./ sind. Dementsprechend ist Bevollmächtigte J.L. van Harten berechtigt alle, in Deutschland befindlichen ungarischen Schätze und Werte, Waren und Gegenstände im Namen des Internationalen Roten Kreuzes unter seine Obhut zu nehmen, sie zu bewahren und sicher unterzubringen. Weitergehend ist er berechtigt alle im Deutschland befindlichen Gegenstände auch nach der Schweiz auszuführen, wo er in ungarischen Interesse davon eine Ausstellung zu organisieren auch berechtigt ist.

3./ Der Schutz des Internationalen Roten Kreuzes hat seine Dauer über das Kriegsende so lang, bis der Umfang des ungarischen Staatsbegriffes wieder in Erscheinung tritt und das selbstständige, unabhängige und freie Ungarn seine gesetzmässige, legale und durch alle europäischen Mächte anerkannte, verfassungsmässige und in der ungarischen Hauptstadt, Budapest sitzende Regierung im Stande ist, die genannten Werte im Interesse der Nation wieder zu übernehmen. In diesem Falle, - mit der Zustimmung der ungarischen gesetzgebenden Gewalt - ist der Bevollmächtigte verpflichtet die genannten Werte dem ungarischen Staate abzuliefern. Die Übergabe muss aber allen europäischen Mächten, wie auch dem Beauftragten des ungarischen Staatsoberhauptes Ferenc S z á l a s i gleichzeitig mitgeteilt werden. Die Lebensmittel und die anderen verderblichen Waren sind zur Versorgung den auf deutschen Gebiet lebenden ungarischen Flüchtlingen zu verwenden.

Solange dieses aufgezählte Staatseigentum nach Ungarn nicht zurückerstattet ist, ist der Bevollmächtigte verpflichtet dem kgl.ung.Minister des Aeussern Dr.Gábor Baron von K e m é n y jederzeit und auf seinen Wunsch ihm zu unter-

./.

richtem, wie auch die Liste der in Schutz genommenen Gegenstände protokollarisch ihm zu übergeben.

Sollte innerhalb 10 Jahren die im ersten Absatz erwähnten Bedingungen betreffs der internationalen und verfassungsmässigen, territorialen Suverenität Ungarns nicht erfüllt werden können, hat das ungarische Volk das Recht durch ein Plebiscit über die weitere Verfügung aller obengenannten Gegenstände unwiederruflich zu entscheiden.

Es werden alle ungarischen uns ausländischen Behörden gebeten, Herrn J.L. van H a r t e n in der Ausübung seiner Vollmacht weitgehendst zu unterstützen und alle nötige Hilfe in der Durchführung seiner Aufgabe ihm leisten zu wollen.

Ohne Rücksicht auf andere weitige Abmachungen, tritt diese Vollmacht mit dem 21.-ten März 1945. in Kraft. Die eventuell nötigen Zustimmungen werden nachgeholt.

Szombathely, den 17.-ten März 1945.

kgl.ung.Minister des Aeussern
(Dr. Gábor Baron von Kemény)

Über diese Bevollmächtigung werden folgende benachrichtigt:

1./Die Präsidenten beider Häuser des ungarischen Parlaments,
2./Die kgl.ung.Regierung,
3./Die deutsche Reichsregierung,
4./Das Komité des Internationalen Roten Kreuzes,
5./Herr J.L. van Harten,
6./Der Stellvertretender kgl.ung.Ministerpräsident Eugen Szöllösi
7./Der Innenminister Gábor von Vajna,
8./Der Finanzminister Dr.Ludwig Reményi-Schneller,
9./Der Versorgungsminister Béla Jurcsek,
10./Dr.Roman von Tárczay-Felicides, Staatssekretär des Kultusministeriums,
11./Herr Ladislaus Temesváry, Präsident der ungarischen Nationalbank,
12./Der stellvertretende kgl.ung.Gesandte in Deutschland Georg Porzesinsky.

Kgl. ung. Minister des Aeussern
133 M.T. - 1945.

Bevollmächtigung.

Im Auftrage des Staatsoberhauptes des ungarischem Königreichs, des Führers der Nation Franz Szálasi und im Namen der kgl. ung. Regierung auf Grund des Gesetzes Art.II.1939 ermächtige ich hiermit den Bevollmächtigten des Internationalen Roten Kreuzes,

Herrn J. L. van Harten

1./ alle, dem ungarischen Staate gehörige Schätze und Werte, Waren und Gegenstände, wie den Kronschatz (Hlg. Stephanskrone, Königsmantel, Hlg. Rechte, usw.), den Staatsschatz (Edelsteine, edle Metalle: Gold, Platine, Silber usw.), die Kunstschätze (Bildergalerie, Bibliothek, Archiv, usw.) und alle Lebensmittel (Textilwaren, Leder, Nährmittel usw.) die sich im Besitz der kgl. ung. Regierung im Deutschen Reich befinden oder sich befinden werden, unter dem Schutz des Komités des Internationalen Roten Kreuzes zu stellen, und alles zu tun, die genannten Gegenstände der ungarischen Nation zu sichern und schützen.

2./ Die Vollmacht gilt für jegliche Schritte, die benötigt werden die im Interesse des Punkt 1./ sind. Dementsprechend ist Bevollmächtigte J. L. van Harten berechtigt alle, in Deutschland befindlichen ungarischen Schätze und Werte, Waren und Gegenstände im Namen des Internationalen Rotes Kreuzes unter seine Obhut zu nehmen, sie zu bewahren und sicher unterzubringen. Weitergehend ist er berechtigt alle in Deutschland befindlichen Gegenstände auch nach der Schweiz auszuführen, wo er in ungarischem Interesse eine Ausstellung davon zu organisieren auch berechtigt ist.

3./ Der Schutz des Internationalen Roten Kreuzes hat seine Dauer über das Kriegsende so lang, bis der Umfang des ungarischen Staatsbegriffes wieder in Erscheinung tritt und das selbstständige, unabhängige und freie Ungarn seine gesetzmässige, legale und durch alle europäischen Mächte anerkannte, verfassungsmässige und in der ungarischen Hauptstadt, Budapest sitzende Regierung im Stande ist, die genannten Werte im Interesse der Nation wieder zu übernehmen. In diesem Falle, – mit der Zustimmung der ungarischen gesetzgebenden Gewalt – ist der Bevollmächtigte verpflichtet die genannten Werte dem ungarischen Staate abzuliefern. Die Übergabe muss aber allen europäischen Mächten, wie auch dem Beauftragten des ungarischen Staatsoberhauptes Ferenc Szálasi gleichzeitig mitgeteilt werden. Die Lebensmittel und die anderen verderblichen Waren sind zur Versorgung den auf deutschen Gebiet lebenden ungarischen Flüchtlingen zu verwenden.

Solange dieses aufgezählte Staatseigentum nach Ungarn nicht zurückerstattet ist, ist der Bevollmächtigte verpflichtet dem kgl. ung. Minister des Aeussern Dr.

Gábor Baron von Kemény jederzeit und auf seinen Wunsch ihn zu unterrichten, wie auch die Liste der in Schutz genommenen Gegenstände protokollarisch ihm zu übergeben.

Sollte innerhalb 10 Jahren die im ersten Absatz erwähnten Bedingungen betreffs der internationalen und verfassungsmässigen, territorialen Suverenität Ungarns nicht erfüllt werden können, hat das ungarische Volk das Recht durch ein Plebiscit über die weitere Verfügung aller obengenannten Gegenstände unwiederruflich zu entscheiden.

Es werden alle ungarischen uns [und] ausländischen Behörden gebeten, Herrn J. L. van Harten in der Ausübung seiner Vollmacht weitgehendst zu unterstützen und alle nötige Hilfe in der Durchführung seiner Aufgabe ihm leisten zu wollen.

Ohne Rücksicht auf andere weitige Abmachungen, tritt diese Vollmacht mit dem 21.-ten März 1945. in Kraft. Die eventuell nötigen Zustimmungen werden nachgeholt.

Szombathely, den 17.-ten März 1945

Sig.
kgl. ung. Minister des Aeussern
(Dr. Gábor Baron von Kemény)

Über diese Bevollmächtigung werden folgende benachrichtigt:

1./ Die Präsidenten beider Häuser des ungarischen Parlaments,
2./ Die kgl. ung. Regierung,
3./ Die deutsche Reichsregierung,
4./ Das Komité des Internationalen Roten Kreuzes,
5./ Herr J.L. van Harten,
6./ Der Stellvertretender kgl. ung. Ministerpräsident Eugen Szöllös
7./ Der Innenminister Gábor von Vajna,
8./ Der Finanzminister Dr. Ludwig Rèményi-Schneller,
9./ Der Versorgungsminister Béla Jurcsek,
10./ Dr. Roman von Tárczay-Felicides, Staatssekretär des Kultusministeriums,
11./ Herr Ladislaus Temesváry, Präsident der ungarischen Nationalbank,
12./ Der stellvertretende kgl. ung. Gesandte in Deutschland Georg Porzezinsky.

Im Übrigen interessierte sich Pozner, der auch nach dem Krieg über viele Jahre hinweg für jüdische Vermögenswerte in Europa zuständig war, für den ungarischen Kronschatz und die damit verbundenen jüdischen Raubgüter und verfolgte noch lange deren komplizierte Reise in die USA sowie deren Rückkehr nach Ungarn 1978. Diese Neugier Pozners ist wiederum kein Beleg dafür, dass van Harten je tatsächlich *der* Bevollmächtigte gewesen ist.

Einige Leute aus van Hartens näherem Umfeld bringen ihn in Beziehung zum Kronschatz. Niemand behauptet, er habe die Kronjuwelen auch selbst gesehen, das Äußerste ist die Vermutung, dass van Harten den Deponierungsort kannte. Schwends Mitarbeiter Franz Manser gab bei seinem Verhör in der Schweiz zu Protokoll, dass van Harten nach dem Krieg von den Alliierten verhaftet wurde, weil er es abgelehnt habe, den Aufbewahrungsort bekannt zu geben.

Es ist nicht ausgeschlossen, dass van Harten mit diesem ungarischen Kronschatz und den daran gekoppelten Raubgütern das Interesse der Funktionäre wie Chaim Pozner wecken wollte. Denn am Kriegsende würde er unbedingt Unterstützung brauchen, um zu überleben und der »Gruppe Wendig« zusätzlichen Schutz zu verleihen.

War Pozner tatsächlich so naiv, dass er van Harten nicht durchschaute? Die meisten Schweizer IKRK-Delegierten, die van Harten begegneten, taxierten ihn sofort als Hochstapler und Nazikollaborateur, dem nicht zu trauen ist. Waren sie so viel klüger als der Funktionär in Genf, der immerhin bei Prof. Edgar Salin in Basel seine Doktorarbeit in Ökonomie abgeschlossen hatte und als ganz heller Kopf galt?

Vordergründig zu erklären wäre dieser Widerspruch damit, dass die Schweizer es einfacher hatten. Sie konnten van Hartens Angaben, IKRK-Delegierter zu sein, überprüfen. Sie konnten seine Akten einsehen und bei ihrer Zentrale nachfragen. Über solch bequeme Möglichkeiten verfügte Pozner sicherlich nicht.

Die Einschätzung van Hartens durch die schweizerischen IKRK-Mitarbeiter ist vielleicht aber auch mit dem zu diesem Zeitpunkt ausgeprägt chauvinistischen Selbstbewusstsein vieler Schweizer erklärbar, die sich als neutrale, karitative, außerhalb der Kriegswirren stehende Wesen betrachteten. Die Schweizer erachteten es als eine unerhörte Frechheit dieses »fremden Fötzels«, sich als IKRK-Delegierter zu verkleiden. Das Gerücht, dass er ein *jüdischer* Nazikollaborateur sein könne, bestätigte offensichtlich sehr viele Vorurteile.

In deutlich antijüdischen Tönen stellte der IKRK-Delegierte Kurt Tschudi die enge Verbindung zwischen der SS und dem Juden van Harten fest und empört sich gewaltig, dass er als »Nichtarier« verschont wurde: »Nach der Abreise von Herr Oberst Bon und nach Erhalt von weiterem belastenden Material gegen v. Harten trat ich mit Herrn Oberst Rauff von der SS-Polizei in Verbindung, um dem Mann sein Handwerk zu legen. Oberst Rauff wich jedoch in geschickter Weise immer aus und wollte von einer Verhaftung nichts wissen, was mich nur noch mehr stutzig machte, denn im Allgemeinen war jeder Vorwand zum Vorgehen gegen einen Nichtarier gut genug.«[30]

Zudem musste sich das IKRK zu diesem Zeitpunkt von ihm unbedingt distanzieren, um seine Glaubwürdigkeit bei den Alliierten aufrechtzuerhalten bzw. aufzupolieren. Denn eine IKRK-Delegation hatte beispielsweise feststellen müssen, dass sie von den Alliierten in Meran und Umgebung zuerst misstrauisch empfangen und beobachtet worden war.[31]

Für Chaim Pozner war die Situation anders. Er hatte van Harten wahrscheinlich als SS-Kollaborateur identifiziert; er kannte sicherlich dessen Lage 1940, denn schließlich hatte er ihm damals aus der Verlegenheit geholfen, indem er ihm ein Visum nach Palästina vermittelt hatte; er wusste ferner auch einiges über van Hartens Tätigkeiten in Budapest. Aber aus pragmatischen Überlegungen, die der Ökonom bestimmt anstellte, durften ihn die Beziehungen van Hartens zu den Nazis nicht daran hindern, mit ihm zusammenzuarbeiten, durfte er van Harten schriftlich nicht als Nazikollaborateur »outen«. Ganz im Gegenteil: Gerade wegen seiner Verbindungen zu den Nazis war van Harten der geeignete Partner. Im Fall Benuzzi haben wir bei den Aussagen von Valobra schon gesehen, mit welch emotionslosem Kalkül jüdische Funktionäre die Kooperation mit Nazikollaborateuren betrachteten.

Dass der faschistische Szálasi den Kronschatz van Harten anvertrauen würde, leuchtete Pozner gewiss ein, denn er musste über die engen Kontakte zwischen van Harten und den Nazis informiert sein.

Kapitel 8: Van Harten und die Gebrüder Manser

Wie wir schon wiederholt gesehen haben, soll van Harten einer der wichtigsten »Einkäufer« Friedrich Schwends – also ein zentraler Teil der »Gruppe Wendig« – gewesen sein. Eine zusätzliche Bestätigung findet sich bei der Aussage des deutschen Kriminalkommissärs Artur Schoster von der Sicherheitspolizei (Sipo) und dem Sicherheitsdienst (SD) in Bozen. Er gab an, dass van Harten schon im Frühsommer 1943 nach Meran gekommen, ihm der fast zwei Meter große Mann aber erst nach dem 8. September 1943 besonders aufgefallen war. Für diese Behauptung konnte bis jetzt keine Bestätigung gefunden werden – van Harten selbst gab ja an, erst Ende 1944/Anfang 1945 in Südtirol angekommen zu sein –, doch wären regelmäßige Besuche in Meran durchaus nicht abwegig, hätte er schon in Budapest für die »Gruppe Wendig« gearbeitet.

Jedenfalls besaß Schoster Informationen, nach denen Schwend van Hartens Chef war und van Harten sich ohne Berechtigung als IKRK-Delegierter ausgab.

Laut den Gerüchten, die der Kommissär wiedergibt, soll van Harten für die deutsche Spionage und danach auch für US-Geheimdienste gearbeitet haben. Die gleiche Quelle Schosters berichtete weiter, dass sowohl Schwend wie auch van Harten daran arbeiteten, eine »Brücke für die Zukunft zu bauen«.[1]

Sicherlich vermischt die Aussage Schosters Fakten und Gerüchte, doch spiegelt sie den Wissensstand wie auch die allgemeine Stimmung bei den anderen, nicht »eingeweihten« SS-Stellen in der Region wider.
In jedem Fall zutreffend ist seine Feststellung, dass die »Gruppe Wendig« mit gefälschten Pfundnoten ihre Einkäufe auf dem Schwarzmarkt finanzierte und dass die Verkäufer entweder die Fälschung nicht bemerkten oder durch Schwends Leute erpresst wurden. Diese drohten gegebenenfalls mit einer Denunziation bei der deutschen Polizei wegen einer illegalen Tätigkeit, z. B. Handel mit fremder Währung.
Schoster war durch die Gruppe sehr irritiert und wollte mehr über sie wissen. Der Sipo- und SD-Chef von Bozen riet ihm aber energisch davon ab und erklärte, dass diese auf direkten Befehl von Reichsführer SS Heinrich Himmler agierte. Schosters Untersuchungen erbrachten lediglich, dass die Gruppe politische und ökonomische Aufträge ausführte; welche genauen politischen Ziele dies waren, konnte er aber nicht herausfinden.
Die »Gruppe Wendig« kaufte mehrere Immobilien in Südtirol, etwa die Herberge »Leichterhof« in Maia Alta und die Schlösser Labers und Naturns. Darüber hinaus stand ihr Schloss Rametz in Meran zur Verfügung, da sie in engem Kontakt mit dem Besitzer, dem Schweizer Konsularagenten Albert Crastan, stand.
Im April 1945 deponierte Schwend, so Schoster in seinem Bericht weiter, eine größere Anzahl von Kisten im Schloss Rametz. Ab dem 1. Mai 1945 sei Crastan als so genannter IKRK-Kurier unterwegs gewesen. Sein Auto trug das Kennzeichen CD (Corps Diplomatique); damit soll er Vermögenswerte für die »Gruppe Wendig« in die Schweiz verschoben haben.
Weitere Güter wurden im Schnalstal und im Martelltal, im Marmor-Steinbruch in Laas und in den natürlichen und künstlichen Galerien von St. Valentin bis zur österreichischen Grenze beim Reschenscheideck-Pass versteckt.
Am besten über diese Verstecke informiert sollen dem Kriminalkommissär zufolge van Harten, Crastan und ein Herr Torness gewesen sein; Letzterer ein ehemaliger Präsident der deutschen Handelskammer in Mailand, der seit 1944 in der Villa Rheingold in Reschen wohnte.

Auskunft über diese Schlupflöcher könne auch der Schweizer Franz Manser geben, der zur »Gruppe Wendig« gehörte, was der Polizist offensichtlich nicht wusste. Er empfahl seinem Informanten auf jeden Fall ein Gespräch mit Manser.
Franz Manser, ein Auslandschweizer, wurde 1901 in Abbazia/Italien geboren und lebte bis 1931 in Berlin, wo er unter anderem auch ein Bauunternehmen verwaltete. Aufgrund finanzieller Schwierigkeiten ging er nach Italien, 1934 oder 1935 konnte er das liechtensteinische Bürgerrecht erwerben.
Im April 1944 wurde Manser wegen eines angeblichen Steuervergehens aus seiner Berliner Zeiten verhaftet. Kriminalkommissär Schoster, der die Untersuchung führte, fand die Verdächtigung unbegründet und wollte Manser freilassen, die SS-Offiziere Thyrolf und Schiefer aber wollten Manser in einem KZ sehen. Schoster vermutete dahinter eine Intrige der »Gruppe Wendig« gegen Manser und setzte sich massiv für ihn ein. Erst am 18. Oktober desselben Jahres konnte er seine Freilassung erwirken.
Diese Angaben sind nun sehr verwirrend, denn laut glaubwürdigen Berichten der Schweizerischen Bundesanwaltschaft hielt sich Manser im September 1944 mehrmals in der Schweiz auf, um Vermögen zu verschieben. So war er im Auftrag Schwends bei der Bank Leu & Co. in Zürich, um sich über die Höhe seines Bankkontos zu erkundigen.[2]
Franz Manser und sein jüngerer Bruder Alfred wurden nach dem Krieg unter dem Verdacht, deutsche Spione zu sein, in der Schweiz verhaftet. Bei den Verhören gaben sie zu, »Einkäufer« der »Saxonia« (der italienischen Firma der »Gruppe Wendig«) und als solche dem Österreicher Oskar Blaschke unterstellt gewesen zu sein.
Der Bundespolizeiinspektor Werner Benz berichtete über ihr Tätigkeitsfeld: »Total seien ca. 60 Personen für die Saxonia tätig gewesen. Es habe sich darum gehandelt, versteckte Waren auf dem schwarzen Markte ausfindig zu machen und diese der SS zuzuführen. Man habe alle erreichbaren Waren zusammengekauft, und zwar hätten sie jeden verlangten Preis bezahlt. Auf diese Weise hätten allein die Gebr. Manser für viele Millionen Lire Waren wie Strümpfe, Stoffe, Rohleder, Seidenstoffe etc. aufgekauft. Mit dieser Tätigkeit sei ihnen die Möglich-

keit geboten worden, sehr schön zu verdienen. Die Waren seien entweder nach Deutschland oder den deutschbesetzten Ländern verschoben worden.«[3]

Bei der Schweizerischen Verrechnungsstelle (SVSt) sagte Franz Manser aus, dass bei diesen Geschäften sein Gewinn insgesamt zwischen 10 und 12 Millionen Lire lag.[4]

Friedrich Schwend wird von Franz Manser folgendermaßen beschrieben: »Ca. 36 Jahre alt, ca. 183 cm groß, starke Figur, blonde zurückgekämmte Haare, glatt rasiert, etwas fleischige Nase, Plattfüße, sehr gut gekleidet. [...] Er hat sich 1941 oder 1942 mit einer Hedda NEUHOLD verheiratet. Ich war s. Zt. verlobt mit der Schwester seiner Frau. Ich habe Schwend alias Wendig in Abbazia 1940 oder 1941 noch vor seiner Verheiratung durch meine Frau kennen gelernt.«[5]

Die Gebrüder Manser wurden immer wieder von van Harten beauftragt, in die Schweiz zu fahren, um für ihn Kontakte mit dem Außenministerium in Bern und dem IKRK in Genf zu pflegen. Besonders wichtig war für van Harten die Verbindung mit Chaim Pozner. So erzählte Franz Manser von einem Treffen in Münster (Schweiz) mit dem Palamt-Funktionär, dem österreichischen Alt-Konsul Gyssling und dem Schweizer Konsularagenten Crastan, zu dem er an Stelle van Hartens gereist war; es fand bereits nach dem Krieg statt, als van Harten von den Amerikanern schon verhaftet war, da er angeblich das Versteck des ungarischen Kronschatzes verschwieg. In seinem Verhör sagte Alfred Manser aus: »Beide, Gisling [Gyssling; Anm. SE] und Dr. Posner sprachen über den ungarischen Kronschatz, der dem Inter. Roten Kreuz zur Aufbewahrung übergeben worden war. Der ungarische Kronschatz wurde durch einen Minister in Oesterreich vergraben. Dieser Minister machte über den Ort dieses vergrabenen Schatzes dem Van Harten genaue Angaben. Van Harten musste genau wissen, wo der ungarische Schatz versteckt war. Van Harten unterließ es aber, den Amerikanern hierüber genaue Angaben zu machen, und wurde deshalb in Haft genommen. Diese Mitteilungen machte Gisling dem Dr. Posner.«[6] Pozner, der ja fest davon überzeugt war, dass van Harten tatsächlich Kenntnisse davon besaß, soll darüber empört gewesen sein. Er fand, »dass es schon etwas dumm war, dass Van Harten dies den

Amerikanern gegenüber verschwiegen hat, denn hier war bestimmt auch Gold dabei, das den Juden gehörte.«[7]

Alfred Manser berichtete weiter: »Dr. Posner vertrat die Meinung, dass dieser Schatz unbedingt in die Schweiz hätte gebracht werden sollen, um da für die Juden verwendet werden zu können, d. h. Transferierung nach Palästina.

Wie ich ferner dem Gespräch entnehmen konnte, war es überhaupt nicht ganz abgeklärt, ob van Harten wirklich offizieller Delegierter des IKRK war. Dr. Gisling und Dr. Posner waren hier verschiedener Auffassung.«[8]

Da der Alt-Konsul Teil der »Gruppe Wendig« war, in Schloss Labers wohnte und eng mit van Harten zusammenarbeitete, ist kaum anzunehmen, dass er ihn als falschen Delegierten entlarven würde.

Nach dem Treffen schrieb Pozner an van Harten in der Hoffnung, es sei diesem »möglich, den peinlichen Zwischenfall, der Sie gehindert hat, am 16. [Mai 1945; Anm. SE] nach Münster zu kommen, ganz zu klären, bzw. zu regeln.«[9]

Er wiederholte auch sein großes Interesse an den ungarischen Raubgütern: »Haben Sie angeben können, wo sich die Hagar-Gegenstände* – oder ein Teil von ihnen – befinden? Haben Sie bei der Deklarierung auch angegeben, dass ein Teil der Gegenstände aus jüdischem Privatbesitz stammt und deshalb für die aufzusuchenden Eigentümer, bzw. für die jüdische Gemeinschaft sicherzustellen ist? Uns interessiert ja unmittelbar nur dieser Teil.«

Es ist eigenartig, dass Pozner in seinem Wunschdenken derart verharrte und van Hartens Erzählung bezüglich des ungarischen Schatzes – auch Jahre später – nicht kritischer gegenüberstand. Denn laut Aussage des US-amerikanischen Oberleutnants der 86th Infantry Division, Robert L. Chapman, nahmen er und seine Einheit am 4. Mai 1945 den ungarischen Führer Ferenc Szálasi gefangen. Der Faschist übergab den US-Amerikanern bei dieser Gelegenheit die Kronjuwelen.[10]

Dieser Umstand macht neben der Behauptung, van Harten sei wegen seines Schweigens über das Versteck des ungarischen Kronschatzes in

---

* »Hagar« war das Codewort der jüdischen Rettungsaktivisten für Ungarn.

Kriegsgefangenschaft geraten, auch die bereits erwähnte angebliche Szálasi-Vollmacht unglaubwürdig.
Nach seiner Rückkehr aus Münster sprach Pozner mehrmals mit IKRK-Beamten. Er stellte fest, dass die Schweizer gegenüber van Harten sehr misstrauisch, ja verärgert waren. Er versuchte den »Holländer« in Schutz zu nehmen und erklärte, dass dieser jeweils gezwungen war, schnell zu handeln, noch bevor genaue Instruktionen aus Genf eingetroffen waren. »Ich konnte da aber nur mit psychologischen Argumenten arbeiten, da ich ja den eigentlichen Sachverhalt selbst nicht genau kenne. Es ist schade, dass Sie mich nicht eingehend über all diese Dinge informiert haben.«[11]
In diesen Besprechungen erfuhr Pozner, dass mit den aus Meran zurückkehrenden IKRK-Lastwagen 72 Menschen in die Schweiz transportiert wurden. Es gab Hinweise, wonach es sich bei den Transportierten um französische Nazikollaborateure handelte, welche mit van Hartens Hilfe bzw. auf Veranlassung Schwends in dieser IKRK-Kolonne mitreisen durften.
Pozner schrieb: »Handelt es sich dabei um Juden? Hätte ich Genaueres darüber gewusst, so hätte ich gewisse Verdächtigungen, die im Zusammenhang mit dieser Geschichte entstanden sind, zerstreuen können?«[12]
In einem Hilferuf bat van Harten Pozner um ein Visum nach Palästina. Der Genfer Palamt-Funktionär machte seine Unterstützung von einer Bedingung abhängig: Er verlangte von van Harten eine Liste aller Juden, die von ihm betreut worden waren oder noch in der Region waren. In den Nachlässen Pozners ist diese aber nicht auffindbar.
Obwohl sie es dementierten, scheint es, dass die Gebrüder Manser im Rahmen ihrer Kuriertätigkeiten für das »Unternehmen Bernhard« auch immer wieder Vermögen in die Schweiz verschoben hatten. Bekannt ist – abgesehen von der Kontrolle des Schwend-Kontos in Zürich – das Schmuggeln von 37 000 Schweizer Franken am 16. September 1944 nach Lugano, von wo aus das Geld beim Schweizer Bankverein unter dem Chiffrekonto 67287 angelegt wurde. Am 21. März 1945 wurden weitere 20 000 Franken auf dem gleichen Weg transferiert.
Am 26. März wurden dann 300 000 Franken nach Lugano gebracht. Die Summe überwies Franz Manser dieses Mal auf das Konto 930 des

jüdischen Finanzinstituts Société Général de Surveillance (SGS) in Genf.

Dieser hohe Betrag stand nach dem Krieg im Zentrum einer großen Auseinandersetzung. Denn von seinem Zufluchtsort in Peru aus verlangte Schwend das Geld bis in die 70er-Jahre von seinem alten Mitarbeiter Friedrich Karnatz, der inzwischen in Hamburg lebte.

In einer eidesstattlichen Erklärung teilte Wilhelm Höttl 1955 dem deutschen Rechtsanwalt Waldeyer in Buenos Aires mit, dass er und Schwend Manser mit einem Aktenkoffer, in dem diese 300 000 Franken verstaut waren, in die Schweiz geschickt hätten. Manser händigte seinen Auftraggebern eine Quittung für dieses hübsche Sümmchen aus.[13]

Da auf Druck der USA der schweizerische Bundesrat am 16. Februar 1945 beschloss, die deutschen Vermögen im Lande zu sperren, ergriff Manser eine Vorsichtsmaßnahme. Er benutzte das Konto 930 bei der SGS, welches auf den Namen von Marco und Rachel Presente aus Bukarest lautete. Hinter diesen Kontoinhabern – so stellte die untersuchende Verrechnungsstelle (SVSt) fest – stand die ihr bekannte Getreidefirma Socerex. Marco Presente war der Präsident einer jüdischen Gemeinde in Rumänien.

Die SVSt wurde eingeschaltet, nachdem die Bundesanwaltschaft, die gegen die Gebrüder Manser wegen Spionageverdachts untersuchte, auf diese Transaktion aufmerksam gemacht worden war. Die Verrechnungsstelle führte bei der SGS in Genf eine Revision durch um festzustellen, ob es sich beim Konto 930 um zu blockierendes deutsches Fluchtkapital handelte.

Den untersuchenden Schweizer Behörden erzählte Manser, dass er das Geld von einem mysteriösen Rumänen namens Ardeleanu in Italien erhalten hätte. In Lugano konnten die Behörden die Überweisung Mansers zwar eruieren, auf der Genfer Seite, beim Konto 930, wurde diese Zahlung aus dem Tessin jedoch nicht entdeckt.

Laut dem SVSt-Revisionsbericht vom 14. September 1945 traf bei der SGS am 20. August 1945 ein Telegramm von Marco Presente, Carlton Hotel, Bratislava, ein, wonach an die SGS 300 000 und dann noch einmal 200 000 Franken überwiesen worden waren.

Da sowohl die Kontoinhaber als auch die Bank jüdisch waren, schrieb der SVSt-Revisor: »Im Allgemeinen ist zu sagen, dass die SGS nach allem, was ich bereits früher feststellen konnte, als entschieden pro-alliiert zu betrachten ist. Sie wird deshalb kaum als Aufbewahrungsort für deutsches Fluchtkapital betrachtet werden können, da sie sonst wirtschaftlich in eine sehr unangenehme Lage käme, falls es zuständigenorts bekannt werden würde.«[14]

Da der Revisor trotzdem diesen Verdacht nicht ganz ausräumen konnte, wurde das Konto teilweise gesperrt, das heißt, Einzahlungen durften weiterhin getätigt werden, Auszahlungen aber vorläufig nicht.

Diese Sperre wurde aber nicht lange aufrecht erhalten. Am 12. August 1949 erfuhr die Verrechnungsstelle, dass von diesem Konto 300 000 Franken einem gewissen Herrn Heinz Schliewen von der Firma »Kontroll-Co.« in Hamburg überwiesen worden waren. Die Recherchen der SVSt ergaben, dass es sich hierbei um eine Tochterfirma der »Surveillance« handelte. Gegenüber den Schweizer Behörden wurde behauptet, das Geld sei nach Liechtenstein transferiert worden, da sich Schliewen dort einbürgern wollte, wofür er angeblich 300 000 Franken vorzuweisen hatte.

Die Schweizer Behörden gaben sich mit dieser seltsamen Erklärung sofort zufrieden – was symptomatisch ist für die Art und Weise, wie die Schweizer Ämter das Washingtoner Abkommen umsetzten, das 1946 zwischen der Schweiz und den westlichen Alliierten unterzeichnet worden war. Dieser Vertrag regelte nämlich unter anderem auch genau die Beschlagnahmung und Liquidierung der deutschen Vermögenswerte in der Schweiz.

In seiner Doktorarbeit schrieb der schweizerische Historiker und heutige Generalsekretär der Bergier-Kommission Linus von Castelmur: »Paradoxerweise ist nämlich die Geschichte der Durchführung des Abkommens von Washington zu allererst die Geschichte seiner Nichtdurchführung. Nur ein Teil der ins Auge gefassten Regelungen wurde wie vorgesehen implementiert.«[15]

Der Zürcher Rechtsanwalt Heinz Reichwein benachrichtigte Friedrich Schwend am 3. Juli 1956: »Manser erklärte jedoch, um die Beschlagnahme zu verhindern, dass es sich um Geld handele, welches er in Lugano auf Rechnung eines dritten Nichtdeutschen eingezahlt habe, sodass der Betrag nicht unter die Sperre falle. Die Schweizerische Verrechnungsstelle hat dann die Sache auf sich beruhen lassen.«[16]

Diese Aussage Mansers bezieht sich offensichtlich auf die rumänische Hilfe. Wer dieser Ardeleanu war, bleibt vorläufig ein Rätsel. Welches ihre Motive auch immer waren, Tatsache ist, dass die Familie Presente und die SGS der Hamburger Firma »Kontroll-Co.« und Manser in dieser Angelegenheit Hilfe leisteten. Damit zeichnet sich eine weitere jüdische Connection mit der »Gruppe Wendig« ab.

Schwend vermutete, dass sein ehemaliger Mitarbeiter, Friedrich Karnatz, der auch mit Verschiebungen von »Wendig«-Geldern in die Schweiz beauftragt war, das Konto 930 beanspruchte. 1970 erfuhr er dann offenbar von der Hamburger Firma und von Karnatz, der dort lebte. Schwend bevollmächtigte einen zuverlässigen ehemaligen Mitarbeiter der Gruppe, Heinz Riegel, der mittlerweile in Karlsruhe wohnte, in seinem Namen gegen die Hamburger Firma zu agieren.

Die Geschichte rund um das Konto 930 könnte man als ziemlich komplizierten und wenig interessanten Aspekt der »Turbulenzen« im Bankensektor nach Kriegsende abtun, wären da nicht die Hinweise auf Manser als einer der Hauptquellen für die Finanzierung der Nazifluchtwege nach dem Krieg.

Ladislas Farago schreibt in seinem Buch »Aftermath«: »Wie Dokumente, die in Lima 1972 gefunden wurden [das Schwend-Archiv; Anm. SE], schlüssig zu beweisen scheinen, wurde die Hauptsumme, die der Bischof [Alois Hudal, der vielen Nazis zur Flucht verhalf] brauchte, durch einen undurchsichtigen Gönner in der Schweiz zur Verfügung gestellt. Dieser war eigentlich ein Financier namens Friedrich ›Freddy‹ Merser [in englischen Quellen wird Manser oft Freddy oder Ferry Merser genannt], ein Partner von Friedrich Schwend im Unternehmen Bernhard. Das Geld entstammt aus dem Hort, den Schwend in Schweizer Konten aus dem Ertrag des Wechsel von gefälschten Pfundnoten in harte Devisen akkumuliert hatte.«[17]

Dass der Umfang der über die von den Gebrüdern Manser verschobenen Vermögen sehr groß sein muss, beweist der folgende Bericht.

Dr. Ender, der in Tauffers in einem Sonderstab der deutschen Wehrmacht Grenzdienst leistete, erzählte nach dem Krieg der Schweizer

Bundespolizei, dass er um den 28. April 1945 von seiner vorgesetzten Militärstelle in Bozen die telefonische Weisung erhalten habe, »zwei Gestapo-Agenten, die Gebrüder Manser, Schweizerbürger, die in wichtigen Aufträgen nach der Schweiz reisen, bevorzugt abzufertigen und ohne Kontrolle ausreisen zu lassen. Am nächstfolgenden Tag, den 29. oder 30. 4., seien die Gebrüder Manser [...] bei ihm in Tauffers erschienen, um nach der Schweiz auszureisen. Diese hätten sich mit einem Schreiben von SS-Sturmbannführer Wendig aus Verona ausgewiesen. Er – Dr. Ender – habe Wendig persönlich gekannt und es sei ihm bekannt geworden, dass sich Wendig als Spezialist für Vermögensverschiebungen nach der Schweiz betätige. [...] Die Gebrüder Manser seien mit 2 Personenwagen, in denen viel Gepäck in Handkoffern untergebracht gewesen sei, gereist. Schweizerischerseits seien die Gebrüder Manser von Grenzwachtmeister Thöny in Münster anstandslos abgefertigt worden. [...] Franz Manser hat sich in Appenzell am 2. Juli 1945 angemeldet. Er hat dort seinen Pass [...] deponiert. Aus diesem Pass ist ersichtlich, dass Manser in den Jahren 1939–45 öfters zwischen der Schweiz und Italien ein- und ausgereist ist.«[18]

Die Mansers waren überdies bei den Verhandlungen zwischen Wilhelm Höttl und den US-Amerikanern am Kriegsende beteiligt, wie wir später noch sehen werden. Sie begleiteten die Verhandelnden und leisteten auch hier wichtige Kurierdienste.

Kapitel 9: Operation Sunrise

Wiederholt wurde in diesem Buch bereits auf die Versuche der SS hingewiesen, mit den Alliierten zu verhandeln. Darum wollen wir diese Bemühungen genauer unter die Lupe nehmen, denn viele Aktivitäten der »Gruppe Wendig« gegen Kriegsende versteht man erst vor diesem Hintergrund. Es ist wenig bekannt, dass Himmler – wie andere Nazigrößen auch – noch vor der Niederlage in Stalingrad 1943 einen diplomatischen Ausweg aus dem Krieg suchte, um die bisher eroberten Gebiete und andere »Errungenschaften« des Nationalsozialismus nicht preisgeben zu müssen.
Spätestens während der Vorbereitungen für den Russlandfeldzug 1940/41 erkannten diverse NS-Bonzen, dass der Krieg auf militärischem Wege nicht mehr zu gewinnen war. Nüchterne Militärexperten sahen u. a. zwei entscheidende Probleme: den chronischen Treibstoffmangel und die unterentwickelten russischen Verkehrswege, die für die modernst ausgerüstete Wehrmacht ein unüberwindliches Hindernis darstellten. Anfang August 1941 erfuhr Himmler, »dass bis zum 31. 7. 1941 von 18 an der Ostfront eingesetzten Panzerdivisionen gut 40 % als endgültig vernichtet betrachtet werden können. Die Menschenverluste seien horrend.«[1]
Der Schweizer Nachrichtendienstler Johann Conrad Meyer erfuhr am 13. August 1941: »Man rechnet in maßgebenden Kreisen mit einem Winterfeldzug, glaubt aber nicht mehr an ein siegreiches Ende, sondern meint, der Krieg sei für Deutschland definitiv verloren.«[2] Somit

war klar, dass sich die düsteren Prognosen bezüglich des »Unternehmens Barbarossa« bewahrheiteten.

Die Nazis – einschließlich Himmler – agierten aber in puncto Geheimverhandlungen sehr vorsichtig. Sie wollten nichts riskieren und konnten sich zudem – typisch für den Nazimachtapparat – untereinander nicht einigen; ja sie versuchten sogar, die Anstrengungen der anderen Fraktionen zu torpedieren: Sie betrachteten diese Verhandlungen und die dazu gehörigen Intrigen auch als Vorspiel zu den Machtkämpfen um die Nachfolge Hitlers. Ohne Rückhalt innerhalb Deutschlands, erachteten sie alle eine Unterstützung von außen für unabdingbar.

Insofern ist es auch nicht erstaunlich, dass Allen Dulles seit seiner Stationierung in Bern Ende 1942 zu einer Anlaufstelle für solche deutsche »Widerständler« wurde. Denn Allen Welsh Dulles, Vertreter des US-Nachrichtendienstes OSS, war seit Ende des Ersten Weltkriegs zusammen mit seinem Bruder John Foster Dulles eine wichtige Drehscheibe für die Geschäftsverbindungen zwischen verschiedenen deutschen und US-amerikanischen Konzernen.

Die Gebrüder Dulles knüpften ihre deutschen Beziehungen schon bei der Pariser Friedenskonferenz nach dem Ersten Weltkrieg. Aus diesen Verhandlungen ging John Foster auf der amerikanischen Seite als wichtigster Unterhändler hervor. Das Hauptanliegen J. F. Dulles' und der amerikanischen Delegation war die Wiederherstellung des normalen Welthandels. Dazu war der Wiederaufbau der deutschen Wirtschaft dringend nötig. Angesichts der großen Reparationsforderungen von Frankreich und Großbritannien war Dulles entscheidend an der Entwicklung eines genialen Kompromisses beteiligt: Deutschland sollte zwar über die nächsten 30 Jahre 25 bis 30 Milliarden Dollar bezahlen, das Geld aber sollte von amerikanischen Banken kommen. Mit den so erhaltenen Reparationen sollten die Briten und Franzosen ihrerseits die Kriegsschulden in den USA begleichen. Es wurde also ein Schuldenkarussell kreiert, welches den Namen Dawesplan* erhielt. Vor diesem

* Am 16. 8. 1924 abgeschlossener Vertrag über die deutschen Reparationen auf der Grundlage eines unter C. G. Dawes erarbeiteten Gutachtens über die Leistungsfähigkeit der deutschen Wirtschaft.

Hintergrund wurde Deutschland zu einem sehr attraktiven Investitionsstandort für die aufkommende US-Großindustrie. Der Umfang des amerikanisch-deutschen Kapitalflusses wurde bis heute noch nicht vollständig eruiert, aber schon ein Teil dieser Investitionen, die in der zweiten Hälfte der 20er-Jahre getätigt wurden, belief sich auf die – für damalige Zeiten – fantastische Summe von ca. 1,5 Milliarden Dollar (ohne Dawesplan-Kredite).

Konkret bedeutete dies, dass sich US-Firmen auf einen »Einkaufsbummel« in den lukrativen deutschen Markt begaben. So kaufte ITT Ende der 20er-, Anfang der 30er-Jahre ein halbes Dutzend deutscher Hersteller von Telekommunikationsausrüstungen. 1929 übernahm General Motors Adam Opel, während Ford eine gigantische Fabrik in Köln aufbaute. Es gab auch einige Jointventures, wie etwa jene zwischen IG Farben und Standard Oil of New Jersey, oder General Electric, welche substantielle Beteiligungen an AEG und Siemens erwarb und danach gemeinsame Unternehmungen gründete.

Von diesem Boom profitierte natürlich auch eine Reihe von Banken, Anwaltsbüros und Handelsgesellschaften. Drehpunkt dieser Transaktionen – sozusagen der »Reiseleiter« der Shoppingtour – war John Foster Dulles. Um die Flut der Aufträge bewältigen zu können, holte dieser 1926 seinen jüngeren Bruder Allen Welsh vom State Department in sein Anwaltsbüro Sullivan & Cromwell. Der Umfang ihrer Geschäfte war enorm; das Büro, deren Mitinhaber die beiden Brüder mittlerweile waren, kassierten jeweils zwei bis drei Prozent des Transaktionswertes.

Die Machtergreifung Hitlers trübte die US-deutschen Geschäftsbeziehungen in keiner Weise. Nach den Angaben der beiden amerikanischen Buchautoren Daniel Yergin und Christopher Simpson hatten die Befürworter dieses Handels keinen geringen Einfluss auf die Haltung des State Department in dieser Frage. Yergin nannte diese Lobby »Riga-Gruppe«. Diese propagierte eine strikt antisowjetische Haltung und sah in Hitler ein Bollwerk gegen die »Bolschewisierung« Europas. Prominentester Sprecher dieser Gruppe war niemand anderer als John Foster Dulles, der dann konsequenterweise als US-Außenminister in den 50er-Jahren für eine Politik des »roll back«, des Zurückdrängens des Kommunismus eintreten sollte.

Der ehemalige »New York Times«-Korrespondent Charles Higham vermutete, dass die guten Beziehungen, welche die Gruppe zu den Nazis unterhielt, sowie ihre Begeisterung für Hitler hauptsächlich der Verteidigung ihrer Investitionen in Deutschland dienten. Seiner Meinung nach spielten politisch-ideologische Erwägungen (etwa eine grundsätzliche Bejahung des Nationalsozialismus) keine Rolle, von Bedeutung sei einzig das Weiterfunktionieren der Handelsbeziehungen gewesen. Higham bevorzugt eine verschwörerisch anmutende Bezeichnung für diese Gruppe, nämlich »Die Fraternität«. Auch Simpson schreibt, dass diese amerikanisch-deutschen »Referenz-« oder »Linkage-Gruppen«, wie sie von den Soziologen genannt werden, im Prinzip den Nationalsozialismus als vorübergehendes Phänomen betrachteten. Im Zentrum ihres Interesses stand der Weltmarkt. Sich selbst sahen sie als Vorboten der so genannten Manager-Revolution.
Nach Ausbruch des Zweiten Weltkriegs spielte die »Fraternität« ein seltsames Doppelspiel. Allen Dulles trat als lautester Sprecher der Gruppe für eine militärische Aktion gegen Deutschland und die Unterstützung der britischen Kriegsbemühungen auf. Andererseits wurde aber nach wie vor ein reger Handel mit den Nazis betrieben. Diese Geschäfte beinhalteten auch Lieferungen von wichtigem Kriegsmaterial wie Erdöl, Lastwagen, diversen Vorprodukten von Kommunikationseinrichtungen usw. Daran änderte sich auch nach Pearl Harbor, also mit dem amerikanischen Kriegseintritt 1941, nichts.
So verkaufte Standard Oil über ihre Londoner Niederlassung 500 Tonnen des wichtigen Flugbenzinzusatzes Tetraäthyl an Deutschland. Eine erste Lieferung erfolgte bereits nach Besetzung der Tschechoslowakei 1939 und während der Vorbereitung des Überfalls auf Polen; eine zweite – im Wert von 15 Millionen Dollar – wurde ein Jahr später nach Deutschland geschickt. Higham weist darauf hin, dass Hitlers Luftwaffe nur deshalb überhaupt in der Lage war, London zu bombardieren.
Mitte 1941 zahlte Reichsmarschall Hermann Göring der Standard Oil 11 Millionen Dollar für die Nutzungsrechte an den Ölfeldern in Rumänien. Im Juli 1941 wollte Standard Oil ihre ungarische Niederlassung an die IG Farben verkaufen, nur die Intervention des amerikanischen Finanzministeriums konnte diese Transaktion verhindern.

Im selben Monat wurde Nelson Rockefeller, Enkel des legendären Öl-Multis John Rockefeller und Hauptaktionär der Standard Oil, Mitglied eines Komitees, welches eine »schwarze Liste« (»Proclaimed List«) mit den Namen verbotener Handelspartner zusammenstellen sollte. Gleichzeitig wusste der amerikanische Militärnachrichtendienst zu berichten, dass Rockefellers Gesellschaft von Aruba (einer Insel der niederländischen Kleinen Antillen) Erdöl über Spanien nach Deutschland verschiffte. Diese Lieferungen wurden vom amerikanischen Finanzministerium und dem State Department abgesegnet – auch noch nach dem Kriegseintritt der USA. Der US-Innenminister Harold Ickes, der dieses Geschäft durch den am 13. Dezember 1941 verabschiedeten »Trading with the Enemy Act« verhindern wollten, wurde von Standard Oil, State Department und sogar von Präsident Roosevelt politisch regelrecht kaltgestellt. So gründete Roosevelt – der keinen Konflikt mit den Erdölgesellschaften riskieren wollte– dreieinhalb Wochen nach Pearl Harbor eine Kommission, die alle Probleme des Erdölexports erledigen und die volle Verantwortung dafür tragen sollte. Diese Kommission wurde – vorerst ohne Ickes zu informieren – mit deutschfreundlichen Öl-Lobbyisten besetzt. Ickes' Proteste dagegen provozierten nur, dass er völlig abgeschnitten und aus diesem Entscheidungsgremium ausgeschlossen wurde.[3]

Allen Dulles wurde 1942 deshalb in Bern stationiert – so der ehemalige Mitarbeiter des amerikanischen Justizministeriums John Loftus und der Journalist Marc Aarons –, weil die Verbindungen zwischen den deutschen und amerikanischen Großunternehmen auch während des Krieges unterstützt und weitergeführt werden sollten. Dabei spielten beispielsweise seine Beziehungen zur Bank für Internationalen Zahlungsausgleich (BIZ) in Basel eine zentrale Rolle. Seine engen Kontakte zu den deutschen BIZ-Repräsentanten gingen schon auf das Gründungsjahr der BIZ 1930 zurück; der amerikanische BIZ-Präsident Thomas McKittrik war Dulles' Vertrauensmann.

Loftus' und Aarons' Erklärung leuchtet ein: Dulles war kein Militärexperte, aber er war Diplomat und ein anerkannter Wirtschaftsanwalt. Dies schlug sich später in der Bilanz seiner Arbeit in Bern nieder. Die militärischen Informationen, welche Dulles in der Schweiz sammelte, waren von geringer Bedeutung; dies gilt auch für die diversen OSS-Operationen, die von Bern aus lanciert wurden. Was die globale politische und ökonomische Bedeutung seiner Arbeit in der Schweiz anbelangt, so muss diese aber als sehr bedeutend eingeschätzt werden. Die Forschung wird in dieser Frage jedoch nach wie vor massiv behindert, da viele Akten in den USA immer noch gesperrt sind.

Einer der ersten Himmler-Delegierten, die sich mit Dulles in der Schweiz trafen, war Prinz Maximilian von Hohenlohe, der mit einem Sonderfriedensangebot vorstellig wurde. Insgesamt begegneten sich die beiden dreimal. Beim letzten Treffen am 3. April 1943 soll Dulles – laut SS-Akten – gesagt haben, dass die deutsche Industrie geschützt und ein Cordon sanitaire gegen die UdSSR aufgebaut werden müsse. Er soll weiters erwähnt haben, dass es für jeden aufrichtigen Europäer ein unerträglicher Gedanke sei, dass die Juden eines Tages zurückkehren würden. Er sagte – so der Prinz –, die Rückkehr der Juden an Machtpositionen dürfe nicht toleriert werden. Dulles soll am Ende des Gesprächs behauptet haben, die USA setzten den Krieg fort, um so die Juden loszuwerden.[4] Er plädierte zudem für den Aufbau einer großen europäischen politischen Föderation. Solche Ideen waren der SS-Führung durchaus genehm.

Die vom Prinzen wiedergegebenen antisowjetischen und prodeutschen Ansichten Dulles' können als glaubwürdig betrachtet werden, denn auch Höttl behauptete, dass in der von den Deutschen aufgefangenen Korrespondenz Dulles' derartige Vorstellungen zum Ausdruck kamen.[5]

Der SS-Geheimdienstchef Walter Schellenberg, der hinter dem Prinzen steckte, versuchte seit geraumer Zeit, eine Brücke zu den westlichen Alliierten zu schlagen. In diesem Zusammenhang sind auch seine Bemühungen zu sehen, eine gute Beziehung zum Chef des schweizerischen Geheimdienstes, Roger Masson, zu knüpfen. Diese Beziehung zu Masson, der SS-intern als »Senner 1« bezeichnet wurde, bot Schellenberg die Möglichkeit, die Schweizer mit falschen Informationen zu versorgen, beispielsweise über eine angeblich bevorstehende deutsche Invasion. Auf Grund dieses Kontaktes konnte sogar ein Treffen zwischen Schellenberg und dem Oberbefehlshaber der Schweizer Armee, General Henri Guisan, eingefädelt werden.

Schellenbergs rechte Hand, Hans Wilhelm Eggen, konnte vor diesem Hintergrund mit dem halbstaatlichen Schweizerischen Holzsyndikat über den Kauf von Holzbaracken verhandeln. Diese wurden dann an einige KZs, darunter Oranienburg/Sachsenhausen und Dachau, geliefert.[6] Für dieses Geschäft bekam er am 18. Dezember 1941 persönlich den Segen von Bundesrat Stämpfli in Bern.
Unterstützung erhielt Eggen auch von zwei schweizerischen Geheimdienstlern, den Hauptleuten Paul Meyer-Schwertenbach sowie Paul Holzach (SS-intern: »Senner 2« und »Senner 3«). Holzach war später ein wichtiger Verbindungsmann Bechers und spielte eine zentrale Rolle bei der Verschiebung von Raubgütern aus Ungarn in die Schweiz.
Obwohl Schellenberg auch Direktor der deutschen Niederlassung des US-amerikanischen Multis ITT war, wandte sich Dulles – aus unklaren Gründen – gegen dessen Bemühungen um einen Sonderfrieden.[7] Dulles informierte den Schweizer Nachrichtendienstler Major Hans Hausamann über die Masson-Schellenberg-Linie. Hausamann, der die treibende Kraft in einer antinazistischen Bewegung im Untergrund war, nutzte die sich bietende Gelegenheit, um seine prodeutschen Rivalen Masson, Meyer-Schwertenbach und Holzach zu desavouieren, und konnte dank Dulles' Information die Masson-Schellenberg-Linie abblocken.
Wie man hier sieht, war das Verhalten Dulles' ambivalent: Er signalisierte auf der einen Seite große Sympathie und Offenheit gegenüber den verschiedenen »Sonderfrieden-Fraktionen« und es störte ihn wenig, wenn diese Verhandlungen nebenbei zu Vermögensverschiebungen in die Schweiz missbraucht wurden.
Auf der anderen Seite bekamen diese Leute von ihm keine direkte politische Hilfe. So konnte auch Hans Bernd Gisevius seine Unterstützung nicht gewinnen – jener Gisevius, der als wichtiger Informant Dulles' fungierte und der den inzwischen glorifizierten »Widerstandskreis« um die Attentäter vom 20. Juli in der Schweiz vertrat.*

---

* Die Mitglieder dieser Gruppe rund um Oberst Claus Graf Schenk von Stauffenberg waren Wehrmachtsoffiziere von konservativ-nationaler Gesinnung, deren Attentat auf Hitler am 20. Juli 1944 scheiterte. Auch sie erhofften sich, dass Deutschland nach einem Sonderfrieden wenigstens einen Teil der besetzten Gebiete behalten könne.

Die Ambivalenz Dulles' ist dadurch erklärbar, dass die USA – wie schon erwähnt – an einer raschen Beendigung des Krieges und damit des Elends in Europa nicht interessiert waren. Einer der einflussreichsten Amerikaner, Autokonstrukteur und Multimillionär Henry Ford, formulierte 1941 die Ziele der US-Außenpolitik sehr offen: Die USA sollen England und Deutschland aufeinander hetzen, bis beide zusammenbrechen.[8] Dies kann als die eigentliche Motivation hinter dem von Präsident Roosevelt 1943 auf der Konferenz von Casablanca durchgesetzten Ziel einer bedingungslosen Kapitulation Deutschlands betrachtet werden.

Gleichzeitig war Dulles als Germanophiler an der Zusammenarbeit mit den Deutschen interessiert. Die Nazi-Gesprächspartner waren dem OSS-Mann persönlich und politisch offensichtlich durchaus genehm, denn nach dem Krieg versuchte er sogar, sie zu unterstützen. Die SS-Zugehörigkeit seiner Gesprächspartner (Gisevius, Wolff, Höttl) schien ihn ebenfalls nicht zu irritieren.

Eine Fraktion des schweizerischen Militär-Geheimdienstes war 1945 mit ihren Vermittlungen zwischen der SS und Dulles dann erfolgreich: Es waren dies Major Max Waibel, Chef der Nachrichtenstelle 1 (NS1), sein engster Mitarbeiter Hauptmann Konrad Lienert, der zugleich das Amt des Polizeichefs im Kanton St. Gallen bekleidete, und der Chef der Außenstelle im Kanton Tessin, Hauptmann Guido Bustelli.

Wie wir schon gesehen haben, gelang es dem Nazikollaborateur Valerio Benuzzi, im Januar 1945 ein Treffen zwischen dem IKRK-Delegierten Hans Bon und der SS-Führung in Norditalien unter General Karl Wolff zu arrangieren.

Diskutiert wurde bei dieser Begegnung höchstwahrscheinlich nicht nur ein Gefangenenaustausch, sondern auch ein Abkommen mit den Alliierten. Denn zu diesem Zeitpunkt liefen die Bemühungen Himmlers in dieser Richtung schon über alle möglichen und unmöglichen Kanäle. Durch die Krankheit Bons wurden diese Versuche verzögert. Erst am 25. Februar 1945 traf sich der italienische Baron Luigi Parilli, der über gute SS- und Vatikan-Verbindungen verfügte, mit Dulles. Er kam im Auftrag von SS-General Karl Wolff, der Norditalien kontrollierte. Die Verbindung zu Dulles stellten zwei Schweizer her, Max Husmann,

Rektor des Zugerberger Knabeninstituts »Montana«, und der erwähnte Schweizer Nachrichtendienstler Max Waibel.

So begann die »Operation Sunrise« (wie sie von der OSS bezeichnet wurde), die schließlich zur Kapitulation der Deutschen in Norditalien führte.

Vom rein militärischen Standpunkt aus betrachtet, waren diese Verhandlungen bedeutungslos, denn das erzielte Abkommen trat erst am 2. Mai 1945 in Kraft, also nur sechs Tage vor dem allgemeinen Kriegsende in Europa. Verfechter dieses Vertrages jedoch zählen zu dessen Leistungen die Rettung der norditalienischen Industrie vor der deutschen Politik der »verbrannten Erde«, also vor der Zerstörung. Es kann darüber spekuliert werden, ob die Deutschen noch im Stande gewesen wären, solche Drohungen umzusetzen. Was aber offensichtlich erreicht wurde, sind verschiedene Abmachungen, die die Sicherheit der SS-Leute und ihrer Beute betrafen. Major Waibel berichtete, dass ihm General Wolff eine Liste jener Ortschaften übergeben hatte, in denen die SS ihre gestohlenen Waren versteckt hielt. Waibel wiederum leitete diese Zusammenstellung an Dulles weiter: Unter den aufgelisteten »Waren« befanden sich kostbarste Kunstschätze aus Italien, wertvolle Gemäldesammlungen und auch die Goldsammlung des italienischen Königs. Vermutlich war diese Liste nicht vollständig, denn genügend Hinweise sprechen dafür, dass die SS zahllose Raubgüter für sich behielt. Diese Liste war der Anlass – so Waibel –, dass die darin erwähnten Ortschaften von den Alliierten nicht bombardiert wurden.[9]

Aus purem Zufall waren die beiden Vermittler Baron Luigi Parilli und Max Husmann wohl kaum in diese Verhandlungen verwickelt. Nach dem Krieg berichtete der deutsche Botschafter Rudolf Rahn, dass die zwei schon seit 1943 im Dienst Höttls gestanden hätten. Ob es sich hierbei um eine Verleumdung handelte, ist schwer festzustellen. Tatsache ist aber, dass diese zwei »Grenzgänger« ein undurchsichtiges Spiel trieben.

Dem Baron wurden gute Beziehungen zu Faschisten und Nationalsozialisten nachgesagt; sicher aber war er als Industrieller mit umfangreichen wirtschaftlichen Interessen in Norditalien an einer reibungslosen

Kapitulation und der Verhinderung einer kommunistischen Kontrolle in dieser Region sehr interessiert.

Im Falle Max Husmanns, der eine entscheidende Rolle bei den Vorbereitungen für die Kapitulationsgespräche spielte, ist die Sachlage viel komplizierter: Dieser konvertierte Jude, in Russland geboren, gefiel einigen Offizieren der Schweizer Spionageabwehr (Spab) ganz und gar nicht. In Berichten, die nur so von Vorurteilen gegenüber Juden strotzen, präsentierten sie über Husmann eine Mischung aus Gerüchten, Meinungen und Fakten. Große Empörung erweckte Husmann etwa dadurch, dass er sowohl das Schweizer Bürgerrecht als auch den »Arier-Nachweis« mittels einer ihnen unglaubwürdig erschienenen Geschichte über seine Schweizer Vorfahren beanspruchte. Gewissen Beamten erschien er als das klassische Beispiel des reichen Juden, der sich eine »saubere« Vergangenheit erkauft hatte.

Major Barblan von der Spab forderte eine konsequente Durchleuchtung der genaueren Lebensumstände Husmanns: »Da Dr. Husmann [...] Bürger von Zürich ist und auch des Öfteren in Zürich bei seinen [jüdischen; Anm. SE] Geschwistern und an anderen Orten verkehrt und da mit Bezug auf seine Abstammung, seine Religion, seine Bürgerrechtserwerbung und seine Pflichterfüllung gegenüber dem Lande sehr schwere Bedenken und bestimmte Verdächtigungen ausgesprochen wurden, bin ich meinem Kommandanten und dem Staat verpflichtet, vollständige Aufklärung zu verschaffen.«[10]

Barblan beschrieb, dass eine große Anzahl von Husmanns Schülern im Knabeninstitut aus der italienischen Oberschicht stamme. Er habe auch zu Kriegsbeginn englische und holländische Lehrkräfte, die an seiner Schule gearbeitet hatten, entlassen und an deren Stelle italienisches und deutsches Lehrpersonal angeheuert. Barblans Berichten zu Folge war er an Verschiebungen jüdischer Vermögen aus Deutschland beteiligt.

Barblan weiter: »Sein Charakter sei schlecht, indem alles nach dem Geldgewinn beurteilt werde. [...] Früher sei Dr. Husmann auf der schwarzen Liste der NSDAP gewesen, jetzt bemühe er sich außerordentlich, um bei den Vertretern des Dritten Reiches gut angeschrieben zu sein. Das gehe auf Kosten der guten schweizerischen Einstellung. Er sei zu vielem fähig.«[11]

Der Chef des Sicherheitsdienstes, Oberst Müller, gab Major Waibel vom NS1 den Befehl, die Beziehungen zu Husmann abzubrechen; Waibel setzte sich aber zur Wehr, indem er betonte, welch wertvolle Beziehungen Husmann in Italien unterhalte und dass er dort wegen seiner Kontakte zum NS1 ohnehin schon ständig Schwierigkeiten hätte.
Wie viel Intrige in all diesen Berichten auch stecken mag, klar ist, dass Husmann ein aktiver Sozialistengegner war; nicht umsonst warnte er z. B. im Juni 1944 den Schweizerischen Geheimdienst davor, dass italienische Sozialdemokraten Propaganda unter den in der Schweiz Internierten betrieben.[12]
Nachdem Dulles sich am 8. März 1945 in Zürich mit Wolff getroffen hatte, organisierte er am 19. März eine Zusammenkunft in Bern zwischen Wolff und dem US-Amerikaner Maj.Gen. Lemnitzer sowie dem Briten Maj.Gen. Airey. Am 29. April wurde schließlich »Operation Sunrise« abgeschlossen und das Kapitulationsabkommen unterschrieben, das wie erwähnt am 2. Mai 1945 in Kraft trat.
Für diese Treffen zwischen Dulles und den SS-Leuten gilt das Gleiche wie für Dulles' Arbeit in der Schweiz generell: Was da genau besprochen wurde, ist bis heute nicht ganz klar, u. a. weil die relevanten Akten nach wie vor gesperrt sind. Einiges aber weiß man. So beschreiben etwa die Forscher Bradley Smith und Elena Agarossi in ihrem Buch »Unternehmen ›Sonnenaufgang‹«, wie verschiedene Äußerungen im Verlauf der Gespräche den Deutschen Grund zur Hoffnung gaben. So wies Husmann auf die Bildung einer deutschen Nachkriegs-Elite hin und Dulles' Mitarbeiter Blum bemerkte, »dass die Leute ›guten Willens‹, etwa solche, die am Zustandekommen einer Kapitulation mitwirkten, beim Wiederaufbau Europas von Bedeutung sein werden«.[13]
Dass in diesen Verhandlungen die Nachkriegszeit besprochen wurde und ihnen in dieser »Neuen Weltordnung« ein besonderer Platz eingeräumt werden sollte, kann nicht allein auf das Wunschdenken der an den Gesprächen beteiligten SS-Offizieren liegen. Denn nach dem Krieg fand eine beträchtliche Anzahl von Nazis nicht nur unmittelbar Schutz bei Allen Dulles, sondern später sogar eine Anstellung bei ihm. Schließlich war er ab 1953 Direktor der CIA, der OSS-Nachfolge-Organisation.[14]

Ähnlich wie Rudolf Kastner setzte sich auch der konvertierte Jude Max Husmann im Rahmen der Nürnberger Prozesse für einen SS-Offizier (hier General Wolff) ein. In einem Brief an Bundesrat Kobelt beschrieb der Schuldirektor sein Engagement wie folgt: »Anfang Juli wurde ich amerikanischerseits nach Nürnberg gerufen. Ich hatte dort eine Besprechung mit General Taylor, dem derzeitigen obersten Richter, und eine mehrstündige Unterhaltung mit General Wolff. Anfang August erhielt ich von Letzterem einen verzweifelten Brief. Ich intervenierte in Nürnberg telefonisch, konnte erreichen, dass seine Frau für einen Monat nach Nürnberg kommen durfte und er selbst einige Tage Urlaub erhielt.«[15]

An General Telford T. Taylor schrieb Husmann: »Major Max Waibel [...] und ich haben als Schweizer General Wolff die Garantie gegeben, dass die Anglosachsen ihr Versprechen halten werden, auch ohne irgendwelchen schriftlichen Vertrag.«[16]

Nach diesen Interventionen konnte Wolff 17 Jahre lang unbehelligt in seiner Villa am Starnberger See südlich von München als Waffenhändler leben. Erst in den 60er-Jahren wurde er wegen seiner Beteiligung an der Judenvernichtung vor Gericht gebracht. Husmann ersuchte damals um die Bewilligung der Schweizer Behörden an, zugunsten von Wolff in München aussagen zu dürfen. Die offizielle Schweiz wollte sich jedoch nicht in diese Affäre verwickeln lassen. Wolff, der dritte Mann in der SS-Hierarchie, wurde schließlich zu 15 Jahren Haft verurteilt, von denen er allerdings nur die Hälfte absitzen musste.

Viel später schilderte der SS-Mann gegenüber dem Schweizer Journalisten Frank Garbely seine Beweggründe bei den Verhandlungen der »Operation Sunrise«: »Durch mein eigenmächtiges Vorgehen habe ich den Krieg in Italien um entscheidende sechs oder sieben Tage verkürzt, damit viel Blutvergießen verhindert und die Zerstörung Norditaliens verunmöglicht. Außerdem – und jetzt kommt das Wichtige: Ich hatte die Kräfte nicht, die russischen Truppen und die titoistischen Partisanen bei Triest aufzuhalten. [...] Ich habe den Waffenstillstand gemacht, damit die Amerikaner eine Division, die den leichten russischen Gebirgsbrigaden gewachsen war, nach Triest werfen konnten. [...] Außerdem habe ich damit verhindert, dass Italien kommunistisch

geworden ist; das sah auch der Papst so. [...] Es wäre zum Anschluss an das damals zu 30 Prozent kommunistische De-Gaulle-Regime gekommen. Die russischen Panzer wären bis zum Atlantik durchgerast.«[17]
Doch nun wieder zurück zu Allen Dulles. Sein widersprüchliches Verhalten gegenüber den deutschen »Widerstandskämpfern« kam auch in seinem Buch »The Secret Surrender« zum Ausdruck: Im April 1944 hätten sich die »Juli-Verschwörer« bei ihm erkundigt, ob sie seitens der westlichen Alliierten mit besseren Konditionen als mit der bedingungslosen Kapitulation rechnen könnten. Seine Antwort soll ein ausdrückliches »Nein« gewesen sein. Daraufhin hätten sich einige der Verschwörer die Frage gestellt, ob die UdSSR ein besserer Verbündeter im Kampf gegen Hitler sein könnte.
Einige Monate später hatte Dulles dann offensichtlich eine Lösung gefunden: »Trotz der schlechten Aussichten für eine Abkürzung des Krieges entwickelten wir im Herbst 1944 in Bern eine Idee, welche auf der Überzeugung beruhte, dass es noch immer einige deutsche Generäle gebe, die Hitlers Versprechungen keinen Glauben schenkten und die froh wären zu kapitulieren, vorausgesetzt, sie genössen einigermaßen genügend Sicherheit. Unser Plan konzentrierte sich darauf, solche Befehlshaber ausfindig zu machen, geheime Verbindungen mit ihnen aufzunehmen und Voraussetzungen zu schaffen, unter denen sie rasch und geräuschlos kapitulieren konnten, bevor der lange Arm Hitlers und der SS sie und ihre Untergebenen erreichte.«[18]
Hier spricht Dulles Klartext, was seine Bereitschaft betrifft, deutsche Generäle zu schützen. Eine solche Verpflichtung musste zwangsläufig auch über die Kriegszeit hinaus gelten, wie sich später ja auch zeigte.
Weiter beschrieb er 1967 in seinem Buch, wie ihn Anfang November 1944 ein hoher katholischer Würdenträger in Bern aufgesucht hatte. Dieser informierte ihn über einen deutschen Versuch, mit den Briten einen Sonderfrieden zu verhandeln: Zu diesem Zweck sei ein bekannter italienischer Industrieller, Franco Marinotti, von SS-General Wilhelm Harster, Polizeichef von Norditalien, in die Schweiz geschickt worden.
Die Briten hätten diese Initiative aber kategorisch abgelehnt; Washington ebenso. Man schenkte diesen Verhandlungsführern offen-

bar keinen Glauben. Dulles schrieb im Rückblick, dass auch er diese Einschätzung geteilt hätte.

In seinem Telegramm an die OSS-Zentrale stellt Dulles 1944 den Sachverhalt allerdings noch etwas anders dar. Er sei durch den österreichischen Gewährsmann Prinz Alois Auersperg dahingehend informiert worden, dass der britische Konsul in Zürich, Cable, Kontakt mit dem deutschen Konsul in Lugano, von Neurath, aufgenommen hatte, um mit der SS in Norditalien zu verhandeln. Angeblich zeigten die Briten doch Interesse an einer gemeinsamen antibolschewistischen Front. Von Neurath erhielt die Bewilligung Himmlers und der Nuntius in Bern, Bernardici, wandte sich danach an Dulles mit der Bitte, auch an diesen Gesprächen zwischen den Briten und der SS teilzunehmen. Dulles war in dieser Sache sehr misstrauisch. Aber nicht etwa, weil er an der Ernsthaftigkeit der deutschen Absichten, sondern weil er an den Briten zweifelte: »Cable ist eine geschwätzige Person und hat hier nicht den Eindruck erweckt, dass er besonders diskret ist. Es ist schwierig für mich zu beurteilen, ob es sich um seine eigene Initiative handelt, weil es kaum zu glauben ist, dass man ihn für so eine hoch vertrauliche Aufgabe einsetzt.«[19]

Diese Vorsicht ist bezeichnend für Dulles' Arbeitsmethode. Er war klarerweise stets darauf bedacht, die wahre Natur seiner Verhandlungen mit den Deutschen – ihnen in der Nachkriegsordnung einen Platz zu reservieren – nicht ans Licht der Öffentlichkeit dringen zu lassen.

Am 5. Dezember 1944 meldete Dulles, dass Konsul Neurath über Prinz Auersperg mehrmals versucht hatte Kontakt mit ihm aufzunehmen. Dem Prinzen zufolge agierte der Konsul im Auftrag des SS-Generals Harster. Dulles blieb vorsichtig und führte die Verhandlungen nach wie vor über seinen Vertrauten Gero von Gaevernitz sowie Auersperg.[20]

Nach dem Krieg wurden die betreffenden deutschen Dokumente gefunden. Sie zeigen, dass Harsters Initiative auf Walter Schellenberg zurückging. Diese Akten enthalten auch einen Bericht Harsters über das Treffen zwischen Dulles und dem Nuntius Bernardici: »[Harster; Anm. SE] berichtete damals, Dulles wünsche [in Sachen Friedensbemühungen] konsultiert zu werden. Er sei von Washington mit dem Auftrag des Präsidenten Roosevelt zurückgekehrt, Kontakte mit deutschen

Verbindungsleuten aufzunehmen. Diese müssten der SS angehören, weil den Amerikanern nur ein Kontakt mit der SS erfolgversprechend zu sein schien. Nach der zu erwartenden Wiederwahl Roosevelts im November 1944 sollten dann diese Kontakte aktiviert werden. Zweck der Verhandlungen sei, amerikanische Verbände in Europa freizustellen, um sie auf dem asiatischen Kriegsschauplatz einzusetzen. Den Amerikanern gehe es dabei nicht um eine gegen den Bolschewismus gerichtete Aktion.«[21]

Dulles behauptete, dass es sich bei diesem Bericht um eine verzerrte Wiedergabe des Gespräches handle, da Harster seinen Vorgesetzten beeindrucken wollte. Ob es wirklich so war, muss eine offene Frage bleiben.[22]

Wie stellten sich nun all die Verhandlungen rund um die »Operation Sunrise« für die offizielle Schweiz dar? Für sie war die Verwicklung des NS1-Chefs Max Waibel sehr problematisch, denn sie stellte eine klare Abweichung von der strikt neutralen Haltung dar. Dies um so mehr, als die Sowjetunion »Operation Sunrise« als Anfang des Kalten Krieges betrachtete, also als wichtigen Meilenstein in der Zusammenarbeit der westlichen Alliierten mit den Nazis, die zu einer antibolschewistischen Front führen sollte. Es darf ja nicht vergessen werden, dass Waibel, zumindest in der Endphase der Kapitulationsverhandlungen, mit dem Wissen und der Bewilligung der Schweizer Regierung agierte.

Folgerichtig wurde bald ein Publikationsverbot erlassen, um den gar nicht medienscheuen Geheimdienstler in seinem Veröffentlichungsdrang zu bremsen: Sein Buch über jene geheimen Verhandlungen wurde jahrelang unter Verschluss gehalten. Auslöser dafür war eine am 10. Mai 1945 von Waibel inspirierte und von der schweizerischen Depeschenagentur publizierte Mitteilung über die Rolle der Schweizer bei der »Operation Sunrise«. Dies geschah, nachdem die britische »Daily Mail« schon einen einschlägigen Artikel abdruckt hatte. Am 8. Juni 1945 erfolgte eine längere Veröffentlichung in der »Weltwoche«. In der »Schweizer Illustrierten« war dann der erste Teil einer Serie zu diesem Thema gerade noch vor der Verteilung der Zeitschrift entfernt worden. Waibel schrieb darüber: »In der ›Schweizer Illustrierten‹ war durch den Reporter Dr. Hagenbuch eine Artikelfolge in Vorbereitung, welche so ziemlich alle Hasen aufgejagt hätte, welche noch aufzujagen waren. Von dieser Aufmachung erhielt ich erst Kenntnis, als der Druck bereits erfolgt war. Durch Einsprache auf der Redaktion gelang es dann, Samstag den 9. Juni 45, die bereits gedruckten 250 000 Bogen aus der Zeitung zu entfernen.«[23]

Das Thema blieb trotzdem über lange Zeit hinweg ein heißes Eisen. 1947 schrieb Emil Oprecht vom Europa Verlag in Zürich an Dr. Balsiger, Chef der Bundesanwaltschaft: »In unserem Verlag erscheint soeben die deutsche Uebersetzung des Buchs ›Germany's Underground‹ von Allen Welsh Dulles mit dem Titel: ›Verschwörung in Deutschland‹. […] Wir haben uns bei unserer Ausgabe darum bemüht, gewisse Ausführungen des Verfassers mit Rücksicht auf die schweizerische Neutralität entweder ganz zu unterdrücken oder doch zu kürzen, so dass in der Oeffentlichkeit kein falscher Eindruck hervorgerufen werde. Der Verfasser hatte uns natürlich sein Einverständnis dazu gegeben.«[24]

In einem späteren Werk beschrieb Dulles, wie Waibel den Segen seiner Vorgesetzten für die Vermittlungstätigkeit erhielt und wie der starke, Dulles nahe stehende Mann des schweizerischen Außenministeriums, Walter Stucki, eingeschaltet wurde, um die Einreise der deutschen Unterhändler zu ermöglichen.[25]

Erst 1981, einige Jahre nach seinem Tod, wurde Max Waibels zurückgehaltener Bericht dann doch in Buchform veröffentlicht.[26] Der Verfasser ließ darin keine Möglichkeit ungenutzt, ein lobendes Wort für SS-General Karl Wolff einzubringen, der bei den Verhandlungen angeblich sein Leben riskiert hatte. Dass Wolff nachweisbar maßgeblich an der Judenvernichtung beteiligt war, interessierte den Autor weniger.

Die Bemühungen, Waibel zu einem Mythos zu stilisieren, waren und sind in der Schweiz unübersehbar. So schrieb der Militärhistoriker Hans Rudolf Kurz 1975 an Eduard Preiswerk, den späteren Verleger Waibels: »Es ist […] gut, wenn die Verdienste Waibels, der unserem Land außergewöhnliche Dienste geleistet hat, immer wieder hervorgehoben werden.«[27]

Über allfällige finanzielle Geschäfte Waibels, die mit den Kapitulationsverhandlungen verbunden waren, liegt nicht viel Information vor. Es gibt lediglich einen Hinweis, welcher vor allem seinen Tessiner

Mitarbeiter Hauptmann Guido Bustelli betrifft, der z. B. die reibungslosen Einreisen der deutschen Delegation in die Schweiz geregelt hatte: »Im Kanton Tessin kursieren Gerüchte, dass Hptm. Bustelli Guido, von Lugano, Nachrichtenagent der Sektion des ND des Generalstabes der Armee, welcher Beziehungen zum Major Waibel unterhält (ein anderer schöner Patron), in der Kriegszeit dank seiner Agenten Verbindungen anknüpfte und Geschäfte machte, und durch Informationen, die er den Alliierten lieferte, durch Schmuggelgeschäfte und unerlaubten Verkauf über die Grenze, riesige Geldgewinne gemacht hätte.
Dieser Herr war vor dem Krieg faschistenfreundlich. Da er aber sehr schlau ist, kehrte er sich, als er sah, dass es dem Duce schlecht ging.«[28]

Kapitel 10: Dulles verhandelt mit Höttl

Die »Sunrise«-Linie war nicht die einzige Verbindung zwischen dem OSS und der SS. Es ist anzunehmen, dass der schon erwähnte jüdische SS-Kollaborateur Valerio Benuzzi, der mit der Unterstützung des IKRK nach Bern kam, auch in die Verhandlungen mit Dulles einbezogen war. Denn obwohl ihn weder Max Waibel noch Allen Dulles erwähnen, gibt es mehrere Hinweise, dass der OSS-Mann für die Existenzsicherung von Benuzzis Patron, SS-Oberst Walter Rauff, nach dem Krieg sorgte – und das ist sicherlich kein Zufall.

Im Zusammenhang mit einer anderen Dulles-SS-Linie, in die Waibel offensichtlich ebenfalls verwickelt war, blieb dieser ansonsten nicht eben verschlossene Schweizer Geheimdienstler auffällig wortkarg: Auf Geheiß Ernst Kaltenbrunners hatte Wilhelm Höttl via Waibels Untergebenem Hauptmann Konrad Lienert aus St. Gallen eine Verbindung zu Dulles aufgebaut. Den einzigen – indirekten – Hinweis darauf liefert Waibel in einem Bericht über eine Erpressungsaktion aus dieser Seite, welche sich angeblich gegen die Wolff-Dulles-Linie richtete: Generalkonsul Gyssling und Friedrich Schwend hätten SS-General Wolff gedroht, ihn bei Kaltenbrunner zu denunzieren, falls er sie nicht an den Kontakten zu Dulles partizipieren lasse (auch wenn beide über diese Verhandlungen recht gut informiert waren).[1] Ob Wolff derartigen Drohungen nachgab oder nicht, ist nicht geklärt. Aber auch wenn diese Geschichte mit einer großen Portion Vorsicht zu genießen ist, reflektiert sie gewiss die erbitterten, verzweifelten und

von internen Machtkämpfen geprägten Versuche der Nazibonzen, sich im letzten Moment noch zu retten.
Höttl schrieb in seinen Memoiren, dass er im Januar 1945 vom Plan, mit US-Amerikanern in der Schweiz Kontakt aufzunehmen, erfahren hatte. Daraufhin sei er im Februar nach Mailand gereist, wo er sich mit dem Initiator dieses Vorhabens, dem deutschen Botschafter Rudolf Rahn, getroffen hätte.
»Rahn erzählte mir auch ganz offen von seinem Plan und dass die Verbindung bereits hergestellt sei, und zwar durch einen alten VM [Vertrauensmann; Anm. SE] von uns, den [...] Baron Luigi Parilli.«[2]
Höttl bestritt in seinen Memoiren kategorisch, dass er die Linie Wolff–Dulles stören wollte.
Über die Entstehung der Kontakte mit Wilhelm Höttl berichtet Dulles, dass der österreichische Großindustrielle Friedrich Westen am 25. Februar 1945 mit einer Botschaft Kaltenbrunners bei ihm erschienen sei. Westen, der als Dulles-Informant die Nummer 503 besaß, erzählte, dass er vor seiner Abreise aus Wien von Höttl zu Kaltenbrunner gebracht worden sei. Dieser sei, wie auch Himmler, an der Beendigung des Krieges sehr interessiert gewesen und sie betrachteten es als ersten notwendigen Schritt, die »Kriegstreiber« innerhalb der NSDAP, wie beispielsweise Martin Bormann, zu beseitigen. Sie wollten die Kontakte mit den Briten und US-Amerikanern unbedingt aufbauen und darum einen hochrangigen Delegierten in die Schweiz entsenden – eben Wilhelm Höttl.[3]
Um ihrem Friedensangebot mehr Überzeugungskraft zu verleihen, koppelte die SS dieses Angebot mit einer Drohung – Verhandlungen zu erpressen entsprach ganz ihrer Linie. Diesmal ging es aber um einen absoluten Bluff: Sie behauptete, es existiere in den österreichisch-bayerischen Alpen eine »Alpenfestung«, ein »Alpen-Reduit«, d. h. eine Konzentration von Elitetruppen, die bis zum letzten Blutstropfen Widerstand leisten würden. Und siehe da: Das Pokerspiel ging fast auf. Nach dem Krieg sagte Höttl: »Ich habe zu meiner Überraschung bei den Verhandlungen mit Dulles in der Schweiz festgestellt, dass die Alpenfestung von den Alliierten maßlos überschätzt wurde. Ich möchte ganz offen zugeben, dass damals mein österreichisches Herz etwas höher

schlug, als ich sah, dass man vielleicht speziell für Österreich etwas herausholen könne. [...] die Amerikaner hatten [...] eine Mordsangst vor der Alpenfestung, weil es ihnen an Hochgebirgstruppen und entsprechender Ausrüstung fehlte.«[4]

Dulles erhielt mehrere Berichte über diese »Alpenfestung«, beispielsweise vom ansonsten sehr zuverlässigen Geheimdienstler Hans Hausamann.* Trotzdem war er der Ansicht, dass diese »Alpenfestung« nicht sonderlich gut ausgebaut war: So hatte er keinerlei Informationen über nennenswerte konkrete Vorbereitungen. Gleichzeitig befürchtete er, dass es in diesem militärisch schwierigen Gelände keine großen Befestigungswerke bräuchte, wenn dort gut trainierte Hochgebirgstruppen stationiert wären. Es schien ihm auch durchaus realistisch, dass die Nazis genügend solche Einheiten zusammentrommeln und dort aufstellen könnten.[5]

Diese Einschätzung diente Dulles als Begründung für seine Gesprächsbereitschaft mit der SS. In einem Telegramm an die OSS-Zentrale teilte er Folgendes mit: »Natürlich können Personen wie Himmler und Kaltenbrunner keine Immunität von unserer Seite erlangen; solange sie aber glauben, dass dies möglich sei, bietet sich uns die Möglichkeit, einen Keil in den SD zu schieben und damit die Effektivität der deutschen Reduit-Pläne zu mindern. [...] Ich habe keinen Skrupel, solche Typen wie Himmler, Kaltenbrunner & Co. zu betrügen. Durch indirekte Kanäle arrangieren wir, dass Höttl an die Schweizer Grenze kommen kann, wo er von einem Vertrauensmann empfangen wird.«[6]

Diese »indirekten Kanäle« waren NS1-Chef Max Waibel und sein Mitarbeiter Konrad Lienert, welche die Einreise von Höttl und Westen in die Schweiz ermöglichten.

Friedrich Westen war offensichtlich Höttls Vertrauensmann und stand seit 1943 mit Dulles in Tuchfühlung, denn Höttl schrieb: »Ich wusste von einem guten alten Bekannten, Herrn Fritz Westen, dass dieser

* Hausamann war als Schweizer Nachrichtendienstler – wie andere Schweizer auch – angesichts dieser militärischen »Lage« sehr besorgt, denn die Gefahr, dass die Schweiz in allfällige kriegerische Handlungen gegen dieses Reduit hineingezogen werden würde, war nicht zu unterschätzen.

Kontakte zu Amerikanern in der Schweiz hatte, und verschaffte ihm daher ein Dauervisum, mit dem er jederzeit ausreisen konnte.«[7]
Westen konnte tatsächlich kraft seiner Beziehungen zu Dulles und NS1 problemlos in die Schweiz einreisen. Laut eigener Aussage begab er sich aus geschäftlichen Gründen seit dem Ausbruch des Krieges alle drei Monate in die Schweiz und nach Liechtenstein.
Der Chef der Schweizerischen Bundesanwaltschaft (SBA) schrieb am 24. Oktober 1944 an die Fremdenpolizei, dass auf Empfehlung Lienerts die SBA an der Einreise Westens sehr interessiert sei, da er »wertvolle Informationen über die politischen Vorgänge in Österreich« vermitteln könne.[8]
In der Schweiz versuchte Westen, Dulles immer wieder zu Verhandlungen mit der SS zu bewegen, denn – so Höttl – »Westen war genau wie wir auch so ein Illusionist, dass er glaubte, man könnte die Amerikaner überzeugen, welche Gefahren ihnen von dem bolschewistischen Russland drohten.«[9]
Ein Treffen zwischen Höttl und den US-Amerikanern konnte Westen (so Höttl abweichend von den Angaben Dulles') aber erst für den 28. Februar 1945 organisieren. An der Grenze erhielt der SS-Mann – wie von Dulles angekündigt – schon einen Umschlag mit einem von Lienert besorgten Schweizer Personalausweis.
In dem von Höttl inspirierten Buch von Eberhard Frowein »Die Wunderwaffe Falschgeld« ist von einem Treffen in St. Gallen zwischen dem österreichischen Prinzen Alois Auersperg und einem englischen Geheimdienstler die Rede. Dieser Agent soll sehr genau über das »Unternehmen Bernhard« und die Rolle Höttls informiert gewesen sein. Oberstleutnant Auersperg war früher Adjutant des Luftattachés in Bern. Einem Dossier der Schweizerischen Bundesanwaltschaft ist zu entnehmen, dass er ein Gestapo-Mann sei und Kontakt mit den Briten aufzunehmen versuchte,[10] was ihm offensichtlich auch gelang, denn seit November 1944 hielt er sich gelegentlich auch schon in Großbritannien auf, um die Verhandlungen weiterzuführen.[11]
Der Bundesanwaltschaft entging aber, dass Auersperg Dulles' Vertrauen genoss und seit 1944 sein Informant Nr. 502 war. Hingegen erhielt die Zürcher Kantonspolizei aus einer US-amerikanischen Quelle inkrimi-

nierende Auskunft über den Prinzen: »Anfangs Januar 1945 wurde unser Dienst von amerikanischer Seite auf Prinz von Auersperg aufmerksam gemacht, der seinen ›Absprung‹ nur deshalb getätigt habe, um ungestört Vermögenstransaktionen aus dem Reich nach der Schweiz durchführen zu können. Von gleicher Seite wurde die Ansicht vertreten, dass der Mann zu den Nationalsozialisten zu zählen sei, die sich nach außen von Hitler distanzieren, um als Emigrant getarnt das schon vielfach erwähnte deutsche Maquis* aufzuziehen.«[12] Wer die Quelle dieser Information war, wurde nicht verraten. Es ist nicht auszuschließen, dass Dulles selbst dahinter steckte, um die Verbindung Auerspergs mit den Engländern zu sabotieren.

Der Prinz schrieb, dass Anfang März die OSS-Zentrale vom Interesse Höttls bzw. Kaltenbrunners an Verhandlungen erfuhr. In der Folge wurde entschieden, dass er den SS-Mann treffen solle. Diese Zusammenkunft fand am 13. März in St. Gallen statt. Dort wiederholte und bestätigte Höttl all das, was Westen schon übermittelt hatte.[13]

Am 13. April kam es im Nobelhotel »Baur au Lac« in Zürich zu einer zweiten Zusammenkunft: Prinz Auersperg traf sich dort mit Westen, Höttl und ihrem gemeinsamen Landsmann Kurt Grimm. Dulles, der selbst verhindert war, schickte einen Mitarbeiter namens Richard Leslie.

Kurt Grimm, ein Rechtsanwalt und Financier, stellte sich Höttl als Führer der österreichischen Freiheitsbewegung in der Schweiz vor. Als Jude war er schon 1938 nach Zürich emigriert, wo er 1942 maßgeblich am Aufbau eines österreichischen Flüchtlingskomitees beteiligt war. Er war während des Krieges Mitglied der österreichischen Opposition in der Schweiz und einer der ersten und zuverlässigsten Kontakte von Allen Dulles. Über Dulles' Vertretung bei dem Treffen, Richard Leslie, liegen keine besonderen Informationen vor. Höttl schrieb später, dass dieser sich auch nach dem Krieg sehr stark für Österreich interessiert und dort

* Buschwald im Mittelmeerraum, seit jeher Versteck für politisch Verfolgte und Straftäter. Ab 1940 sammelten sich dort z. B. die französischen Partisanengruppen für ihren Kampf gegen die Nazibesetzung. Hier im Sinn von: Nazibrückenköpfe für die Nachkriegsordnung.

(in Kitzbühel) auch seinen Wohnsitz zusammen mit seiner österreichischen Frau bezogen habe.

Dulles gemäß war Wilhelm Höttl von Kaltenbrunner beauftragt worden, Kontakt mit österreichischen Oppositionellen im Ausland aufzunehmen, um eine antikommunistische Allianz aufzubauen. Laut Dokumenten des US-Militärgeheimdienstes Counter Intelligence Corps (CIC) wollten Höttl und Kaltenbrunner Straffreiheit und Einsetzung einer »nationalen österreichischen Regierung« erreichen. Als Mitglieder dieses Gremiums waren u. a. folgende Personen vorgesehen: zwei Mitglieder der letzten österreichischen Regierung vor dem »Anschluss«, nämlich der deutschnationale Edmund Glaise-Horstenau und der christlichsoziale Julius Raab, Bruno Waneck, Gruppenleiter des Reichssicherheitsamtes, und Werner Göttsch, der den deutschen Überfall auf Polen vorbereitet hatte. Der Salzburger Erzbischof Rohracher sollte ebenfalls mit einbezogen werden.[14]

In Froweins Buch steht: »In St. Gallen wurden die Verhandlungen mit alliierten Stellen mit Falschgeld finanziert.«[15] Wie die »Bernhard«-Pfundnoten hier eingesetzt wurden, ist leider nicht weiter erläutert. Es ist jedoch interessant, dass Prinz Auersperg unmittelbar nach dem Krieg falsche Pfundnoten im Umlauf setzte[16] und vor dem Kriegsende über die Gebrüder Manser Kontakt mit van Harten hatte.

Es ist daher nicht auszuschließen, dass Höttl seine österreichischen Gesprächspartner auch im Hotel »Baur au Lac« mit den »Bernhard«-Blüten bestach, um seine Nachkriegszukunft zu sichern. Ansonsten fällt der Verdacht auf Polizeikommandant Lienert, der sich sehr für Höttl und Westen einsetzte und auch selbst Kontakte nach Meran aufbaute. Selbstverständlich ist auch denkbar, dass Höttl Falschgeld an die US-Amerikaner lieferte: Denn offensichtlich hatte Dulles während seines zweieinhalbjährigen Aufenthaltes in der Schweiz extrem hohe Ausgaben, welche sich auf die für die damalige Zeit exorbitante Summe von über 100 Million Franken beliefen. Eine zusätzliche Einnahmequelle wäre sicherlich sehr willkommen gewesen.

Bezüglich des ersten Schweiz-Besuchs Höttls bestehen – wie bereits angedeutet – einige Ungereimtheiten. Laut Dulles fand das Treffen nämlich nicht am 28. Februar, sondern erst im April 1945 statt. In seinem

Bericht vom 28. Februar schrieb Dulles, dass Westen im Auftrag Höttls am 25. Februar aus Österreich in die Schweiz gereist war. Am 2. März berichtete Dulles von weiteren Gesprächen mit Westen über die Angebote Höttls und Kaltenbrunners, ohne dabei irgendwelchen Bezug auf ein allfälliges Meeting zu nehmen. Am 13. April teilte Dulles der OSS-Zentrale schließlich mit, dass Höttl seit dem 9. April in der Schweiz weile.

An diesem 13. April 1945 sagte Wilhelm Höttl in einem Verhör durch die Zürcher Polizei aus – er und Westen waren mit den falschen Ausweisen erwischt worden –, dass er schon zum zweiten Mal in der Schweiz sei und im Kontakt zu Herrn Richard Leslie von der US-amerikanischen Gesandtschaft stehe. Höttl bestätigte auch, dass er und Westen von Lienert Schweizer Reisepapiere bekommen hatten und dass dieser sie nach Zürich gebracht hatte, »um sie allenfalls vor den Nachforschungen anderer Dienststellen zu schützen«.[17]

Dieses Vorgehen wurde folgendermaßen begründet: »Hptm. Lienert hat in Vorarlberg einen Schwarzsender installiert zwecks Uebermittlung wichtiger Nachrichten in die Schweiz. Der Sender des Polizeikommandos St. Gallen soll die Gegensendungen, d. h. die Uebermittlung von Aufträgen an Vertrauensleute in Vorarlberg, durchgeben. […] Zwecks Besprechung des gegenseitigen Funkverkehrs hat Hptm. Lienert zwei Vertrauensleute schwarz in die Schweiz gebracht. Während ihres einige Tage dauernden Aufenthaltes kann Hr. Hptm. Lienert diese beiden Mitarbeiter nicht in St. Gallen logieren lassen, da er deren Ueberwachung und eventuelle Verhaftung befürchtet.«[18]

Diese Geschichte mit der Funkanlage war nicht ganz erfunden, denn in seinem Telegramm vom 13. April berichtete Dulles, Höttl habe jetzt sein Hauptquartier in Südtirol (wahrscheinlich Meran), wo er gewisse Funkanlagen kontrolliere; in Zusammenarbeit mit dem Schweizerischen Geheimdienst (sprich: mit Lienert) sei die Funkverbindung mit der Schweiz zwecks Informationsübermittlung geregelt worden. Andere Teile von Lienerts Geschichte hingegen waren frei erfunden und entsprangen Höttls Redefluss während des Verhörs (Friedrich Westen verweigerte die Aussage): »Meine Einreisen [in die Schweiz; Anm. SE] sind neben den Verbindungen mit dem schweizerischen Nachrichtendienst auch mit einer alliierten Macht verbunden, indem ich Verbindungen aufgenommen habe, um das Reduit in Deutschland verhindern zu können, denn ich fühle mich zu diesem Schritt als ehemaliger Oesterreicher verpflichtet. Ich habe in dieser Eigenschaft speziell mit einem Vertreter der amerikanischen Gesandtschaft in Bern, einem gewissen Hr. Leslie, verkehrt. […] Ich habe keinerlei Auftrag deutscherseits gehabt. Ich gehöre einer illegalen Bewegung in Deutschland an und bin in deren Interesse hierher gekommen, und folgte einer Einladung des Hr. Lienert, um Kontakt mit den Alliierten zu bekommen. […] Meine wirkliche Mission besteht darin, mit den alliierten Mächten zusammenzuarbeiten zur Verhinderung des Reduits in Oesterreich.«[19]

Die untersuchenden Behörden nahmen an, dass Lienert Höttl, Westen und andere SS-Größen wie Hans Wilhelm Eggen im Auftrag des NS1 in die Schweiz gelotst hatte. Ihre diesbezüglichen Nachfragen beim militärischen Geheimdienst wurden indessen nicht bestätigt.

Die Fremdenpolizei (Frepo) hatte schon am 21. März 1945 bei Oberst Müller protestiert, weil Lienert Westen illegal am 18. März zwecks Besprechungen in die Schweiz einreisen ließ. Die Frepo bemerkte, dass es nicht das erste Mal war, dass Lienert dubiose Personen in die Schweiz einschleuste. Ihnen war z. B. der Fall eines gewissen jüdischen Deutschen Paul Wollenberger bekannt: »In beiden Fällen, Wollenberger und Westen, besitzen wir bereits umfangreiche Akten, die auch für den militärischen Nachrichtendienst von Interesse gewesen wären, um sich ein Bild über den betreffenden Ausländer zu machen, bevor man einem Ausländer mehr Vertrauen schenkt als den inländischen Behörden. Der Unterzeichnete hat Herrn Lienert im Falle Wollenberger telefonisch auf das unhaltbare Vorgehen aufmerksam gemacht und ihn aufgefordert, statt gegen uns mit uns zusammenzuarbeiten, wie wir es auch in andern Fällen schon mit Erfolg getan haben.«[20]

Der Bundesanwaltschafts-Inspektor Werner Benz merkte, dass auch Hauptmann Maier vom Nachrichtendienst in Zürich sich für Westen einsetzte. Lienert erzählte dem Inspektor, »dass Westen der Finanzmann der österreichischen Widerstandsbewegung sei. Westen stehe sowohl mit der NS [Schweizerische Nachrichtenstelle, der Militärgeheimdienst; Anm. SE] als auch mit den Amerikanern in Verbindung. Es handle sich um eine Person, die auch für die Schweiz sehr wichtige Nachrichten betr. der Widerstandsbewegung geben könne. Schließlich sei auch die Schweiz daran interessiert, dass das Reduit, bevor es überhaupt wirksam werde, ausgehoben werde könne, denn man wisse nicht, welche Forderungen von Seiten der Alliierten an die Schweiz gestellt würden, wenn sich die Nationalsozialisten in ihrem vorgesehenen Reduit an unserer Grenze während längerer Zeit halten könnten. Streng vertraulich machte er darauf aufmerksam, dass der Chef der österreichischen Widerstandsbewegung ein aktiver deutscher General sei. Diesem General sei ein großer Teil des Reduit unterstellt. Die Widerstandsbewegung in Oesterreich sei heute schon sehr stark. Man werde in einem von den Alliierten zu bestimmenden Zeitpunkt in Oesterreich einen Aufstand zur Auslösung bringen, durch welchen der Widerstand im Reduit mit ziemlicher Sicherheit illusorisch gemacht werden könne. […] Er [Lienert] sei […] der Auffassung gewesen, dass seine militärischen Vorgesetzten sich mit der eidg. Fremdenpolizei in Verbindung gesetzt hätten, und aus diesem Grunde fühle er sich wegen der Vorwürfe der eidg. Fremdenpolizei nicht betroffen. Es sei auch klar, dass er in diesen sehr heiklen Sachen nicht die eidg. Fremdenpolizei voll orientieren könne.«[21]

Der Finanzmann Friedrich Westen war der Zürcher Polizei schon sehr negativ aufgefallen, als er zusammen mit seinem Vertreter in Vaduz, Alfred Preuss, am 22. Mai 1944 nach Zürich kam. Da Preuss im Fahndungsblatt ausgeschrieben war, wurden sie überwacht. Zusammen mit dem Badener Industriellen F. Merker begaben sie sich am 24. Mai in die Schweizerische Bankgesellschaft (SBG) an der Bahnhofstraße, wo sie mit der Direktion zwei Stunden lang konferierten.

Die Beschatter versuchten sich beim SBG-Empfang Auskunft über das Treffen zu beschaffen, doch obwohl sie sich als Polizisten auswiesen, war der Portier sehr unkooperativ. Nach einiger Zeit erkannten die Detektive, dass Westen und seine Leute aus einem von ihnen nicht beobachteten Ausgang hinausgeschmuggelt worden waren. Obwohl diese Angelegenheit den Polizisten sehr verdächtig erschien, konnte die SBG mit einer leicht durchschaubaren Ausrede weitere Untersuchungen verhindern.[22]

Dieser Vorfall aus dem Jahr 1944 zeigt, dass Westen offensichtlich nicht nur ein wichtiger Kontaktmann zwischen Dulles und der SS, sondern auch sehr aktiv an Vermögensverschiebungen beteiligt war. So konnte er, der in Kroatien als der »Schwaben-Rothschild« bekannt war – laut einem »Spiegel«-Bericht – kurz vor der deutschen Kapitulation mit der Hilfe Höttls eine Lkw-Kolonne aus Jugoslawien schleusen: »Der Transport bestand vor allem aus Goldwaren, Devisen, Schmuck, Teppichen und wertvollen Maschinen und wurde von dem persönlichen Fahrer Höttls angeführt.«[23] Wohin diese Fracht gebracht wurde, ist nicht erwähnt. Die Aktion erinnert auf jeden Fall stark an die Tätigkeit Bechers in Ungarn. Höttl selbst dementierte übrigens vehement die vom »Spiegel« gemachten Vorwürfe.

Doch wieder zurück zu den Verhandlungen Wilhelm Höttls mit Allen Dulles. Mit der Drohung der vermeintlichen »Alpenfestung« konnte Höttl den US-Amerikanern keine Konzessionen für den NS-Staat abringen. Hingegen soll die Nachkriegssituation – und damit auch seine eigene Zukunft – ein zentrales Thema gewesen sein. Höttl beschrieb nach dem Krieg die Resultate der Verhandlungen wie folgt: »Nun, die Amerikaner haben mir sehr rasch den Zahn gezogen, wie man so sagt. Sie haben mir klargemacht, dass es – im Großen gesehen – nichts mehr zu retten gäbe. Nur eines habe noch Sinn: Unterstützung der englisch-amerikanischen Bemühungen, die Macht in Österreich an die anrückenden Truppen möglichst so ordnungsgemäß zu übergeben, dass sich keine wilden Leute, also vor allem keine Kommunisten, der Herrschaft bemächtigen könnten.«[24]

Wie der Kampf gegen den Kommunismus in Österreich aussah, demonstriert ein Nachrichtendienst-Bericht aus Zürich. Es geht um eine Aktion, die der Schule Naujocks' entstammen könnte: Etwa drei Tage nach dem Krieg tauchten in Feldkirch/Vorarlberg sieben oder acht Männer auf, die aus der Schweiz kamen. Sie trugen Halstücher mit Sowjetsternen und gaben sich als Mitglieder der österreichischen Widerstandsbewegung aus. Sie plünderten und stahlen, bis die französische Militärpolizei sie entwaffnete und auswies. In der Schweiz gaben sie zu Protokoll, dass sie in Zürich von dem schon erwähnten Kurt Grimm Geld (»Bernhard«-Geld?) und von den US-Amerikanern Waffen erhal-

ten hätten. Weitere Untersuchungen des Zürcher Polizei-Nachrichtendienstes ergaben, dass Lienert und die NS1 in diese Aktion verwickelt waren, d. h. davon wussten und dabei mitgeholfen hatten. Die Männer sollten mit ihren Plünderungen eine antikommunistische Stimmung erzeugen.[25]
Was kam noch heraus bei den Verhandlungen zwischen Höttl und Dulles? Es steht außer Diskussion, dass der SS-Mann sein Agentennetz auf dem Balkan dem OSS-Mann angeboten hatte. OSS-Agenten besetzten danach Höttls Sendezentrale im österreichischen Steyrling und fanden heraus, dass die Agenten in Rumänien und Ungarn einsatzfähig waren. Der OSS-Chef Bill Donovan kam aber zum Schluss, dass es gescheiter wäre, zusammen mit der Sowjetunion die Eliminierung von Höttls gesamter Organisation in die Wege zu leiten. Welche Position Dulles in dieser Angelegenheit innehatte, ist unklar.
Es ist anzunehmen, dass der OSS, dem Höttl nicht ganz geheuer war, mit diesem »Opfer« den sowjetischen Geheimdienst, der allen Kontakten zwischen westlichen Alliierten und Nazis zutiefst misstraute, beruhigen wollte. Der russische Spionage-General P. M. Fitin zeigte sich zuerst an Donovans Angebot interessiert, blieb aber vorsichtig. Laut Heinz Höhne realisierte der schlaue Höttl die sich anbahnende Intrige. Durch seine ausgezeichneten Beziehungen zum US-General George Patton konnte er für sich das Schlimmste verhindern und dem OSS gleichzeitig einen schmerzhaften Schlag versetzen. Der Fall Höttl wurde offensichtlich durch Patton in Washington publik, der OSS wurde stark gerügt und weitere Verhandlungen mit Moskau verboten.[26] In seinen Memoiren gab sich der SS-Offizier Höttl – nachdem er in den 90er-Jahren den Zugang zu den relevanten Akten erhalten hatte – dann aber vom OSS-Komplott völlig überrascht: »Mit der Freigabe der amerikanischen Geheimakten nach 40 Jahren erfuhr ich erst vor kurzem, was damals gespielt wurde.«[27]
Nach seinem Verhör in der Schweiz wurde Höttl am 14. April 1945 ausgewiesen. Er ging nach Meran, um sich dort mit Schwend zu treffen. Im Mai 1945 wurde er von den US-Amerikanern verhaftet und im Lager Glasenbach in Österreich inhaftiert. Dort bot er, um sich zu retten, den alliierten Offizieren u. a. Aufklärung über die Anzahl der von den Nazis

ermordeten Juden an. Er zitierte Eichmann, welcher ihm Ende 1944 gesagt haben soll, dass sechs Millionen Juden vernichtet worden sind. Diese Aussage war eines der wichtigsten Beweisstücke in den Nürnberger Prozessen, denn diese Zahl war der Grundstein der Anklage wegen der von der NS-Führung begangenen Kriegsverbrechen.

Nachdem Höttl diese eidesstattliche Erklärung[28] abgegeben hatte, wurde er nach Nürnberg überführt und lebte – mit Sonderverpflegung – im Zeugenflügel. Hier baute er mit einem Vernehmungsoffizier des Internationalen Militär-Tribunals, Kurt L. Ponger, eine enge Beziehung auf.

Ponger, ein jüdisch-österreichischer Exkommunist, arbeitete für den US-amerikanischen Geheimdienst CIC und hatte sich während der Nürnberger Prozesse bei der Verfolgung von Bechers Verbrechen profiliert.

Im Oktober 1947 kehrte Höttl nach Österreich zurück und ließ sich in Alt-Aussee nieder, wo er seinen Kontakt zu Ponger weiter pflegte und bald vom CIC rekrutiert wurde.

In ihrem Auftrag baute er eine halb nachrichtendienstliche, halb militärische Organisation auf. Deren Mitglieder waren ehemalige Angehörige des SD, der Waffen-SS, Wehrmachtsoffiziere und Nazis aus den Balkanstaaten. »Aufgabe dieser Gruppe: im Falle von Feindseligkeiten zwischen den Russen und Amerikanern die im Alpen-Massiv stationierten US-Truppen nachrichtendienstlich abzuschirmen, vor kommunistischen Sabotage-Aktionen beim Gegner aktiv zu werden. Und schon vor dem Tage X: nachrichtendienstliche Erkundungen der kommunistischen Bewegung in Österreich.«[29]

1949 wurde die Arbeit dieses Gladio* von den US-Amerikanern wegen Ineffektivität beendet. 1953 wurde Höttl zusammen mit Ponger wegen eines Spionageverdachtes zugunsten der UdSSR verhaftet. Schon nach

---

* Gladio (röm. Kurzschwert): Bezeichnung für »stay behind«-Operationen, also geheime Partisanenorganisationen für Sabotage- und Spionagezwecke, wie sie auch in Italien aufgezogen und später von der NATO koordiniert wurden. Ihr Auffliegen 1991 führte zur Aufdeckung des europaweiten NATO-Geheimdienstes. Vgl. »Zoom«, Nr. 4+5/96.

einer Woche wurde Höttl entlassen, Ponger hingegen, der sein Vergehen gestand, blieb weiterhin im Gefängnis.
1952 gründete Höttl ein Privatgymnasium in Bad Aussee. 1980 machte diese Schule Konkurs und wurde vom Land Steiermark übernommen. Im Sommer 1995 wurde Höttl vom Landeshauptmann Josef Krainer (ÖVP) mit dem Goldenen Verdienstkreuz des Landes Steiermark geehrt. 1999 verstarb Höttl.

Kapitel 11: Die van Hartens nach dem Krieg

Laut Jaac van Harten besetzten die Alliierten am 21. April 1945 Meran. Der »Bernhard«-Einkäufer erzählte später in Israel, dass er damals zwei jüdische Soldaten aus Palästina, Moshe Ben David und Levi Kopilowitch, getroffen habe. Dabei übergab er den Soldaten unaufgefordert 20 000 britische Pfund und Tausende von IKRK-Reisepapieren, um damit eine Hilfsaktion zu lancieren. Auf die Frage der israelischen Historikerin Nana Nusinow, ob das Geld gefälscht gewesen sei, antwortete van Harten: »Nein. Meiner Meinung nach war es kein Falschgeld. Sie konnten es wechseln.«

Die Forscherin gab aber nicht nach und wollte wissen, woher das Geld stammte.

»Wir brachten es aus Budapest. Es war mein Geld. Ich habe dafür bezahlt. Wir haben das Affidavit von einer Schweizer Bank bekommen.«

Nusinow fragte noch einmal nach und auf einmal relativierte van Harten seine Aussage. Plötzlich wollte er nicht mehr kategorisch ausschließen, dass sein Geld – trotz der angeblichen Schweizer Bescheinigung – nicht doch möglicherweise gefälscht war. Auf die Frage, ob er nicht wusste, dass das Geld gefälscht war, antwortete er: »Niemand wusste es. [...] Bis heute weiß niemand, welches Geld echt ist und welches falsch.«

Als Grund für die Verteilung von IKRK-Reisepapieren an Flüchtlinge gab Viola van Harten im selben Interview an: »Diese Menschen waren papierlos, und wenn Sie in Europa in dieser Zeit papierlos waren, dann waren Sie ein toter Mensch. Der Mensch war nicht wichtig; nur das Papier war wichtig, der Stempel.«

Danach bekam Jaac van Harten Probleme mit dem US-Geheimdienst CIC und in der Folge auch mit den Engländern. Als Grund dafür nennt er seinen Protest gegen Liebesbeziehungen zwischen alliierten Soldaten und deutschen Frauen. »Ich sagte, dass sie [die Deutschen; Anm. SE] Mörder sind und dass wir nicht mit ihnen verkehren können. Sie sagten mir, dass ich mich nicht einmischen soll, weil es nicht meine Aufgabe sei. Am Schluss verhaftete mich der CIC.«[1]

Weiter berichtete van Harten, viele Wertgegenstände, darunter auch seine privaten Bilder, seien beschlagnahmt worden. Dass man ihm Kollaboration mit den Nazis vorgeworfen hatte, erwähnte er allerdings nicht. In einem Bericht des IKRK wird vermerkt, dass van Harten am 17. Mai 1945 verhaftet wurde, nachdem die US-Amerikaner die vielen mit IKRK-Siegeln versehenen und mit ebenso teuren wie raren Waren gefüllten SS-Lager entdeckt hatten.[2] Als dafür verantwortlicher Nazikollaborateur verdächtigt, wurde er beinahe ein Jahr im Lager von Terni interniert.

Viola van Harten war der Meinung, dass diese Festnahme Folge der Denunziation eines ehemaligen Mitarbeiters ihres Mannes, des Ungarn Alexander Kolosz, war. Dieser Mann, den sie als Gestapo-Agenten bezeichnete, genoss das Vertrauen des IKRK und der militärischen Regierung der Alliierten (Allied Military Government – AMG) und wurde zum Mitarbeiter des IKRK ernannt.

Laut Frau van Harten hatte der ehemalige südafrikanische Gefangene Major Mac Arthur, der erste Militärverwalter Merans, von ihrem Mann verlangt, die Lagerhäuser mit den IKRK-Siegeln zu versehen, um deren Plünderung zu verhindern. Gleichzeitig war ihr bewusst, dass Meran ein bevorzugtes Versteck für die Raubgüter der Nazis war: »Dieser Teil in Tirol war überhaupt ein beliebter Platz zum Unterbringen von so genannten sichergestellten Sachen.«[3]

In dem eben zitierten Brief an den IKRK-Delegierten Kurt Tschudi in Mailand weist sie darauf hin, dass ihr Mann zwar mit Raubgut zu tun hatte, allerdings solle dieser Umstand nicht gegen ihn verwendet werden, denn er habe damit den Nazis keinen Dienst geleistet.

Sie hat auch eine eigene Version der Geschichte vom ungarischen Kronschatz: »[E]in Baron Kemeny, von der Szálasi-Regierung, [hat] den ganzen ungarischen Staatsschatz irgendwo hier versteckt [...], um ihn angeblich dem ungarischen Staate zu erhalten. Als dann die Amerikaner in Sicht waren, hat er schnell meinen Mann gebeten, ihn unter den Schutz des IRK zu nehmen. Er dachte wohl auch noch an seine eigene zweifelhafte Persönlichkeit dabei. Als mein Mann ihn gar nicht darüber im Unklaren ließ, dass er auf der Kriegsverbrecherliste stände, ist es nur zu gut zu verstehen, dass er sich damit einen großen Feind geschaffen hat.«[4]

Gabor Baron von Kemeny, ungarischer Außenminister im faschistischen Szálasi-Kabinett, ist der Unterzeichner der angeblichen Vollmacht über den ungarischen Kronschatz, auf die sich van Harten berief. Diese Version Viola van Hartens impliziert jedoch, dass ihr Mann den Schatz gar nicht erhielt und wegen seiner Hilfsverweigerung dann von Alexander Kolosz beim AMG denunziert wurde.

Der Konflikt zwischen van Harten und den Ungarn ist nicht zu übersehen, auch wenn dessen Ursache nur Gegenstand von Spekulationen sein kann. Frau van Harten beschrieb, dass Kolosz ein Bordell für US-Soldaten betrieb und damit deren Sympathie gewonnen habe. »Er nimmt auch deutsche junge Mädchen auf, die keine Flüchtlinge sind, die bisher in der Wehrmacht oder in Lazaretten arbeiteten.«[5]

Wahrscheinlich meinte Jaac van Harten dieses Bordell, als er sich auf Liebesbeziehungen zwischen US-Soldaten und deutschen Frauen bezog. Über Kolosz schrieb er: »Kolosz ist ein alter S.D.-Verbrecher, war Leiter der Gestapo in Pressburg und hat 10 000 Juden umgebracht.«[6]

Vor dem Ausbruch ihres Streites störte sich van Harten offensichtlich aber an den – tatsächlichen oder vermeintlichen – Verbrechen Kolosz' nicht besonders, denn die beiden arbeiteten zusammen.

Worin genau der »Kronschatz« des Barons von Kemeny bestand, ist schwer zu sagen. Sehr eindeutig ist hingegen der Versuch van Hartens, in der »ungarischen Bevollmächtigung« auch seine eigenen Schwarzmarkt-Vorräte aufzulisten, um sich für deren Besitz eine zusätzliche Legitimation zu verschaffen. Es heißt dort nämlich: »Die Lebensmittel und die anderen verderblichen Waren sind zur Versorgung der auf deutschen Gebiet lebenden ungarischen Flüchtlinge zu verwenden.«[7] Zu den Leistungen ihres Mannes rechnete Viola van Harten in ihrem Brief den Schutz der florentinischen Kunstschätze des Palazzo Pitti und der Uffizien, der auf Wunsch der Deutschen geleistet wurde. Weiter beschrieb sie, wie das Ehepaar Flüchtlinge verschiedener Nationalitäten – Polen, Russen und Juden – mit Lebensmitteln, aber auch mit IKRK-Reisepapieren versorgt hatte.

»Es gibt in Europa sicher schon Millionen Menschen ohne Papiere, wer hilft denen? Und dann wird man in Genf unversöhnlich sein, dass mein Mann sich erlaubte, den Hilflosesten der Aermsten einen Stempel auf ein Papier zu drücken […] Als die Herren aus Genf kamen, war die schwerste Arbeit von uns schon geleistet. Häuser waren eingerichtet, es war mit einem Wort [alles] organisiert.«[8]

In der Nacht vom 25. auf den 26. Mai 1946 fand im Schloss Rametz – Alberto Crastans Anwesen – eine Hausdurchsuchung statt. Ein italienisches Gericht zitiert das Polizeiprotokoll: »Zwei Kisten mit Silberwaren, eine Börse voll Silbergeld, eine große Kiste Filz, ein Blechfass mit etwa 150 Litern Olivenöl, ca. 70 kg Reis, 40 kg Weißmehl, 40 kg Teigwaren, ein weiterer Sack Weißmehl von ca. 100 kg, ein weiterer Sack Reis von etwa 25 kg, 35 kg Zucker, ein Stück Oberleder, ein Stück Schuhleder, sechs Rollen Kupferdraht, eine Rolle weißer Isolierdraht für Elektroinstallationen, all dies im Keller des Schlosses; in der Wohnung moderne Fotoapparate, ein eiserner Tresor, in dem sich 40 kg Zucker befanden, einige Besen, einige Radioapparate und eine wertvolle Briefmarkensammlung.«[9]

Der zuständige Polizeikommissar von Meran beschuldigte im Juni 1946 Friedrich Schwend, Jaac van Harten, Alberto Crastan, Alexander Kolosz u. a., im Auftrag der SS und unter Leitung von Schwend Waren eingekauft und mit englischen Pfundnoten bezahlt zu haben, die sich als gefälscht erwiesen, heißt es im Urteil. Zentrum dieser Aktionen sei Schloss Labers, das Nachbarschloss von Crastans Schloss Rametz in Meran gewesen, und Schwend habe diese falschen Pfundnoten aus Berlin nach Meran gebracht. Außerdem hätten Schwend, van Harten, Crastan und Konsorten kurz vor dem Einmarsch der Alliierten unter dem Deckmantel des Internationalen Roten Kreuzes ganze

Lastwagenladungen mit Waren verschoben und zeitweise in den beiden Meraner Schlössern eingelagert.

Wer war nun dieser Crastan? Alberto Crastan wurde 1905 in Italien geboren, wuchs in Pontedera (Pisa) auf und besuchte die höhere Schule in Neuenburg (Schweiz). 1937 kaufte ihm sein Vater das Landgut Rametz bei Meran, 1939 wurde er zum ersten Schweizer Konsularagenten ernannt.

Im Sommer 1945 wurden dann diese Arbeitsverhältnisse aufgelöst, »nicht zuletzt weil von englischer Seite vertraulich mitgeteilt worden war, dass Herr Crastan in enger Verbindung mit einem SS-Obersturmbannführer vom RSHA gestanden und für diesen Vermögensverschiebungen vorgenommen habe.«[10]

Es ist offensichtlich, dass Crastan gute und enge Beziehungen zu Schwend und van Harten pflegte und in ihrem Auftrag immer wieder in die Schweiz fuhr. Er behauptete, nichts von illegalen Tätigkeiten van Hartens gewusst zu haben. Seiner Meinung nach war dieser ein IKRK-Delegierter, der Menschenleben rettete. Dabei hatte Crastan genug Zeit, um die Echtheit der IKRK-Legitimation van Hartens überprüfen zu lassen. Die Delegierten aus Genf brauchten dann auch nicht lange, um festzustellen, dass die formelle Ernennung van Hartens sehr mangelhaft war.

Nach der Razzia 1946 wurde Crastan festgenommen und musste für längere Zeit in Untersuchungshaft bleiben. Der Schweizer Botschafter Ritter in Rom schrieb nach Bern: »Es ist schwierig, sich von hier aus ein richtiges Urteil zu bilden, um zu wissen, ob Crastan unschuldigerweise verfolgt wird. Sein Fall ist um so heikler, als unser Mitbürger, falls er sich vergangen hat, dies während der Zeit, da er Konsularagent war, getan hat, eine Funktion, die ihn u. a. mit den Besetzungsbehörden in Verbindung brachte.«[11]

Aus unerklärlichen Gründen ließen die alliierten Behörden die Untersuchung plötzlich fallen. Sogar die Schweizer Gesandtschaft in Rom wunderte sich darüber, denn immerhin wurden Crastan schwerwiegende Verbrechen vorgeworfen. Diese Feststellung hinderte aber den Schweizer Botschafter wiederum nicht, sich für den ehemaligen Konsularagenten im italienischen Außenministerium einzusetzen.

Botschafter Ritter schrieb im Oktober 1946: »Nachdem die alliierten Behörden, wie Sie wissen, in Aussicht genommen haben, der Sache ihrerseits keine Folge mehr zu geben, obschon Crastan angeblich mit Waren, die von Lebensmitteln bis zu ganzen Automobilen gingen, verbotenen Handel betrieben haben soll und sogar Pfundnoten fälschte und diese vertrieb, habe ich heute die Gelegenheit benutzt, um Herrn Minister Zoppi, Chef der Politischen Abteilung des Ministeriums des Aeußern, den ich in einer andern Sache aufsuchte, zu bitten, den zuständigen innern Behörden doch nahe legen zu wollen, die Angelegenheit einschlafen zu lassen.«[12]

Für Crastans Freilassung setzte sich auch Konsul Imhof aus Venedig vehement ein, und dies, obwohl er inkriminierende Informationen aus der Schweizerkolonie in Meran erhalten hatte: »Zurückkommend auf mein Schreiben vom 9. ds. beehre Ich mich nunmehr, Ihnen mitzuteilen, wie Herr Crastan von der Schweizerkolonie in Merano eingeschätzt wird.

›Es ist bekannt, dass im Schloss Labers, das in der Nähe des Schlosses Rametz (Besitz des Herrn Crastan) liegt, seinerzeit eine deutsche Militärabteilung untergebracht war. Die Tätigkeit derselben war, wie begreiflich, der Oeffentlichkeit näher nicht bekannt. Angeblich verfügte sie über große Geldmittel und tätigte Transaktion aller Art. Beim Zusammenbruch scheinen die leitenden Persönlichkeiten den Versuch unternommen zu haben, Vermögenswerte für sich zu retten. Nach einer Version soll Herr Crastan aus Gefälligkeit Räume seines Besitzes zur Unterbringung von Gegenständen zur Verfügung gestellt haben, nach anderer soll er selbst geschäftlich an Transaktionen beteiligt gewesen sein. Bestimmtes ist in der Oeffentlichkeit nicht bekannt geworden. Herr Crastan war längere Zeit in Untersuchungshaft, ebenso der Sohn eines hiesigen Landwirtes, der mitverwickelt war. Inzwischen sind beide, gegen Kautionsstellung, auf freien Fuß gesetzt worden, und man nimmt an, dass der Versuch im Gange ist, durch Bezahlung alles niederzuschlagen.‹«[13]

In der Folge erklärte das italienische Gericht Crastan für unschuldig. Warum es zum Freispruch kam, konnte auch der Konsul in Venedig nicht beurteilen. Sein Vertrauensmann in der Schweizer Kolonie

Merans, Alexander Kinkelin, berichtete jedoch wieder: »Es scheint, dass die beschlagnahmte Ware von Dritten, zum Teil, in der Folge weiter verschoben worden ist und dass nunmehr auch diese Dritte ein Interesse daran haben, dass kein Prozess abgeführt werde.«[14]

Wer dieser Dritte war, führte der Informant leider nicht aus.

Jaac van Harten musste länger als Crastan in Haft sitzen. Er machte vor allem das IKRK für seine Situation verantwortlich. Deswegen wandte er sich an Oberst Bon und bat um Hilfe. Dieser beeilte sich mit der Antwort nicht, wollte letztlich auch nichts riskieren.

Chaim Pozner dagegen setzte sich beim IKRK für den Häftling ein und verwies auf die Leistungen van Hartens zugunsten der Juden im KZ Bozen. Er schwächte aber seine Aussage massiv ab, als er schrieb: »Was van Harten in nichtjüdischen Dingen unternommen hat, entzieht sich meiner Kenntnis, ich habe nur in den erwähnten jüdischen Angelegenheiten mit ihm zu tun gehabt und hier den Eindruck gewonnen, dass er sich in außerordentlicher Weise für die Rettung jüdischer Menschen und ihrer Vermögen sowohl in Budapest wie in Italien eingesetzt hat.«[15]

Pozner verhehlte die Gründe für sein Interesse an van Hartens Schicksal nicht: Van Harten unterrichtete »mich von seinen Plänen zur Ausforschung geraubter jüdischer Vermögen, um sie, soweit die Eigentümer nicht mehr am Leben sind, der jüdischen Gemeinschaft nutzbar zu machen. […] In St. Moritz hat mir van Harten weiter erklärt, er beabsichtige einen sehr großen Betrag für jüdische Zwecke zur Verfügung zu stellen, und um meinen Rat gebeten, wofür im Einzelnen er diese Mittel bestimmen solle. Ich habe ihm empfohlen, sie für den Aufbau Palästinas aufzuwenden, was er versprach.«

Doch wieder zurück zum Anfang des Kapitels. Eine Bestätigung dafür, dass van Harten tatsächlich zwei jüdischen Soldaten im Mai 1945 Geld übergeben hatte, lieferte einer der beiden. Er schrieb an Pozner in Genf, dass sie mit diesem Geld verschiedene Hilfsaktionen in der Slowakei und in Ungarn initiieren konnten. Doch etwa 3500 Pfund mussten die Soldaten verbrennen, denn sie erwiesen sich als Falsifikate. Dies geschah, nachdem zwei Kameraden – einer von ihnen in London – verhaftet worden waren.[16]

Der renommierte israelische Historiker Yehuda Bauer beschreibt, wie die zwei Soldaten, die eigentlich Delegierte der marxistisch-zionistischen Bewegung »Ha'schomer Ha'tzair« waren, van Harten trafen, der ihnen die Pfundnoten gab. Bauer weiß zwar, dass diese Blüten in Sachsenhausen produziert wurden; wie sie zum »Holländer« gelangten, schildert der bekannte Forscher allerdings nicht. »Das Geld fiel irgendwie in van Hartens Hände, er sah jedoch keine Notwendigkeit, [den Delegierten; Anm. SE] zu erzählen, dass die Noten gefälscht seien.«[17]
Diese zwei Delegierten waren aber nicht die ersten jüdischen Agenten, die sich mit van Harten in Norditalien trafen. Schon vorher stieß Hauptmann Alex Moskowitz (Doron) von der jüdisch-britischen Transporteinheit 462, der später Generalsekretär der israelischen Bank L'eumi werden sollte, auf van Harten.
Gegen Ende April 1945 wurde Moskowitz mit 10 Fahrzeugen einem US-amerikanischen Kommando unterstellt. Zusammen fuhren sie hinter die deutschen Linien nach Bozen. Dabei stießen sie auf keinerlei Widerstand, denn die ordentliche deutsche Kapitulation war schon geregelt.
Diese Abmachung wurde auch sehr pedantisch umgesetzt. »In Bozen«, erzählte Moskowitz, »erlebten wir diese seltsame Übergabe. Deutsche Wächter salutierten, als wir in Büros eintraten; deutsche Offiziere übergaben in einer beispielhaften Ordnung Einrichtungen und Ausrüstung an ihre britischen und amerikanischen Kollegen. Weil ich Deutsch spreche, wurde ich beim Büro des regionalen Zivilverwalters eingesetzt.«[18]
Ende April/Anfang Mai erschien van Harten bei Hauptmann Moskowitz und berichtete ihm von Raubgütern und florentinischen Kunstschätzen, die in der Region versteckt seien. Er war bereit, den Offizier zu den Verstecken zu führen, und erzählte ihm, wie er Lager, Spitäler usw. mit dem Siegel des IKRK versehen hatte. Van Harten wollte in Meran eine Transitstation für die jüdischen Flüchtlinge, die von Norden nach Süden strömen würden, einrichten. Für diesen Zwecke hätte er ein Schloss in Stadtnähe »akquiriert«.
Bei einem Besuch in van Hartens Büro im Sanatorium Stefanie in Meran stellte der jüdische Offizier fest, dass dieser eng mit dem Schweizer Konsularagenten Alberto Crastan zusammenarbeitete.

Bald begannen tatsächlich Züge voller Flüchtlinge aus dem Norden, Juden und Nicht-Juden, Meran zu überfluten. Van Harten und seine Helfer standen ununterbrochen im Bahnhof und verteilten Lebensmittel. »Einige Tage später«, sagte Moskowitz, »erschienen bei mir zwei jüdische Soldaten aus Palästina, Mitglieder der ›Haganah‹ [der zionistischen Untergrundarmee; Anm. SE] und erbaten meine Hilfe. Sie wollten den Brenner-Pass überqueren, um nach Österreich und von dort aus nach Ungarn und in andere befreite Länder zu gelangen. Sie wurden von der Haganah-Führung entsandt, um Fluchtwege für die jüdischen Überlebenden zu organisieren. Ich fragte van Harten, ob er ihnen bei der Überquerung helfen, sie beraten und vorbereiten könne. Ich wusste von ihm, dass er einige Jahre in Ungarn verbracht hatte und die lokalen Verhältnisse sehr gut kannte. Seine Reaktion kam sehr prompt: ›Selbstverständlich! Haben sie Geld? Schicken Sie sie sofort zu mir!‹«[19]
Daraufhin erschien Moskowitz mit den Soldaten bei van Harten, der ihnen spontan und unaufgefordert 40 000 bis 50 000 neue britische Pfund übergab. Der Offizier war sehr überrascht, dass ein Fremder, ohne jegliche Garantien auf Rückzahlungen, so viel Geld aushändigte.
Mit diesem Kapital konnte eine Geheimorganisation für die illegale Auswanderung – »Ha'bricha«, die »Flucht« – aufgebaut werden. Aus dieser Gruppe und einigen anderen ging später der bekannte israelische Geheimdienst »Mossad« hervor.
Moskowitz bestätigte übrigens die Kronschatz-Geschichte: Van Harten hatte ihm die Vollmacht gezeigt, die auf offiziellem, mit vielen Stempeln geschmücktem Papier geschrieben war. Er sagte ihm, dass er dank seiner Beziehungen zum Roten Kreuz zu dieser Ehre gekommen sei.
Über den Konflikt mit den US-Amerikanern berichtete ihm van Harten, dass ein CIC-Offizier die Waren, welche vom deutschen Militär in Tranto zurückgelassen worden waren, beanspruchte. Es handelte sich um Lager mit deutschem Beutegut, darunter auch solches, das Juden geraubt worden war. Van Harten wollte diese Güter angeblich namens des IKRK verteidigen und hatte dessen Leitung in Genf vor den US-amerikanischen Absichten gewarnt.
Nach der Verhaftung van Hartens setzte sich Moskowitz auf Bitten Viola van Hartens für den Häftling ein.

In einem Interview, das Nana Nusinow in den 60er-Jahren geführt hatte, erzählte der Ha'bricha-Aktivist Eliyahu Ben-Chur, wie er van Harten erstmals begegnet war: »In unserer Kompanie nahm ein Zug an dem Komitee teil, welches zur Entgegennahme der deutschen Kapitulation fuhr. Nachdem die Ersten unserer Einheit zurückgekehrt waren und berichteten, was sie dort vorfanden – so auch das Ehepaar van Harten, die IKRK-Delegierten –, beschloss ich, selbst dorthin zu gehen, um mich umzuschauen. Dann habe ich sie getroffen. Ich war nicht der Erste, der mit ihnen sprach [...] Ich glaube, dass die ›Sahne‹ schon vorher abgeholt worden war. Ich sage nicht, dass da für schlechte Dinge ›abgesahnt‹ wurde. Ich weiß, dass ein großer Teil des Geldes für eine Aktion zu Gunsten der dortigen Juden nach Ungarn ging. Das Ganze wurde aber nicht in einer geplanten Art und Weise abgewickelt, weil in Italien damals eine zentrale Führung fehlte, die mit solchen Problemen umzugehen verstand. Es wurde auf einzelne Gruppen verteilt. [...] Deshalb wurde auch die Verwaltung der verschiedenen Sachen, die wir in Bozen gefunden haben, nicht von uns zu Ende geführt, sondern von anderen Einheiten erledigt. Wir haben nicht zentral gehandelt. Wir haben es nicht geplant.

Es gab dort vielleicht noch viele andere Möglichkeiten: Es gab Gelder in den Banken, die man sich unter den Nagel reißen konnte.

Frage: Wem gehörten die Gelder?

Ben-Chur: Den Deutschen, den Nazis. Sie gehörten deutschen Offizieren, die sie vor der Kapitulation noch sichergestellt hatten. Überhaupt benahmen sich die Alliierten dort sehr merkwürdig. Die Deutschen beherrschten die Verwaltung dieser Region noch lange nach der Kapitulation. Diese Situation wurde sogar in den militärischen englischen [gemeint ist »englischsprachigen«; Anm. SE] Zeitungen [...] dargestellt. Es war eine lächerliche Situation. Wenn es eine weitsichtigere und mutigere Planung gegeben hätte, hätten wir die dortigen Vermögen, welche die Deutschen dort konzentrierten, alleine beanspruchen können, anstatt die Gojim* zu bitten, [...] diese uns zu geben.

* Abwertend für »Nichtjuden«.

Frage: Habt Ihr etwas unternommen, um was von den SS-Wolff-Divisionen abzuzweigen?
Ben-Chur: ›Etwas‹ haben wir immer abgezweigt [...] Was die van Hartens angeht, so glaube ich nicht, dass es hier genügend Platz für die pikante Geschichte gibt, wie sie es geschafft haben, mit einer falschen Identität als IKRK-Delegierte zu überleben. Nachher gab es diese Angelegenheit mit ihrer Verhaftung und mit den US-amerikanischen Offizieren, die ihre Hände auf einen Teil dieses Vermögens legten. Wir selber konnten unsere Hände auch auf dieses Vermögen legen.
Frage: Was hat er Euch gegeben? Was habt Ihr von ihm genommen?
Ben-Chur: Ich kann mich erinnern, dass man Dollar genommen hat, die nach Ungarn gingen, und andere Gelder für die Immigration.
Frage: Waren es die gefälschten ›weißen‹ Sterlings?
Ben-Chur: Ich habe das Geld nicht gesehen, [...] ich bin mit diesem Geschäft nicht vertraut. [...]
Frage: Ich will was fragen: Es gab hier einen Juden, den man der Kollaboration mit den Nazis verdächtigte; Ihr habt mit ihm zusammengearbeitet und von ihm ohne Vorbehalt Geld angenommen [...]
Ben-Chur: Erstens: Ich war bereit – ohne auch nur einen Moment zu zögern –, Geld von irgendjemandem zu nehmen. Es ist schade, dass wir nicht mehr genommen haben. Wir haben, soweit es uns möglich war, diesen Punkt, die Beziehungen [van Hartens] mit den Nazis, nachgeprüft. Ich glaube, dass ich bis zur Schweizer Grenze gefahren bin und mich dort mit einem Vertreter der Jewish Agency, der Mitglied des Kibbutz ›Chulda‹ war – ich weiß seinen Namen nicht mehr* – getroffen habe, und der Sache nachgegangen bin. Dies deshalb, weil sie [die van Hartens] danach hier wegen diesen Verdächtigungen Schwierigkeiten hatten. Soweit wir es überprüfen konnten, [...] traf es nicht zu, dass sie

* Es kann hier nur Nathan Schwalb gemeint sein. In dessen Akten, die vom Autor vollständig gesichtet wurden, gibt es allerdings nur einen einzigen klaren Hinweis auf van Harten, welcher aber nicht auf direkte Kenntnisse über dessen Aktivitäten in Ungarn hindeutet. Schwalb weigerte sich lange Zeit, Forschern weite Teile seines Archivs zur Verfügung zu stellen. Jahrelang beschäftigte er eine ihm vertraute Mitarbeiterin, um die Bestände von heiklen Dokumenten zu befreien. So ist anzunehmen, dass allfälliges Material über van Harten entweder verschlüsselt oder nicht mehr vorhanden ist.

mit den Nazis kollaborierten. Als IKRK-Delegierte haben sie mit den Nazis zusammengearbeitet, sie haben aber den Juden viel geholfen.
Frage: Und was ist mit den Schmuckstücken in ihrem Besitz?
Ben-Chur: Das haben wir nicht untersucht. Es reicht, dass es eine Abklärung gab. Obwohl die amerikanischen Offiziere sie verdächtigten, ließen sie sie frei. Die Amerikaner haben dies selber untersucht, nicht wir. Wir haben untersucht, ob sie privat tatsächlich mit den Deutschen kollaboriert hatten oder ob sie als IKRK-Delegierte ihre Aufgabe erfüllten: Haben sie jüdische Leben gefährdet oder gerettet? Soweit wir abklären konnten, fanden wir heraus, dass man sie nicht verdächtigen kann. Danach haben wir ihnen auch ein bisschen geholfen. Auch hier im Lande, als sie hierher kamen, haben sie mit dieser Angelegenheit Schwierigkeiten gehabt. Wie ich sagte, wir haben es sogar bei dem Jewish-Agency-Delegierten aus Chulda [Schwalb; Anm. SE], der sie kannte und, wie ich glaube, den ganzen Krieg in der Schweiz verbrachte, abgeklärt.«[20]
Es ist verständlich, wenn 20 Jahre nach den Ereignissen ein Augenzeuge gewisse Gedächtnislücken hat: So meint er etwa, dass beide Eheleute, nicht nur Jaac van Harten, verhaftet wurden. Bedeutend gravierender ist jedoch die Tatsache, dass Ben-Chur selbst 1945 (damals hieß er noch Cohen) an seine Frau schrieb: »Versuch es herauszufinden und mir so schnell wie möglich mitzuteilen, ob man van Harten bei euch kennt. Seine Frau gehört zur Familie Schocken […] Er ist offensichtlich ein Holländer und war für lange Zeit in Ungarn. Nach seinen Worten hat er dort den Juden viel geholfen und er hilft auch hier. Er steht mit unseren Leuten in der Schweiz im Kontakt. Es ist wichtig, seine Glaubwürdigkeit, Ehrlichkeit usw. abzuklären, denn er besitzt viele Möglichkeiten. Er macht einen guten Eindruck, er ist zu allem bereit, es gibt jedoch etwas Seltsames in seinem Verhalten und deshalb ist diese Nachforschung wichtig; es eilt. Er ist entweder sehr gut oder sehr gefährlich.«[21]
Der israelische Forscher Yoav Gelber schrieb, dass Ben-Chur (Cohen) danach diese Recherchen in der Schweiz fortsetzte, indem er bei Nathan Schwalb nachfragte. Weil die Resultate unbefriedigend waren, weigerte sich Ben-Chur, mit van Harten zusammenzuarbeiten.

Dieser krasse Widerspruch in den Äußerungen Ben-Churs demonstriert eindeutig, dass die Affäre bei weitem noch nicht verarbeitet ist.
Ein zusätzlicher Beleg dafür befindet sich in der Aussage des Agenten Joel Palgi (Nussbacher). Palgi, welcher gegen Kriegsende nach Budapest eingeschleust wurde, sagte später klipp und klar: »Van Harten war ein jüdischer Holländer, der beim Gestapo-Distributionsapparat der gefälschten britischen Pfundnoten tätig war [...] auf der anderen Seite war er ein vorgeblich guter Jude, denn er half hie und da dem Untergrund. [...] Als ich nach Beendigung meiner Mission von Ungarn zurückkehrte und in Italien war, musste ich Yehuda [Arasi]* treffen, konnte ihn aber nicht finden: zu dieser Zeit wurde van Harten im Besitz einer riesigen Summe Falschgeld verhaftet. Deshalb fuhr Yehuda nach Bozen und hinterließ mir eine Mitteilung, dass das Geld, welches mir nach Ungarn geschickt wurde, gefälscht sei, und man wolle es loswerden.
Verschiedenen Hinweisen ist zu entnehmen, dass Yehuda van Hartens Kasse intensiv benutzte.«[22]
Schalheweth Freier, der Agent, der sich damals am meisten für die Freilassung van Hartens einsetzte, konnte zwar keine präzisen Angaben über dessen Aktivitäten während des Krieges liefern, seine Aussage ist jedoch sehr aufschlussreich: »Ich weiß nicht, wann wir das erste Mal von van Harten gehört haben. Ich glaube, dass [...] uns eine Fülle von Nachrichten über van Harten erreichte (nebenbei erwähnt, sein Name war einst Levi. Offensichtlich war er ein Sohn eines Diamantenhändlers in Breslau und mit einer Viola Böhm verheiratet. Diese war eine jüdische Bildhauerin aus Berlin). Van Harten saß, glaube ich, in Budapest und fälschte dort Papiere des schwedischen Roten Kreuzes, mit denen viele Juden ausreisen konnten. Es kursierten Gerüchte, dass er einer der ersten Schätzer der Wertsachen – Diamanten, Bilder usw. –, welche die Nazis raubten, gewesen sei. Nachher, kurz vor der deutschen Kapitulation, schickte er eine Autokolonne mit Flüchtlingen über die Grenze.

---

* Jehuda Arasi war der Chef der illegalen Operationen in Italien, in deren Rahmen Juden nach Palästina eingeschleust wurden. Wie diese abliefen, werden wir noch sehen.

Auf jeden Fall ist der gemeinsame Nenner aller Geschichten über van Harten, dass seine Taten immer von großem Umfang waren. Es heißt: *entweder war er ein großer Verbrecher oder ein großer Humanist.* Irgendwann und irgendwie haben wir erfahren, dass er in einem Gefangenenlager für Deutsche interniert war.
Zwei oder drei Sachen bestimmten das Verhältnis der Aktivisten ihm gegenüber. Erstens war es Neugier, zweitens ihr Wunsch, dass dieser Mann von Israelis oder israelischen Soldaten und nicht von den Engländern vor Gericht gestellt würde. Dieses Gericht sollte entscheiden, ob er ein Verräter oder ein Judenretter war.«[23]
Eine solche Gerichtsverhandlung fand aber nie statt. Und dies, obwohl nach Freier sehr viel gegen van Harten sprach. Auf die direkte Frage bezüglich des Kollaborationsvorwurfes antwortete er: »Einige waren dieser Meinung. Wie ich schon erwähnte, einige Geschichte gingen in diese Richtung. […] Ein dritter Grund [für unseren Einsatz für ihn; Anm. SE] war, dass er ein sehr reicher Mann war. Ich weiß nicht, ob hier [unsererseits] eine vorsätzliche Planung dahinter steckte. Wir brauchten Geld, und obwohl unsere Zentrale [in Palästina] solches nicht wünschte, wollten wir an sein Geld kommen, was wir später auch taten, um Schiffe zu kaufen. Das Geld sollte ihm in Eretz-Israel zurück bezahlt werden.
Ich glaube, dass es meine Aufgabe war, für van Harten im Allgemeinen und vor allem für seine Freilassung zu sorgen. Ich glaube, dass ich dann nach Meran fuhr und dort seine Frau, auf ihren Koffern sitzend (es waren sehr viele Koffer), vorfand. Sie war völlig durcheinander und wusste nicht, was zu machen sei. […] Ich erfuhr, dass der amerikanische Geheimdienst offenbar dort war und ihn verhaftete. Anscheinend nahmen sie auch viele Juwelen oder Edelsteine. Diese Geschichte ist sehr plausibel angesichts der späteren Einmischungsversuche. Ich glaube, dass sie diese Beute unter sich aufteilten, und zwar hinauf bis zu den hochrangigen Offizieren im Alliierten-Stab. Ich bin mir nicht ganz sicher, aber so erinnere mich.
Ich fand in van Hartens Koffern – soweit ich mich erinnern kann – abgesehen von echtem Geld auch Pakete mit englischen Fünfpfundnoten, die ich nicht als gefälscht erkennen konnte und die sehr

neu aussahen. […] Außerdem vermag ich mich noch an Schmuckpakete zu erinnern, die sehr schön verpackt und mit Namen beschriftet waren. Ich glaube, die Geschichte dazu lautete, dass es sich um Schmuckstücke handelte, die sie [die van Hartens] von Juden in Ungarn zur Aufbewahrung bekommen hätten. […] Ich glaube, später sah ich im Büro von Yehuda Arasi einen Sack voller Eheringe, die wahrscheinlich von KZ-Juden stammten. […] Es wurde beschlossen, Frau van Harten nach Palästina zu bringen und dieses Vermögen zu übernehmen. Auf jeden Fall sollte ich das Geld nehmen, um damit Schiffe zu erwerben, Frau van Harten dafür eine Quittung ausstellen und nach Eretz-Israel die Instruktionen senden, dass ihr dort das Geld zurückgezahlt werde.

Ich handelte in der van-Harten-Affäre weiter, indem ich den Transfer der Frau nach Tel Aviv besorgte. Ich glaube […], dass sie mit einem offiziellen Passagierschiff, aber mit gefälschten Papieren fuhr. […] Sie reiste nach Eretz-Israel und hier bekam sie auch ihr Geld zurück. […] Ich suchte van Harten und fand ihn in einem Gefangenenlager. In den meisten Gefangenenlagern waren eretz-israelische Dolmetscher stationiert. […] Sie genossen einen speziellen Status, denn sie bildeten quasi ein Verbindungsglied zwischen dem britischen Kommando im Lager und den Internierten.

Ich gelangte zu so einem Mann, […] Itcho Roth, […] der nachher beim Geheimdienst war. […] Ich bat ihn, van Harten zu holen, was er auch machte. Ich traf van Harten zum ersten Mal. Er war ein Mann von eindrücklicher Erscheinung, dies nicht unbedingt im positiven Sinn. Er war ein großer Mann mit breiten Schultern und einem großen runden Kopf, Backen wie Säcke und ich glaube sehr schnelle Lippen. In meiner Vorstellung sehe ich ihn immer, wie er einen Edelstein in seinen Mund schiebt und wieder herausholt, um dessen Wert zu schätzen, oder so was Ähnliches. […] Sein Verhältnis zum Schmuck war sehr triebhaft, es war nicht nur der Umgang eines Experten. […] Er gab mir zwei Dokumente. Das eine sollte ich bis zu seiner Freilassung aufbewahren und das zweite sollte helfen, ihn frei zu bekommen. […] Was er mir zuerst übergab, war ein überraschend detaillierter Bericht über die Umstände, wie Hitler Deutschland verlassen hatte, inklusive aller seiner

Begleiter, Daten, Haltestopps und Auftankstellen.* Dies sollte ich den alliierten Behörden übergeben. Das zweite Dokument, das er mir aushändigte, war eine Vollmacht von ›Heinkels‹ [...] Besitzer, der offenbar im gleichen Gefangenenlager interniert war. Wahrscheinlich dachte der Inhaber dieser großen Flugzeugfabrik, dass van Harten vor ihm entlassen würde, und übergab ihm deshalb diese Vollmacht, sodass er mit den alliierten Behörden über die Fabrik verhandeln konnte.

Er vertraute mir noch andere interessante schriftliche Angaben an. So über seine Intervention bei General Wolff, [...] in der er den General davor warnte, die Po-Brücken zu zerstören. [...] Mit dieser Warnung konnte ich nicht viel anfangen. Es wäre ein Wunder, wenn eine Bestätigung dafür noch gefunden würde. Die zweite, ziemlich interessante Angelegenheit war ein Brief, den er über den Mailänder Kardinal Schuster dem Papst geschickt habe. In diesem Brief bat er auch den Papst, sich bei der deutschen Armeeführung zu verwenden, dass sie die Po-Brücken nicht zerstörten.

Dieses Schriftstück war echt. [...] Ich kann mich erinnern, dass ich zum Kardinal ging [...] und er im ersten Gespräch tatsächlich bestätigte, dass ein derartiger Brief existiere. Ich bat ihn, eine Kopie davon auf den nächsten Tag zu verfertigen, damit ich diese den alliierten Behörden zeigen könne, um van Hartens Befreiung zu veranlassen. Am andern Tag wurde ich nur noch von seinem Sekretär empfangen, der sagte, dass der Brief leider nicht mehr vorhanden sei. Ich verlangte eine Bestätigung über unser Gespräch, erhielt diese aber auch nicht.«

Freier dachte, die ablehnende Haltung des Kardinals basiere darauf, dass dieser den Brief gar nicht an den Papst weitergeleitet habe. Dass eine andere Erklärung auch möglich ist, war dem israelischen Agenten nicht bewusst. Vielleicht war Kardinal Schuster, der Mussolini nahe gestanden hatte und offensichtlich Nazis auf der Flucht half, an einer Durchleuchtung seiner Geschäfte durch eine ihm unbekannte US-amerikanische Stelle nicht sonderlich interessiert?

Über van Hartens Befreiung erzählte Freier in dem 1966 geführten Interview weiter: »Es gab noch bei den alliierten Behörden in Caserta

---

* Wahrscheinlich ein anderes Märchen der Marke van Harten.

Aktivitäten zu Gunsten van Hartens. Weil seine Frau mit der Familie Schocken verwandt ist, glaube ich, dass wir uns an einen Schocken – vielleicht Gerschon Schocken* – wandten [...] und er wollte intervenieren. Ich glaube, dass ihm gesagt wurde, er solle besser die Finger davon lassen, und wenn er selber keine Probleme haben wolle, solle er lieber den Fall van Harten auf sich beruhen lassen.
Meine Aktion für van Harten ist zu Ende gegangen, als ich selber verhaftet wurde. Einige Tage später wurde er entlassen. [...] [Nachher] haben ihn die Kameraden aufgenommen und ich glaube, dass er sofort wieder anfing, Geld zu machen [...] Überhaupt ist dies eine seiner großen Begabungen. Ich glaube, dass er begann, Unterwäsche oder so was zu verkaufen, bis er nach Eretz-Israel auswanderte. [...] Die ganze van-Harten-Angelegenheit war ziemlich skurril. Ich suchte keine besondere Nähe zu ihm. Da er mich als seinen Retter betrachtete, wollte er mich adoptieren, mein Studium finanzieren. [...] Eines Tages kam van Harten und sagte, dass er sich in einer sehr unangenehmen Situation befinde, weil anscheinend in Eretz-Israel ein Einreiseverbot gegen ihn verhängt wurde. Ich glaube, dass solche Verbote in verschiedenen Ländern existierten. [...] Ich weiß nicht, ob dies mit den Geldern, welche die Amerikaner genommen hatten, zusammenhing; und der Geheimdienst** wollte kein juristisches Verfahren gegen ihn anstrengen. Obwohl solche Einreiseverbote vorlagen, wurde er aus dem Gefangenenlager entlassen. Es ist nicht klar weshalb. D. h., bis heute ist van Harten ein Rätsel geblieben, obwohl er hier [in Israel] lebt. [...] Ich war damals ein Student und wusste nicht genau, wie mit den britischen Behörden, die van Harten ausweisen wollten, umzugehen ist. Ich lief herum und man riet mir, den Rechtsanwalt Elias [...] aufzusuchen, der später Botschafter in London geworden ist. Er war ein sehr bekannter Anwalt in Jerusalem und pflegte gute Beziehungen zu den britischen Behörden. [...] Dann habe ich Elias mit van Harten zusammenge-

* Gerschon Schocken war Besitzer der renommierten israelischen Tageszeitung »Ha'aretz«.

** Gemeint ist der britische Geheimdienst. Offensichtlich spricht Freier hier von 1947, als van Harten schon in Tel Aviv lebte und die Briten noch Palästina kontrollierten.

bracht; Elias verliebte sich in van Harten und wollte mit ihm Geschäfte machen, denn er war geldgierig. Er schaffte es, das juristische Verfahren gegen van Harten so lange zu verzögern, bis die Engländer das Land verließen und van Harten bleiben konnte.
Er blieb dort mit seiner Frau und lebt heute in Savion*. Er hat eine Tubenfabrik oder sogar mehrere sowie einen Juwelierladen in Tel Aviv. Der Sohn seiner Frau, Micha, lebt mit seiner Gattin auch hier. [...] Es hat mich schon erstaunt, dass sein Name während des Eichmann- bzw. Kastner-Prozesses nicht zur Sprache kam. Er tauchte in keiner dieser Affären auf.
Frage: Und bei der Affäre um den ungarischen Schmuck [...]
Freier: Es hat mich verwundert. Ich selber weiß es nicht. Vielleicht weiß das jemand anderer. Ich war sicherlich nicht beteiligt, wurde auch nie gebeten, eine Aussage darüber zu machen, und ich weiß nicht, ob es je eine Untersuchung gegen van Harten gegeben hat. [...] Auf jeden Fall hat er offensichtlich keine besondere Angst, wenn er nach all diesen Geschichten weiter hier im Lande wohnt.«
Der Historiker Gelber schildert, wie die »Bernhard«-Blüten in Österreich von einem gewissen Korporal Katz auf dem Schwarzmarkt verkauft wurden. Damit kaufte er Gold, welches wiederum in die Schweiz geschmuggelt wurde. Inzwischen, so Gelber, wurde van Harten mit Hilfe von eretz-israelischen Offizieren freigelassen.
Nachdem also Mossad-Leute die Befreiung van Hartens herbeigeführt hatten, lebte er in Mailand, wo er regelmäßig an der Via Unione, einem wichtigen Treffpunkt der zionistischen Auswanderungs-Aktivisten, verkehrte. Der Zeitzeuge Chaim Galbard schilderte die Vielseitigkeit van Hartens, dessen Kenntnisse in Literatur, Kunst, Wirtschaft und Finanzen. Sehr widerwillig erzählte er über seine Beziehungen zu diesem undurchschaubaren Mann: »Er bot mir manchmal an, bestimmte Einkäufe für die Flüchtlingsschiffe und für die täglichen Bedürfnisse der Flüchtlinge zu koordinieren. Z. B. kam er eines Tages mit einem kleinen Paket mit wärmender Unterwäsche und informierte mich, wo ich diese

* Eine Nobelsiedlung in der Nähe von Tel Aviv.

beschaffen könne. Ich war überrascht zu sehen, welche Geschäfte er zu tätigen gewillt war. Er lehnte nichts ab. Er sagte mir: ›Im Handel ist es nicht immer wichtig, zu verdienen. Ich habe genug verdient. Ich bin bereit, manchmal auch zu verlieren, ohne Verluste wird es langweilig und unerträglich.‹«[24]

Diese Maxime erinnert an die Beschreibung Schwends durch Höttl, der angeblich auch nicht durch eine Gewinnsucht, sondern durch eine Lust auf diese Art von »sportlichem Nervenkitzel« angetrieben war.

Ein indirekter Hinweis, dass van Harten auch nach seiner Entlassung aus Terni mit Nazis in Verbindung stand, findet sich in Simon Wiesenthals Buch »Doch die Mörder leben«: »Welche Ironie! Einer ganz ähnlichen Methode bediente man sich für die illegalen Transporte der ›[Ha'-]Bricha‹ (das hebräische Wort für ›Flucht‹), die zur gleichen Zeit jüdische Flüchtlinge durch Österreich nach Italien und von dort nach Palästina leitete. Manchmal benutzten beide Organisationen* sogar die gleichen Einrichtungen zur gleichen Zeit: Ich kenne ein kleines Gasthaus in der Nähe von Meran, wo illegale Nazitransporte und illegale Judentransporte zuweilen miteinander die Nacht unter dem gleichen Dach verbrachten, ohne voneinander zu wissen. Die Juden waren im ersten Stock versteckt und angewiesen, sich nicht zu rühren; und die Nazis im Erdgeschoss hatte man dringend gewarnt, sich außerhalb des Hauses sehen zu lassen.

Ein Kurier der [Ha'-]Bricha hat mir einmal erzählt, wie so etwas geschehen konnte. ›Wir alle waren versteckt wie die Diebe in der Nacht. Allen hatte man gesagt, sie sollten ja da bleiben, wo sie eingewiesen waren. Tauchte ein Fremder auf, verschwand man schleunigst. Unsere Kontaktmänner haben sich bestimmt amüsiert – es waren Berufsschmuggler aus der Gegend, die auf gutem Fuß standen mit der Polizei und den Grenzposten. Es war ihnen egal, wen sie hinüberbrachten – wenn sie nur bezahlt wurden.‹«[25]

Wenn man alles bisher Gesagte Revue passieren lässt, dann gibt es wenig Gründe zur Annahme, dass diese so verschiedenen Fluchtwege – dieje-

* »Ha'bricha« und die Fluchtorganisation der Nazis »ODESSA« (Abkürzung für: Organisation der ehemaligen SS-Angehörigen)

nigen der jüdischen Flüchtlinge und deren Peiniger – sich nur zufälligerweise bei Meran trafen. Wiesenthals knappe Bemerkung deutet darauf hin, dass höchstwahrscheinlich das Schloss Labers als das »kleine Gasthaus« Unterschlupf für jüdische und nationalsozialistische Flüchtlinge gewährte. Dass die Verbindung zwischen diesen zwei Fluchtrouten zurück zu van Harten führten, ist nur nahe liegend.
Wie aber ging es nun für die jüdischen Flüchtlinge von Italien aus nach Palästina weiter? Die Antwort findet sich beim »Mossad le'alayalia Beth« (Institut für illegale Einwanderung), kurz Mossad genannt. Diese Organisation wurde 1939 vor dem Ausbruch des Zweiten Weltkrieges gegründet, um die Immigrationseinschränkung der britischen Besatzer Palästinas zu umgehen. Nach der israelischen Historikerin Idith Zertal sollte sie die neue Methode des Jewish-Agency-Chefs Ben Gurion im politischen Kampf gegen die Briten umsetzen. Er nannte diese Methode »Einwanderungskrieg«. Im Zentrum stand hierbei nicht der Kampf für die Einwanderung, sondern der Kampf gegen die Briten. Die Immigration sollte dabei primär als Kriegsmittel gegen die Besatzer eingesetzt werden. Nicht die Rettung der Juden stand also im Vordergrund, sondern der Wunsch, mittels spektakulärer, illegaler Einwanderungsaktionen politischen Druck auf die Briten auszuüben, um schneller einen jüdischen Staat errichten zu können.[26]
Der Mossad-Chef Shaul Meirov sperrte sich gegen Ben Gurions Linie. Weil nach Kriegsausbruch die meisten Mossad-Agenten Europa verließen, waren solche Aktionen auch praktisch unmöglich. Mit der Zeit verlor die Rettung auf der zionistischen Agenda noch zusätzlich an Bedeutung. Unabhängig davon, so Zertal, ist es schwierig, mit Sicherheit festzustellen, ob eine andere Prioritätensetzung die Chance zur Rettung tatsächlich erhöht hätte: »Es ist durchaus möglich, dass das Rettungsbild nicht prinzipiell anders ausgesehen hätte […] Was man mit Sicherheit feststellen kann, ist, dass die Jishuv-Führung* […] der Rettung nicht die höchste Priorität gab, nicht die besten Leute und die größten Ressourcen dafür mobilisierte.«[27]

* Jishuv: die zionistische Gemeinschaft in Palästina vor der Gründung des Staates Israel.

Ben Gurion konnte sich erst 1944 durchsetzen und eine Wende beim Mossad bewirken. Ab diesem Zeitpunkt lag das Schwergewicht auf dem propagandistischen Wert der Einwanderungsaktion und weniger auf den Bedürfnissen der Überlebenden. Im Vordergrund stand jedoch, was sehr überraschend ist, auch nicht deren Einreise in Palästina. Die illegale Immigration sollte mehrheitlich als eine Demonstration gegen die Briten dienen, als ein Teil des »umfassenden Kampf[es], um die britische Mandatsmacht zu vertreiben und einen jüdischen Staat zu errichten«.[28]

Unter sehr gefährlichen Bedingungen wurden z. B. Schauaktionen der illegalen Immigration Überlebender inszeniert. Zahlenmäßig waren die Resultate dieser Operationen unbedeutend. Denn wenn sie erfolgreich abgeschlossen wurden, zogen die Briten die Zahl dieser illegalen Immigranten von ihrer offiziellen Einwanderungsquote ab, welche auch dann noch unausgeschöpft blieb. Auf legalem Weg, lautet die Schlussfolgerung des »Joints«, wäre die Zahl der Einwanderer größer und der Transportpreis niedriger gewesen.[29] Der propagandistische Wert dieser Aktionen war jedoch nicht zu übersehen: Da gab es Szenen, in denen britische Soldaten mit Gewalt gegen illegal einwandernde Überlebende einschritten. Dies erzeugte ganz schlechte Presse für die Engländer und der internationale Druck auf die niedergehenden Kolonialherren wuchs. Es war also nicht die Sorge um die Überlebenden entscheidend, sondern, wie Zertal es formuliert, die politisch-instrumentalisierende Haltung der zionistischen Führung gegenüber den europäischen Juden. Anlässlich seines Besuchs in den Lagern der Überlebenden in Deutschland Ende 1945 lehnte Ben Gurion eine Aktion zur Verbesserung der miserablen Lebensumstände ab und begründete es in seinem Tagebuch so: »Es ist nicht die zionistische Aufgabe, die Reste des [Volkes] Israel in Europa zu retten, sondern Eretz-Israel für das jüdische Volk.«[30]

Die meisten Mossad-Aktionen liefen nach dem Krieg über Italien. In den anderen Ländern waren die Briten mit ihrer Politik gegen die jüdische Einwanderung nach Palästina effektiv, doch in Italien gewann der Mossad die Unterstützung der Regierung. Insgesamt verließen dieses Land 25 Schiffe mit 16 500 Flüchtlingen an Bord illegal in Richtung Palästina.

Als Gründe dieser italienischen Haltung zählt Zertal das Mitleid mit den Überlebenden auf, aber auch den Willen der Regierung, eine Lösung für die große Anzahl an Flüchtlingen, welche das Land überfluteten, zu finden. Dank dieser Auswanderung verringerte sich das »Flüchtlingsproblem«. Nicht weniger wichtig war, dass diese illegale Bewegung eine bedeutende Einnahmequelle für die angeschlagene italienische Wirtschaft darstellte. Hinzu kam, dass die Briten als Besatzungsmacht empfunden wurden und dementsprechend verhasst waren; die Unterstützung der jüdischen Auswanderung war also eine Form des Protestes.
Die Aktivität des Mossad in Italien bildete eine Ausnahme, denn der lokale Chef Yehuda Arasi schaffte sich ein hohes Maß an Selbständigkeit von der zentralen Organisation. Dies betraf auch seine Finanztransaktionen, welche ohne Absprache mit dem Mossad-Kassierer in Europa und dessen Chef zu ihrem großen Ärger durchgeführt wurden.
Im Juni 1945 kam Arasi nach Italien, weil er in Palästina von den Briten gesucht war. Er gehörte dem Mossad nicht an, ja er war sogar ein scharfer Kritiker von dessen Arbeitsmethoden. Nach Italien wurde Arasi vom Haganah-Chef Eliyahu Golomb, dem er nahe stand, ausgesandt, dem Mossad quasi aufgezwungen.
Bis zu seiner Ankunft war der Mossad in Italien nicht besonders effektiv. Innerhalb von neun Monaten ging lediglich ein Schiff mit 35 Flüchtlingen von Land. Arasi konnte dies schlagartig ändern, weil er ein unkonventioneller, großer Improvisator war. Dank seiner Unabhängigkeit von der Mossad-Zentrale konnte er leichter zwischen den zahlreichen und den unter sich zerstrittenen jüdischen Organisationen lavieren. Kaum in Italien, begann er das Land zu durchkämmen, um Schiffe, Gelder, jüdische Flüchtlinge und Personen, mit denen er zusammenarbeiten konnte, zu eruieren. So stieß er zwangsläufig auch auf Jaac van Harten, der ihm bald als wichtige Finanzquelle diente.
Neben dem Mossad gab es noch eine andere Flüchtlingsorganisation: »Ha'bricha«, die »Flucht«. Deren Aktivisten waren zwar in der Regel Mossad-Agenten, sie waren jedoch bei der Ausübung dieser Tätigkeit nicht der Mutterorganisation untergeordnet. Sie schmuggelten die Flüchtlinge aus den befreiten Staaten nach Italien, Rumänien und ähnlichen Ländern mit günstig gelegenen Häfen. Ha'bricha legte zwar das

Fundament für die illegale Auswanderung, war jedoch nicht an einer unbeschränkten Immigration interessiert. Denn sie betrachteten die meisten Überlebenden als schlechtes »Menschenmaterial«, welches verheerenden Einfluss auf das zionistische Projekt haben könnte: »Es bedeutet eine Katastrophe, wenn alle Lager[-Insassen, d. h. Shoa-Überlebenden; Anm. SE] nach Palästina transferiert werden«, sagten Ha'bricha-Aktivisten Ben Gurion Anfang 1946 und fragten ihn: »Werdet Ihr diesen Abschaum, der er ist, wirklich nach Eretz-Israel bringen?«[31]

Bis zum Herbst 1945 wurden alle Ha'bricha-Aktionen durch die van Hartens finanziert: durch Jaac van Harten – wie in diesem Kapitel gezeigt – vor seiner Verhaftung, durch Viola van Harten danach. Ab September war es dann hauptsächlich das »Joint«, welches die Aktivitäten materiell und operativ unterstützte.

Jaac van Harten, der Ende 1946 nach Tel Aviv übersiedelte, beanspruchte danach ohne Erfolg von Saly Mayer und dem IKRK Geld. Er behauptete, dass er während des Krieges für Rettungsaktionen Darlehen gewährt habe und ihm die Rückzahlung in der Nachkriegszeit versprochen worden sei. Obwohl er dabei eine gewisse Unterstützung Chaim Pozners genoss, konnte auch dieser die notwendigen Unterlagen nicht besorgen.

1973 verstarb van Harten in Tel Aviv, wo sein Stiefsohn bis heute dessen Juwelierladen weiterführt. Seine Schwiegertochter, die genaue Auskünfte leider verweigerte, betonte jedoch, dass er ein ganz wichtiger Mann gewesen sei; sogar die spätere israelische Ministerpräsidentin Golda Meir habe sich dafür eingesetzt, dass er im Land bleiben konnte.

Kapitel 12: Schwend nach dem Krieg

Nicht nur Höttl und van Harten überstanden die deutsche Niederlage bestens, auch Friedrich Schwend alias Fritz Wendig schaffte dies. Höttl beschreibt, wie Schwend gegen Kriegsende in verschiedenen Bereichen für die Zeit danach vorsorgte. Nach seiner Rückkehr aus der Schweiz Mitte April 1945 fuhr der Nachrichtendienstler nach Meran, wo er Schwend in der Uniform eines SS-Majors antraf – der Falschgeldhändler hatte Schloss Labers inzwischen dem SS-General Felix Steiner als Hauptquartier für dessen III. Germanisches Panzerkorps zur Verfügung gestellt.

Diese Zusammenarbeit nach »rechts« stand seiner Absicherung nach »links« nicht im Wege: Der gerissene Geschäftsmann sicherte sich mit seinen guten Beziehungen zu den Partisanen auch in diesem Lager ab. Höttl verdächtigte ihn, am Tod seines Freundes schuld zu sein, dem SD-Vertreter in Italien Willy Gröbl, der von den Partisanen umgebracht worden war. Ob es stimmt, weiß man nicht. Sicher ist aber, dass Schwend gute Kontakte zum Chef der Partisanen in Oberitalien, Ferruccio Parri, pflegte, welcher den Deutschen beispielsweise mit einer italienischen Autonummer mit Turiner Kennzeichen samt den dazugehörigen Papieren versorgte. Höttl schreibt, dass Schwend Parri »einige wichtige Dienste erweisen konnte«[1], ohne diese explizit aufzulisten. Dank seiner Beziehungen zu Parri, der im Juni 1945 dann der erste postfaschistische Ministerpräsident Italiens werden sollte, konnte sich Schwend frei bewegen und fand für einen großen Teil seiner Beute im Kaunsertal ein sicheres Refugium.[2]

Über die finanzielle Vorsorge Schwends wird berichtet: »In einer Liechtensteiner Bank deponierte er 1,5 Millionen Schweizer Franken, eine Million Schweizer Franken steckte er in Triest in eine Immobiliengesellschaft, mit 350 000 RM wurde er Teilhaber der Wiener Transdanubia-Warenexport- und Importgesellschaft, für weitere 100 000 Reichsmark kaufte er krisenfeste Wertpapiere, darunter solche der deutsch-österreichischen Rüstungsfirma Steyr-Daimler-Puch. Und da er auf Nummer Sicher gehen wollte, vergrub er zusätzlich 80 Kilo Gold, 80 000 Dollar und 100 000 Schweizer Franken im Kaunsertal – echtes Gold und echte Dollars.«[3]

Gemäß Höttl fanden die einrückenden Alliierten Schwend zunächst nicht, dafür aber dessen Freund, Alt-Konsul Georg Gyssling. Was dieser dem britischen Vernehmungsoffizier zu erzählen wusste, war dermaßen atemberaubend, dass der Brite Schwend unbedingt treffen wollte und ihm deshalb freies Geleit garantierte. Gyssling fuhr ins Kaunsertal, wo sich das neue Hauptquartier Schwends befand, und traf dort den wendigen Geschäftsmann – in der Uniform eines US-Majors. Diese Verwandlung war ihm gelungen, weil er mit den Ängsten der US-Militärs vor der angeblichen »Alpenfestung« gespielt hatte. Schwend hatte einem US-Divisionskommandeur versprochen, diese erfundene Bedrohung zu entschärfen und die deutschen Streitkräfte zur Anerkennung der Gesamtkapitulation zu bewegen. Für diesen Zweck war Schwend nicht nur mit einer US-Uniform, sondern auch mit einem Jeep samt US-Chauffeur ausgerüstet worden. Offenbar stand er nun im Dienst des US-Militärgeheimdiensts CIC. Die Beschreibungen seiner damaligen Tätigkeiten wurden in den US-Militär-Akten jedoch eingeschwärzt, behauptete die »New York Times« 1986.[4] Eine andere Quelle meint, dass er bis Anfang 1946 als Informant des 44th CIC-Detachment in Österreich und Norditalien diente.[5] Die gleichen Autoren meinen, dass er auch als IKRK-Mitarbeiter auftrat (van Harten lässt grüßen), was das heutige IKRK-Archiv in Genf nicht bestätigt.

Alt-Konsul Gyssling überreichte Schwend auf jeden Fall die britische Einladung und fuhr mit seinem Freund nach Meran. Er blieb dort einen ganzen Tag und gab dem Briten zahlreiche Informationen über das

»Unternehmen Bernhard«. Danach durfte Schwend nach Österreich zurückkehren.
In seiner neuen Funktion als US-Major konnte Schwend die Rechte der kapitulierenden Deutschen verteidigen. Bald wurde ihm aber in diesem Job langweilig und er suchte neue Abenteuer in München. Dieser Schritt erwies sich als ein Fehler, denn durch einen Einkauf von Kaffee bei einem Schwarzmarkthändler lenkte Schwend die Aufmerksamkeit der US-amerikanischen Kriminalpolizei auf sich. Interessanterweise lag damals bei den US-Behörden in München nur Material gegen Schwend im Zusammenhang mit dem Handel von geraubten holländischen Gemälden. Dies reichte aber für seine Verhaftung.[6]
Über seine damaligen Erfahrungen schrieb Schwend später in der deutschsprachigen Zeitschrift »Peruanische Post«: »Nach ca. drei Wochen Einzelhaft, üblichen Verhören und Zermürbungsversuchen kam eines Tages Kapitän (US-Hauptmann, d. Aut.) Michaelis in Begleitung von Georg Spencer Spitz in meine Zelle. Michaelis sprach ein paar Worte mit mir und ließ mich dann mit meinem ›guten Freunde‹ Spitz allein. Spitz erklärte mir sofort, wenn ich ein Interesse daran habe, hier lebend herauszukommen, so müsse ich mein Vermögen opfern. Ohne dies würde ich die Sonne nicht mehr wieder sehen. Spitz sagte dann noch wörtlich: ›Dein Leben ist nur eine Frage von Marie (umgangssprachlich für Geld, d. Aut.).‹
Ich erklärte Spitz, dass ich bereit sei, unter den gegebenen Umständen einen mir gebliebenen Rest meines Vermögens, den ich in Goldmünzen angelegt hatte (Spitz wusste dies), gegen Quittung auszuhändigen.«[7]
Daraufhin sollen Schwend, Spitz und die US-Amerikaner nach Tirol zu einer Mühle im Kaunsertal gefahren sein. »An der Mühle angekommen, besorgte ich mir von dort einen Spaten. […] Ich grub das in einem Sack befindliche Gold aus, der Sack ging bei der Ausgrabung in die Brüche, so musste ich einen Teil der Goldmünzen einzeln aus der Erde zusammensuchen.«[8]
In einem Brief an seinen treuen Mitarbeiter Heinz Riegel schrieb Schwend 1963 über diese Mühle: »Also Sie waren auch im Kaunsertal. Steht die Mühle noch? Das Gebäude ist rechts der Straße, direkt auf der anderen Seite gegenüber ist eine Blockhütte, also aus Holz, und der

Eingang ist von der Wiesenseite her. Direkt am Eingang war das Gold vergraben. Ich halte es für gut möglich, dass noch eine Zahl von Münzen im Boden liegt, zumal ja die Säcke platzten und wir in Eile arbeiteten, da das Gebiet zu der Zeit von franz. Militär besetzt war. Also wenn Sie Lust haben, vorne am Eingang der Hütte.«[9]

Die angesprochene Eile und den Wink an Riegel deuten darauf hin, dass noch mehr Vermögen in dieser Gegend geblieben ist.

Laut Schwend sollen auch andere ehemalige »Wendig«-Verkäufer von ihrem ehemaligen Kollegen Georg Spitz um ihre privaten Reserven, die für die Friedenszeiten gedacht waren, erleichtert worden sein. Mit diesen »Bernhard«-Geldern kaufte sich Spitz angeblich in das Münchener Bankhaus Lenz & Co. ein, das einst Marx & Co. geheißen hatte. Dadurch gewann er u. a. die Kontrolle über die Spielbanken von Baden-Baden, Westerland, Bad-Neuenahr, Bad Dürkheim und Konstanz.

Ob diese Behauptungen so stimmen, ist fraglich, denn Schwend hatte ja allen Grund, von sich abzulenken und den Eindruck zu erwecken, dass ihm nichts von der »Bernhard«-Beute geblieben war – was aber nicht bedeutet, dass Spitz ein Unschuldslämmchen gewesen wäre. Nichtsdestotrotz ist klar, dass Schwend noch verschiedene Vermögen in Europa verbarg bzw. über deren Verstecke informiert war. Allerdings war es für ihn nicht einfach, von Peru aus an diese Schätze heranzukommen.

1960 legte Schwend einem bayerischen Gericht Beweismaterial vor und forderte von Spitz 2,5 Millionen DM. Das Gericht entsprach diesem Begehren aber nicht. Spitz wurde auch von anderen Nazigrößen verklagt, z. B. von Henriette von Schirach, der Ehefrau des ehemaligen Jugendführers des Deutschen Reiches und Reichsstatthalters von Wien. Die Anklage wurde am 13. Oktober 1960 eingereicht, doch blieb sie folgenlos: Am selben Tag erlag Georg Spencer Spitz einem Herzanfall.

Nachdem Friedrich Schwend also Teile seiner Beute an Hauptmann Charles Michaelis und seinen Kollegen vom FBI, Eric Timm, abgeliefert hatte, wurde er freigelassen. Höttl behauptet, dass die zwei US-Amerikaner diesen Vorgang bei einem anderen »Bernhard«-Mitarbeiter in Italien wiederholten und ihn um 35 Millionen Lire erleichterten. »Es muss […] füglich bezweifelt werden, ob diese Lösegelder jemals zu den amerikanischen Goldvorräten in Fort Knox eingeliefert wurden.«[10]

Anfang 1946 beschloss Friedrich Schwend, Europa zu verlassen. Zusammen mit seiner Frau Hedda fuhr er nach Rom, wo sie kroatische Papiere erhielten, mit denen sie sich dann IKRK-Pässe beschaffen konnten. Schwend nannte sich jetzt Wenceslav Turi und gab sich als Agronom aus. Versehen mit ihrer neuen Identität fuhr das Ehepaar nach Barcelona und verließ Spanien Ende 1946. Ursprünglich wollten sie nach Venezuela auswandern, entschieden sich jedoch für die peruanische Hauptstadt Lima.

Bereits zu Beginn der 50er-Jahre konnten sie auf die falsche Identität und den Namen Turi verzichten. Zu Schwends Vorsichtsmaßnahmen gehörten aber auch weiterhin die guten Beziehungen zur lokalen jüdischen Gemeinde: Er wurde sogar zu einem eifrigen Mitglied der »Anti-Defamation League«, einer jüdischen Organisation, die sich hauptsächlich gegen den Judenhass einsetzte.

Parallel dazu baute er seine Beziehung zu Klaus Barbie in Bolivien auf, dem ehemaligen Gestapo-Chef von Lyon, der sich durch die Ermordung des Résistance-Führers Jean Moulin und die Deportation von 41 jüdischen Kindern den Beinamen »Schlächter von Lyon« erworben hatte. Beide waren als Waffenhändler tätig. In den US-amerikanischen Akten ist 1953 vermerkt, dass Schwend einer Gruppe von Exil-Bolivianern seine Dienste als »trainierter Saboteur« anbot, um ihnen bei einem Putschversuch zu helfen. Einige Monate später bewarb er sich bei der peruanischen Armee als Berater für »antikommunistische Tätigkeiten«.[11]

1959 verlangte Schwend von seinen ehemaligen »Einkäufern« in der »Gruppe Wendig« Gelder. Er machte Friedrich Karnatz in Chile ausfindig, wo dieser als Direktoriumsmitglied der Deutsch-Südamerikanischen Bank, einer Tochtergesellschaft der Deutschen Bank, fungierte. Am 9. Oktober teilte ihm der deutsche Legationsrat Jaeschke mit, »dass mit Herrn Karnatz ausführlich über die Angelegenheit gesprochen worden ist. Er bestreitet zwar nicht, dass er von Ihnen während des Krieges Valuten [...] verschiedener Art zum Umtausch in der Schweiz erhalten hat, wobei er allerdings bemerkt, dass es sich seines Wissens stets um Reichsgelder, niemals um Privatgelder gehandelt habe. Er erklärt, dass er diese auftragsgemäß in die Schweiz verbracht habe und dass, wenn ein Teil dieser Valuten bzw. deren Gegenwert nicht wieder in seine Hände

gelangt sei, dies nicht auf einer Unterschlagung durch ihn, sondern auf Umständen beruhe, die er nicht zu vertreten hätte.
Da die fraglichen Vorgänge sich in der letzten Zeit des Krieges abgespielt hätten, sei die Abwicklung der Geschäfte [...] vereitelt worden. Auf diese Weise seien die fraglichen Devisen [...] nicht mehr aus der Schweiz herausgekommen und daher nicht in seine – Karnatz' – Hände gelangt. Er weise den Vorwurf, eine strafbare Handlung begangen zu haben, mit Entrüstung zurück.«[12]

1959 hatte sich auch an einer anderen »Bernhard«-Front einiges getan: Am 13. Juli dieses Jahres besetzten bewaffnete Männer das Ufer des Toplitzsees in Österreich. Es war ein Recherche-Team der deutschen Illustrierten »Stern« unter der Leitung des Journalisten Wolfgang Löhde. Vom 25. Juli bis zum 31. August durften sie nach Gegenständen suchen, die die Nazis in den Wirren des Kriegsendes dort noch rasch versenkt hatten.

Die Bewilligung war nicht uneingeschränkt, »die Bergungsberechtigten« waren verpflichtet, »das gesamte geborgene Gut ohne Ausnahme unmittelbar nach der Bergung« der Polizei bzw. den zuständigen Behörden zu übergeben.[13]

Schon bald bargen Taucher mehr als 20 Holzkisten. Diese enthielten bündelweise »Bernhard«-Banknoten sowie verschiedene Akten über diese Operation. Damit aber nicht genug. Es fanden sich auch offensichtlich noch zahlreiche andere Dokumente aus dem Hauptquartier der SS (RSHA) in diesem See. In der Serie »Geld wie Heu« beschrieb der »Stern« diese Akten: »Genaue Einsatzbefehle für SS-Agenten, in holländischer, norwegischer, englischer und deutscher Sprache. Anweisungen für Sabotageakte: die Sprengung feindlicher Schiffe, Flugplätze und anderer Objekte, Sonderausweise, Tagebücher über die Falschgeldherstellung, Hunderte von Geheimakten [...], Angaben über alle diejenigen, die 1945 hofften, untertauchen zu können und vergessen zu werden.«[14]

Am 11. August 1959 meldete der »Neue Kurier« noch, dass das gesamte RSHA-Geheimarchiv geborgen wurde, doch dann wurde die »Stern«-Untersuchung plötzlich abgebrochen. Die ganze Bergungsaktion war zwar von diversen Drohungen und Störaktionen begleitet gewesen, der damalige »Stern«-Chefredakteur Henri Nannen behauptete nichtsdes-

totrotz, dass »nur aus finanziellen Gründen [...] die Bergung abgebrochen worden [ist]. Sonst hat nichts eine Rolle gespielt.«[15]
Nur einige Tage zuvor waren aber 30 000 DM für weitere Recherchen bewilligt worden; zudem war noch ein Restbetrag von 000 DM aus dem ersten Forschungsbudget von 30 000 Mark da. Es war also eindeutig noch »Geld wie Heu« vorhanden, als die Bergungsaktion abgebrochen wurde.
Das »Linzer Volksblatt« schrieb am 1. September 1959: »Verschiedene Industrielle der Deutschen Bundesrepublik haben nun beim STERN erreicht, was weder Adenauer noch Schröder* [...] erreicht hatten.«[16]
Was in den Tiefen des Toplitzsees noch liegt, ist bis heute ein großes Rätsel. Immer wieder kursieren die wildesten Gerüchte darüber – verstärkt durch den Umstand, dass dort bis heute ein striktes Tauchverbot besteht.
Während Höttl bis zu seinem Tod 1999 die Bedeutung der Funde im Toplitzsee in der Öffentlichkeit zu verharmlosen versuchte, betonte Schwend stets die Brisanz der gehobenen und nicht gehobenen Akten: »Das Wichtigste sind alle Dokumente«, schrieb er etwa 1963 in der peruanischen Zeitung »Correo«. »Kennt man einmal die Nummern der Geheimkonten, dann weiß man, wer von den Führern des Dritten Reiches noch lebt. Es genügt, wenn man weiß, dass jemand Geld für Martin Bormann abgehoben hat, um zu wissen, dass er noch irgendwo lebt. [...] Es gibt viele ehemalige Nazis, die heute bedeutende Posten in den Regierungen von Deutschland und Österreich innehaben, die sich der Suche nach den Kisten im Toplitzsee widersetzten. Das ist leicht zu erklären. Dort befinden sich Geheimnisse, die mehr als eine große politische Karriere der Nachkriegszeit zerstören würden.«[17]
In einem Brief an Heinz Riegel erwähnt Schwend die Schwierigkeiten beim Auffinden versteckter Gelder angesichts der im Toplitzsee versteckten Akten: »Nun, ref. Chiffrekonten, dies habe ich nicht auf die Beine gebracht, weder im Einzelnen noch in der Summe. Hier muss man bis zur Bergung logischerweise abwarten.«[18]

---

* Gerhard Schröder: Bundesinnenminister der CDU in der Regierung Adenauer.

Simon Wiesenthal meint dazu: »Sachkundige schätzen das Vermögen, das die Nazis in verschiedenen Teilen der Welt verstecken konnten, auf drei Milliarden Mark, vielleicht auch vier Milliarden. Die Liste jener Leute, die dazu berechtigt waren und sind, über diese Gelder zu verfügen, gilt als eines der wichtigsten ungelösten Geheimnisse des Dritten Reiches. Es soll sechs solcher Aufstellungen geben. Zwei davon in der sicheren Obhut bestimmter Banken, zwei weitere mögen in den Händen derjenigen Leute gewesen sein, die im Jahr 1947 die ODESSA gegründet haben. Aufgrund aller verfügbaren Informationen stimme ich mit den amerikanischen Experten überein, die sich nach dem Krieg mit diesem Problem beschäftigt haben, und vermute, dass eine der sechs Listen immer noch auf dem Grund des Toplitzsees liegt.«[19]

Diese Vermutung erhielt durch das Verhalten der österreichischen Behörden Auftrieb, welche noch Jahre später die Autoren des Buches »Blutige Spuren« bei ihren Recherchen in den geborgenen Akten stark behinderten: Sie durften nur einen Bruchteil der gefundenen Dokumente sichten.[20]

In einem weiteren Brief an seinen Vertrauten Heinz Riegel schrieb Schwend: »Was wirklich sicher unten [im Toplitzsee; Anm. SE] ist, soweit nicht vom Löhde geklaut, ist das Gold. Dieses kann auch nicht vernichtet oder beschädigt werden, wie etwa Briefe oder andere Aufzeichnungen. Unser Ziel müsste wohl auch in dieser Richtung zur Hauptsache gehen.

Sie wissen ja, das Dienstmädchen im Bett ist manchmal besser wie die Gnädige auf dem Dach.

Üben wir uns in dieser Sache noch etwas weiter in Geduld.«[21]

Das besagte Gold soll dem Vatikan gehören und stand in direktem Zusammenhang zum »Unternehmen Bernhard«. Gemeinsam mit dem Nuntius Romolo Carboni und einem Padre Alto versuchte Schwend diesen Schatz zu ergattern.

In einem Memorandum beschrieb Schwend die Lage wie folgt: »Die Werte im T. See sind Besitz der Kirche (ausgenommen die Dokumente) und stammen aus einer Transaktion, welche, wie bekannt ist, für Südamerika bestimmt war. Die Höhe der von den Agenten [Rudolf und Oskar Blaschke; Anm. SE] aufgekauften Pfunds betrug rund 3,5 Mio. –

also ca. 10,5 Mio. USA-Dollar. Soweit die Werte nicht im T. See deponiert sind, ruhen diese in der Schweiz auf verschlüsselten Konten.«[22]
Den Anspruch auf Besitzrecht oder Schadenersatz sollte – so Schwend weiter in seinem Memorandum – die Nuntiatur gegen die österreichische, deutsche und schweizerische Regierung erheben. Schwend schlug folgenden Verteilungsschlüssel vor:
1/3 für die Nuntiatur in Lima,
1/3 für den Padre Alto in Rio,
1/3 für die Forschungsgruppe Toplitzsee, zu welcher Schwend selbst gehörte, Heinz Riegel, Otto Skorzeny, Wilhelm Höttl, der Alt-Generalkonsul Gyssling und ein weiterer Kamerad, Dr. Gerhard Bartsch, der als Pressereferent der Gruppe fungierte.
Im Juli 1963 schrieb Schwend an Riegel: »Die Sache ist nunmehr in der Hand des Nunzius [sic], der von sich aus allein natürlich auch nichts tun kann ohne die Erlaubnis von Rom, zumal es sich um eine Sache handelt, welche dipl. Intervention von Rom erfordert und die viel Staub aufwirbeln wird. Der Nunzius ist voll mit uns einig, befü[r]chtet aber, dass Rom u. U. zu großen Hunger haben kann, daher wurden die Grundbedingungen gleich festgemauert, aus dem Memo ohne Unterschrift sind sie ersichtlich. Der Nunzius als auch der Padre A. [Alto; Anm. SE] haben ein Interesse daran, dass Sie diese Interessen genau so verteidigen wie etwa die Interessen der Gruppe. Der Bischof von Puno tritt damit in den Hintergrund. Natürlich braucht Rom nicht zu wissen, was wir untereinander ausmachen. [...] In der Zeitung konnten Sie wohl durchblicken lassen, dass der Vatikan Zeugen hat, dass das Gut sein Eigentum ist und dass in Südamerika eiferige [sic] Nachforschungen laufen, um mit Beweisen dienen zu können etc.«[23]
Einen Monat später berichtete Schwend: »Der Nunzius ist doch ein großer Ochse. Er dachte die Sache aufzuheben, bis er nächsten Monat in Rom ist, und ließ so alles hübsch liegen. Auf Grund meiner Branderklärungen schrieb er gestern noch nach Rom und wir können in ca. 10 Tagen Bescheid haben. [...] *Es gab beim Vatikan eine Aktion ›Colibri‹,* diese hatte zur Aufgabe, einen großen Transfer von Mitteln nach Südamerika zu verlagern. Auf Grund des Blätterrauschens haben kirchliche Kreise eine große Investigation eingeleitet und man ist zwi-

schen Rio und Lima eifrig tätig. Fest steht, dass nach einer Konferenz mit dem Nunzius Romolo Carboni ein Padre Alto mit einer brasilianischen Militärmaschine nach Rio geflogen wurde. […] Padre A., heute Generalsekretär des Bischofs von Puno, hatte früher Verbindungen zu Agenten des Unternehmens Bernhard und kam öfters von Rom nach Genua. Vor ca. 3 Wochen sah man Schwend in dem Palast des Nunzius gemeinsam mit dem Padre A. in langer Konferenz mit dem Nunzius. Dr. José Paci scheint in den Erkundigungsarbeiten der Kirche eine große Rolle zu spielen, durch ihn wurde bekannt, dass die Kirche durch das Unternehmen Bernhard Verluste von über 11 Millionen Dollar Wert erlitten hat und dass die Werte im Toplitzsee bis zu dieser Höhe von der Kirche reklamiert werden. Weiter, dass wenn Österreich und Deutschland sich weigern, die Kirche Schadenersatzansprüche von mindestens 11 Mio. Dollar an Deutschland und Österreich stellen wird.
Alle Namen stimmen. Paci ist Medicus, Italiener und war mit uns in Verbindung. Mit meinen Angaben lässt sich also was zimmern.
Zwischenzeitlich werden wir dann hoffentlich auch von Rom aus direkt unterstützt werden.«[24]

Zu diesen Reparationsansprüchen des Vatikans äußerte Schwend sich in einem weiteren Brief noch einmal: »Wenn Rom interveniert und die Alemanes oder Austriacos wollen die Bergung verhindern, können diese ja direkt an Sie [Heinz Riegel; Anm. SE] zahlen. Die Juden haben schon genug Zaster bekommen, warum mal zur Abwechslung soll nicht auch die Kirche eine Wiedergutmachung haben? […] Hoffen wir, dass die Sache mit Rom klargeht, wenn der Adenauer nicht bergen lassen will, dann eben zahlen.«[25]

Auch das österreichische Innenministerium interessierte sich für die Nazivermögen und wollte von Schwend über den ehemaligen Adjutanten Kaltenbrunners, Scheidler, »Näheres wissen, also wo was interessantes liege etc.«[26]

Südamerika war aber nicht nur das Zentrum bei Schwends Versuchen, an die Nazigelder heranzukommen, es war auch das Zentrum seiner alltäglichen Geschäfte: Über Lima liefen die diversen Waffenschiebereien, die »Fritz Wendig« auch gemeinsam mit Nazis wie Josef Mengele, Otto Skorzeny, hauptsächlich aber mit Klaus Barbie abwickelte.

Das Hauptgeschäft von Schwend und Barbie wurde über zwei deutsche Firmen, »Merex« und »Gemetex«, abgewickelt. Wie Schwends Korrespondenz zeigt, sollen sie von der »Merex« Panzer, Mercedes-Militärfahrzeuge und Boote gekauft haben. Die Lieferungen der »Gemetex« enthielten Boden-Luft-Raketen, Boote für die Küstenwache, 20-mm-Luftabwehrmunition, moderne Maschinengewehre für Flugzeuge, gepanzerte Fahrzeuge und Boden-Boden-Raketen.[27] Diese Militärgüter wurden an einige südamerikanische Armeen verkauft. Laut einem anderen Autor sollen Schwend und Barbie die Todesschwadronen Südamerikas mit Nato-Waffen aus Deutschland beliefert haben.[28]

Einem Geschäftspartner in der Schweiz, dem Waffenhändler Eugen Albert Huber, wurde 1965 von Schwend das Amt des bolivianischen Generalkonsuls verkauft. Schwend schrieb: »Das besagte Land ist absolut rechts stehend – oder zumindest dessen Regierung – und befreit sich sehr geschickt von früheren linken Einflüssen.«[29]

Trotz seiner betont antikommunistischen Einstellung war Schwend im selben Jahr über die Sowjet Woschod Bank in Zürich in eine Öllieferung nach Kuba involviert. Seine Korrespondenz mit dem DDR-Forscher Julius Mader, wie der Eintrag in seinem Adressbuch beweist,[30] schließt eine geheimdienstliche Tätigkeit für dieses Land nicht aus. Auf jeden Fall besorgte Schwend für Maders Buch »Who's Who in the CIA« die Angaben über Lateinamerika. Schwend arbeitete weiters für die peruanische Geheimpolizei PIP und versorgte sie mit Berichten über subversive Aktivitäten im Land. Zudem nutzte er auch seine ausgezeichneten Beziehungen zu jüdischen Gruppierungen, um rechtzeitig gewarnt zu sein, wenn Nazijäger in Lateinamerika weilten. Diese Informationen leitete er jeweils unverzüglich an seine alten Kameraden weiter.

Die Geschäftsbeziehungen zwischen Barbie und Schwend gestalteten sich erfolgreich. Jener verbrachte seine Zeit ab 1970 zwischen Lima in Peru und La Paz in Bolivien. Nach einem linksgerichteten Putsch in Bolivien bevorzugte er es, sein Domizil gänzlich nach Lima zu verlegen. Anfang 1972 wurde Schwend zusammen mit Barbie und Mengele verdächtigt, einen Multimillionär namens Luis Banchero Rossi ermordet zu haben. Die peruanische Polizei überwachte Schwend deshalb über lange Zeit hinweg, während die zwei anderen das Land verließen.

Am 12. April 1972 wurde Schwends Haus durchsucht. Der Untersuchungsrichter im Fall Banchero, Dr. Jose Antonio Santos Chichizola, entdeckte im Keller ein großes Archiv, das über 70 Kilogramm wog. Darin fanden sich – laut dem Forscher Ladislas Farago – Schwends vollständige Akten über seine Transaktionen in Südamerika und ein alphabetisches Register mit allen wichtigen Naziverbrechern, die in dieser Region lebten. Er entdeckte auch einen Briefwechsel zwischen Schwend und Martin Bormann, in denen sie gemeinsame Geschäfte erörterten. Farago fand auch Hinweise auf Schwends Waffenhandel mit Israel und beschrieb ihn als eine Art selbst ernannten Finanzminister des Vierten Reiches.[31]

Als sich die Nazijägerin Beate Klarsfeld an Barbies Fersen heftete, setzte sich Schwend beim bolivianischen Präsidenten Hugo Banzer ein und verlangte Schutz für seinen Freund: »Ich habe Altmann [Barbies Deckname; Anm. SE] in den ersten Kriegsjahren als einen deutschen Soldaten kennen gelernt, welcher seine Aufgabe erfüllte«,[32] betonte Schwend.

1974 wurde Schwend wegen illegaler Devisengeschäfte zu zwei Jahren Gefängnis verurteilt. Nach seiner Entlassung wurde er am 4. Juli 1976 in die BRD abgeschoben. Völlig verarmt lebte er vom Bonner Sozialamt. Bald wurde er aber wieder verhaftet, denn die Staatsanwaltschaft München suchte ihn wegen eines Mordes, den er 32 Jahre zuvor in der Nähe von Bozen begangen haben soll.

Es ging um die Ermordung des ungetreuen Falschgeldhändlers Theophil Kamber, der am 22. August 1944 mit einer großen Ladung von »Bernhard«-Blüten versucht hatte abzutauchen. Die italienische Justiz verurteilte Schwend 1955 in Abwesenheit zu 21 Jahren Zuchthaus. Das bayerische Gericht war da gnädiger. Die Anklage lautete nicht »Mord« wie in Italien, sondern nur »minder schwerer Totschlag«. Das Urteil: zwei Jahre Gefängnis auf Bewährung.

1978 besuchte Schwend Meran und wohnte auch kurz im Schloss Labers, das inzwischen zu einem 32-Zimmer-Hotel umfunktioniert worden war. Danach zog er sich wieder nach Peru zurück, wo er im März 1980 verstarb.

Kapitel 13: Die Rattenlinie des Vatikan

»Im Spionagejargon bezeichnet man mit ›Ratlines‹ präparierte Fluchtwege, über die Flüchtlinge oder Agenten in Feindgebiete hinein- oder aus ihnen herausgeschleust werden. Sie sind ein Standardbestandteil der Geheimoperationen jedes größeren Landes.«[1]

Dank einer solchen US-amerikanischen Rattenlinie, die über den Vatikan führte, konnten die meisten Nazis nach Kriegsende flüchten. Dies war der am besten organisierte Fluchtweg und ließ entsprechende Organisationen der Nazis – »ODESSA« und »Spinne« – laienhaft aussehen.

»Die vielleicht dramatischste Massenflucht mit Hilfe der Kirche war 1946 die Rettung einer ganzen Division der ukrainischen Waffen-SS – etwa 11 000 Mann, von denen viele ihre Familien bei sich hatten – mit der persönlichen Hilfe von Papst Pius XII. Es stimmt, dass einige der geretteten Männer nur einfache Soldaten waren, die durch Ereignisse, die sich ihrem Einfluss entzogen, in eine kompromittierende Lage geraten waren. Doch viele Angehörige der Division waren Veteranen der ukrainischen Polizei- und Milizeinheiten, die mit den Deutschen zusammengearbeitet und sich in ihrer Heimat begeistert an antisemitischen und antikommunistischen Pogromen beteiligt hatten. Einige von ihnen – eine kleine Anzahl – hatten zum Personal der Todeslager Treblinka und Sobibór sowie des KZ Bergen-Belsen gehört. Viele dieser Männer arbeiteten später an CIA-finanzierten Projekten der politischen Kriegsführung mit. Hunderte von ihnen leben heute in den Vereinigten Staaten und Kanada.«[2]

Der Luftwaffen-Oberst Hans-Ulrich Rudel, der sich nach 1945 als internationaler Sprecher der Neonazis hervortat, sagte 1970 anerkennend: »In Rom, dem Transitpunkt der Fluchtwege, wurde sehr viel getan. Mit ihren ungeheuren Mitteln half die Kirche vielen von uns, nach Übersee zu gelangen. Auf diese Weise konnte still und heimlich das rasende Verlangen der wahnwitzigen Sieger nach Rache und Vergeltung wirksam vereitelt werden.«[3]

In diesen Aktivitäten kommt die starke antikommunistische Haltung großer Teile der damaligen katholischen Amtskirche deutlich zum Ausdruck. Der Vatikan sah im Kommunismus *die* zentrale Bedrohung und schätzte die Nationalsozialisten als zuverlässige Partner in einem antisowjetischen Bündnis – die Nazis waren zwar nicht besonders kirchenfreundlich, dafür aber brennend antikommunistisch.

Die wichtigste Figur innerhalb der Vatikanlinie war zu Beginn zweifellos der österreichische Bischof Alois Hudal, ein engagierter Nazi der ersten Stunde. Hudal war Rektor der Pontificio Santa Maria dell' Anima, ein Seminar für deutsche Priester in Rom. Er agierte zwar nicht in direktem Auftrag des Papstes, verfügte jedoch über gute Kontakte zu ihm. Pius XII. wusste sich aber in der Öffentlichkeit geschickt von ihm zu distanzieren, um Unannehmlichkeiten zu vermeiden. Er unternahm hingegen nichts, um Hudals Aktionen zugunsten der Nazis zu unterbinden. »Wenn Monsignore Hudal den bedürftigen Deutschen in Rom und Italien helfen will, soll er es nur tun, aber im eigenen Namen und auf eigene Kosten – die ›Anima‹ hat dazu sicherlich beträchtliche Geldmittel«, beschied er einen Antrag Hudals schon im November 1944.[4]

Es ist umstritten, wie stark die Position Hudals im Vatikan tatsächlich war. Nach dem Krieg, meint der Forscher Ladislas Farago, gewann Hudal einen mächtigen Verbündeten im »Außenministerium« des Vatikans, dem Staatssekretariat, und zwar in der Person von Giovanni Montini, dem späteren Papst Paul VI.[5] Dadurch konnte er seinen Handlungsspielraum wesentlich erweitern. Seitens des Vatikans wird diese Behauptung heftig bestritten. Ein offizieller Historiker des Vatikans, Pater Robert Graham, ist der Überzeugung, dass Hudal keinen Einfluss auf die politische Haltung des Vatikans hatte.[6]

Obwohl seine pronazistische Einstellung den US-amerikanischen Geheimdiensten bestens bekannt war, genoss Hudal eine außerordentliche Bewegungsfreiheit, ja er besaß sogar die Erlaubnis, deutsche Internierte zu besuchen. Dadurch wurden seine Möglichkeiten, ihnen zur Flucht zu verhelfen, wesentlich vergrößert.

Hudal selbst machte keinen Hehl aus seinen Ansichten und Tätigkeiten und schrieb in seinen 1976 erschienenen Memoiren: »[...] der Krieg der Alliierten gegen Deutschland [hatte] in letzter Schau sehr wenig mit Idealen zu tun. Er war kein Kreuzzug, sondern nur die Rivalität wirtschaftlicher Großkomplexe, um deren Sieg gekämpft wurde, ein so genanntes ›business‹, während die Schlagworte Demokratie, Rasse, Religionsfreiheit und Christentum als Köder für die Massen benutzt wurden. Alle diese Erfahrungen haben mich veranlasst, nach 1945 meine karitative Arbeit in erster Linie den früheren Angehörigen des NS und Faschismus, besonders den so genannten ›Kriegsverbrechern‹ zu weihen, die von Kommunisten und ›christlichen‹ Demokraten verfolgt wurden, oft mit Mitteln, deren Methoden sich nur wenig von manchen ihrer Gegner von gestern unterschieden haben; obwohl diese Angeklagten vielfach durchführende Organe der Befehle ihnen übergeordneter Stellen und so das Sühneopfer für große Fehlentwicklungen des Systems waren. Hier zu helfen, manchen zu retten, ohne opportunistische und berechnende Rücksichten, selbstlos und tapfer, war in diesen Zeiten die selbstverständliche Forderung eines wahren Christentums, das keinen Talmudhass, sondern nur Liebe, Güte und Verzeihung kennt und Schlussurteile über die Handlungen des eigentlichen Menschen nicht politischen Parteien, sondern einem ewigen Richter überlässt, der allein die Herzen, Beweggründe und letzten Absichten überprüfen kann. Über diese letzte geleistete Hilfe, die mir bald an der römischen Kurie den Titel eines ›nazistischen, faschistischen Bischofs‹ eintrug – ›troppo tedesco‹ [zu deutsch; Anm. SE] –, bin ich schließlich als untragbar für die Vatikanpolitik gefallen. Ich danke aber dem Herrgott, dass Er mir meine Augen geöffnet hat und auch die unverdiente Gabe geschenkt hat, viele Opfer der Nachkriegszeit in Kerkern und Konzentrationslagern besucht und getröstet und nicht wenige mit falschen Ausweispapieren ihren Peinigern durch die Flucht in glücklichere Länder entrissen zu haben.«[7]

Franz Stangl, der ehemalige Kommandant des Vernichtungslagers Treblinka, berichtete in einem Interview mit Gitta Sereny, wie Hudal ihm geholfen hatte: Es war Hudal, »der mir eine Wohngelegenheit in Rom besorgte, wo ich bleiben konnte, bis meine Papiere eintrafen. Er gab mir ein bisschen Geld – denn ich hatte praktisch keines mehr.« Nach einigen Wochen »bestellte [Hudal] mich zu sich und übergab mir meinen neuen Pass – einen IKRK-Pass. [...] Er besorgte mir auch ein syrisches Einreisevisum und eine Arbeitsstelle bei einer Textilmühle in Damaskus. Er gab mir eine Schifffahrtkarte und ich reiste nach Syrien.«[8]
Simon Wiesenthal ist überzeugt, dass Hudal vielen anderen prominenten Naziverbrechern ebenfalls beistand, darunter auch Adolf Eichmann, Alois Brunner und Gustav Wagner, Kommandant des Vernichtungslagers Sobibór.

Der Bischof konnte leicht IKRK-Pässe beschaffen und so die Naziflüchtlinge mit diesen begehrten Papieren versorgen. Laut Gertrude Dupuis, IKRK-Delegierte in Rom, »war es für [Hudal; Anm. SE] verhältnismäßig einfach, dies zu erreichen; Sie dürfen nicht vergessen, er war ein Bischof [...] wie konnten wir uns dem Wort eines Priesters verweigern?«[9]

Als die US-Amerikaner vom illegalen Gebrauch der IKRK-Pässe erfuhren, lancierten sie die »Operation Circle«, um dieser Angelegenheit auf den Grund zu gehen. Mit der Ermittlung wurde Vincent La Vista beauftragt, ein hoher Offizier im römischen Büro der Division of Foreign Activity Correlation. Der 1907 in Dobbs Ferry/New York geborene Agent war an verschiedenen Untersuchungen über faschistische Spionagezellen in den USA und Südamerika beteiligt. Er kam im Juli 1945 nach Italien, um Mussolinis Archiv zu bearbeiten, und war im Rahmen der »Operation Safehaven« tätig, die das Ziel hatte, versteckte Nazivermögen zu eruieren.

Sein Bericht über die »illegale Emigration nach und durch Italien«, datiert vom 15. Mai 1947, wurde als topsecret klassifiziert und war – wie schon in der Einleitung erwähnt – lange Zeit unter Verschluss. Er gilt seit seiner Freigabe als eines der ganz wenigen zugänglichen, umfassenden Dokumente zu diesen Vorgängen.

La Vista besuchte persönlich viele Personen und Stellen, prüfte zahlreiche Dokumente usw., seine Arbeit basierte jedoch auch vielfach auf Gerüchten, die er nicht immer belegen konnte.

La Vista wies auf die wichtige Rolle des Vatikans bei der illegalen Fluchthilfe hin, war jedoch sehr vorsichtig: Er vermied so weit als möglich, dessen direkte Verbindungen zu den Nazis zu erwähnen. Trotzdem gilt er in der Literatur als der wichtigste Entdecker der Rattenlinie, die über den Vatikan lief. Im Gegensatz zu seiner Zurückhaltung in puncto Vatikan entsteht beim Lesen des Berichts der Eindruck, dass La Vista die Juden-Nazi-Connection immer wieder überbetonte. Sein Hauptanliegen war jedoch, kommunistische Agenten, die italienische Fluchtwege benutzten, aufzuspüren, was ihm aber weniger gut gelang.

Er schrieb: »Der Vatikan ist sicher die größte einzelne Organisation, die an der illegalen Bewegung von Emigranten beteiligt ist. Die zweitgrößte ist die Gruppe von jüdischen Agenturen und Individuen. Die dritte kann nicht nur als ungarisch betrachtet werden, sondern als eine internationale Gruppe von Ungarn, Angehörigen anderer Nationalitäten, Staatenlosen und Flüchtlingen. Diese drei Gruppen sind bei weitem die größten, aber keineswegs die einzigen aktiven Gruppen [...] sie müssen zwangsläufig zu verschiedenen Zeitpunkten und unter bestimmten Bedingungen mit dem Internationalen Komitee des Roten Kreuzes zusammenarbeiten. In anderen Worten kann gesagt werden, dass praktisch alle illegalen Auswanderungsbewegungen [...] in irgendeiner Form über das IKRK abgewickelt werden oder sonst in Kontakt mit dieser Organisation kommen müssen, ob diese nun jeweils nun genauer Bescheid weiß oder auch nicht. Unglücklicherweise schickt das IKRK, sobald die Fälle hier abgeschlossen sind, die Akten nach Genf. Dadurch wird die Untersuchung auf dieser Schiene verunmöglicht. Es ist die Ansicht des Verfassers, dass die Sichtung der Akten in Genf hinsichtlich aller vom IKRK ausgegebenen Pässe, überraschende und unglaubliche Tatsachen aufdecken würden.«[10]

La Vistas Erklärung für die Motive des Vatikans klingt verharmlosend und beschönigend: »Die Begründung des Vatikans für seine Beteiligung an diesem illegalen Verkehr ist einfach die Verbreitung des Glaubens. Es ist der Wunsch des Vatikans, jedem Menschen ohne Rücksicht auf dessen Nationalität oder politische Bekenntnisse beizustehen, vorausgesetzt, dieser Mensch kann beweisen, dass er Katholik ist. [...] Der Vatikan begründet seine Beteiligung weiter mit dem Wunsch, nicht nur die europäischen Länder, sondern auch die südamerikanischen mit Menschen – egal welcher politischen Couleurs, Hauptsache sie sind antikommunistisch und für die katholische Kirche – zu infiltrieren. Da die Kommunisten dies wissen und die Operationsmethoden der katholischen Organisationen kennen [...], benutzen sie die gleichen Organisationen, um ihre eigenen Agenten in dieselben Länder zu entsenden. Es ist gut bekannt, aber schwer zu beweisen, dass nicht weniger als 10 Prozent aller illegalen Emigranten, die Italien durchqueren, russische Agenten sind.«[11]

Wie die katholische Kirche jeweils vorging, demonstrierte La Vista anhand von Pater Josef Gallov, der ein ungarisches Hilfswerk, finanziert durch den Vatikan, betrieb. Aus der Sicht des US-Amerikaners handelte der Pater aus Gutmütigkeit und Sentimentalität. La Vista schickte zwei ungarisch sprechende italienische Informanten zum Priester, die behaupteten, dass sie aus dem gleichen Dorf in Ungarn stammten und ihre Papiere verloren hätten. Sie konnten sich ihre Identität lediglich gegenseitig mündlich bestätigen. Dies reichte Gallov aus: Er stellte daraufhin eine Passempfehlung zuhanden des IKRK für eine Person aus. Mit diesem Papier ausgerüstet musste La Vistas Informant sich gar nicht groß bemühen, dass ihm das Rote Kreuz den Pass ausstellte.

Eine Woche später wiederholten die zwei ihr Vorgehen. Sie wandten sich nochmals an Pater Gallov und erzählten ihm praktisch die gleiche Geschichte. Diesmal konnte sich aber einer von ihnen ausweisen. Er beglaubigte, dass sein Freund katholisch sei. Ohne zu zögern händigte Gallov dem zweiten Mann die notwendige Passempfehlung aus, worauf auch dieser problemlos das IKRK-Reisedokument erhielt. Diese Pässe waren nicht nur einfach zu beschaffen, sie konnten auch leicht gefälscht werden. Den Besitzern dieser IKRK-Papiere wurde eine temporäre italienische Aufenthaltsbewilligung verliehen; zudem wurden sie mit einer Rationierungskarte versehen.

La Vista wollte dem katholischen Priester keine bösen Absichten unterstellen. Doch sicherlich kannte La Vista die Untersuchungen des CIC-Agenten Paul Lyon, welcher später eine wichtige Rolle in der Vatikan-

Rattenlinie spielte. In einem Bericht vom Dezember 1946 beschrieb Lyon, wie der Vatikan die Beschaffung von IKRK-Pässen auf illegalen Wegen unterstützte. Lyon erwähnte explizit Pater Gallov als eine der zentralen Figuren dieser Machenschaften in seiner Funktion als temporärer Leiter des vatikanischen Hilfskomitees, Sektion Ausländer, »Assistenza Pontifica Comitato Sezione Stranieri«. Lyon brachte klar zum Ausdruck, dass »bekannte oder gesuchte Kriegsverbrecher« von dieser Möglichkeit Gebrauch machen konnten.

»Es ist allen Personen, die sich einen IKRK-Ausweis wünschen, [möglich], einen solchen mit Hilfe von Personen, welche unter dem Schutz des Vatikans operieren, zu erlangen. Diese Dokumente können ohne jegliche Identifizierung des Antragstellers oder jegliche Untersuchung seitens des IKRK beschafft werden. Diese Dokumente können unter einem falschen Namen oder mit einer falschen Nationalität beschafft werden. […] es wurde berichtet, dass bekannte oder gesuchte Kriegsverbrecher illegal in Italien einreisten, dort diese Dokumente unter falschen Namen beantragten und auch erhielten und so bis heute erfolgreich ihrer Verhaftung entgehen konnten.

Es herrscht auch die Meinung, dass europäische Mächte, die Spionage-Agenten in fernliegende Länder schicken wollen, diese Wege mit Erfolg benutzen können.«[12]

Gemeint sind damit offensichtlich kommunistische Agenten, welche nach Südamerika fahren sollten.

La Vista erstellte zwar eine Liste von Fluchthelfern, die katholische Pfarrer waren, versäumte es jedoch, deren Leistungen zugunsten von Nazis zu erwähnen. Eine Ausnahme bildet der Fall eines Dr. Willy Nix, der in Rom eine Organisation mit dem Namen »Freies-Deutschland-Komitee« leitete. Dieser Dr. Nix besorgte deutschen Kriegsverbrechern falsche Ausweise; er stützte sich dabei auf die Hilfe eines Paters Bayer. Dieser war vom Vatikan beauftragt, sich mit deutschen Flüchtlingen zu beschäftigen, und für seine guten Beziehungen zur deutschen Botschaft im Vatikan bekannt. La Vista behauptete – allerdings ohne hierfür genügend Beweise vorzulegen –, dass diese Rattenlinie eigentlich im Dienst der jugoslawischen Kommunisten gestanden hätte.[13]

Die andere von La Vista untersuchte Gruppe der Fluchthelfer war diejenige der jüdischen Organisationen. Als Erstes beschrieb der US-Agent die Aktivitäten des »American Joint Distribution Committee«, kurz »Joint« genannt, welches jüdischen Flüchtlingen eine neue Existenz in den USA verschaffen sollte.

Auch bei diesem Hilfswerk prüfte er, wie schwer es war, ohne Papiere die Unterstützung zu bekommen. Auch diese Organisation bemühte sich nicht sonderlich, die Identität der Hilfesuchenden festzustellen, sodass auch Nichtjuden ohne weiteres die »Joint«-Leistungen beanspruchen konnten. La Vista war der Ansicht, dass die einzigen Bedingungen, welche die Flüchtlinge erfüllen mussten, die Beherrschung von Jiddisch und der jeweiligen Landessprache war. Es war La Vista offensichtlich nicht bewusst, dass die Auflage, des Jiddischen mächtig zu sein, nicht einfach zu erfüllen war, denn sogar sehr viele Juden konnten diese Sprache nicht.

Laut La Vista war das »Joint« zu dieser Zeit nicht an der illegalen Auswanderung via Italien beteiligt. Diese war vielmehr ein Aktionsfeld des zionistischen Untergrunds, welcher das Lob des US-Amerikaners erntete: »Der jüdische [gemeint ist der zionistische; Anm. SE] Untergrund [...] ist einer der effektivsten Geheimorganisationen, mit denen der Verfasser in Kontakt gekommen ist.«[14]

Begleitet von zwei Informanten versuchte der US-Amerikaner, die Dienstleistungen dieser Organisation zu beanspruchen. Sie behaupteten, dass sie Juden wären, Ausweise besäßen und die Schifffahrt nach Palästina zu zahlen bereit wären. Unter solchen Voraussetzungen konnte die Reise in einigen Stunden vereinbart werden, ohne dass ihre Angaben überprüft wurden.

Da der jüdische Fluchtweg aus Österreich und Deutschland zum Teil über Jugoslawien führte, konnten sich viele nichtjüdische Jugoslawen einschmuggeln, was La Vista beunruhigte, denn er befürchtete eine kommunistische Unterwanderung dieser Linie. Das Gleiche galt auch für Ungarn. Hier stellte La Vista fest, dass das »Joint« und die jüdisch-italienische Organisation »Delasem« sehr aktiv waren. Er schöpfte den Verdacht, dass es sich hierbei um eine sowjetische Fluchtlinie handeln könnte.

Es ist interessant, festzustellen, dass Nazis tatsächlich den jüdischen

Fluchtweg aus Ungarn benutzen konnten. Die israelische Journalistin Carmit Gai beschreibt, wie der »Ha'bricha«-Agent Eliëser Sadeh eines Tages vom ungarischen Innenminister Laszlo Rajk vorgeladen wurde: »›Sind Sie hier für die illegale jüdische Auswanderung verantwortlich?‹, fragte Rajk.
›Ja.‹
›Ich werde es Ihnen zeigen‹, brüllte er ihn an, ›diese Sache bringt Korruption in meinen Apparat. Sie verteilen Schmiergelder und Sie bieten den Nazis eine Möglichkeit, zu flüchten.‹
Damit hatte Rajk Recht. Unter die fünfzigtausend jüdischen Menschen, welche Ungarn mit der Hilfe der ›Ha'bricha‹ verließen, mischten sich einige Dutzend Naziverbrecher.«[15]
La Vista registrierte einen regen jüdischen Handel mit gefälschten Ausweisen, denn alle diejenigen, welche illegal eingereist waren, benötigten dringend Papiere, um in Italien bleiben zu können. Die zentrale Stelle für die Verteilung dieser Dokumente baute »Delasem« in Mailand auf.
»Es wurde festgestellt, dass zu diesem Zeitpunkt wichtige Mitglieder des jüdischen Untergrunds langsam in den Handel mit Ausweisen (d. h. Kaufen und Verkaufen) – egal mit wem auch immer – verwickelt werden. In Mailand verkaufte ein jüdischer ›Freund‹ falsche jüdische Papiere an KOTA, Magda. In Rom, erhielten der Ustascha-Oberst* MODIC (MODICIN), seine Frau, ihr Sohn und die Tochter die Unterstützung des ADJC [»Joint«; Anm. SE] an der Via San Basilio Nr. 9 und flüchteten nach Südamerika.«[16]
Anhand dieser knappen Beschreibung ist es schwierig, festzustellen, ob es sich um eine bewusste und gezielte Aktion seitens des »Joint« handelte oder um eine reine Fahrlässigkeit, die angesichts der Flüchtlingsströme allzu verständlich ist. Modic hätte den Jiddisch-Test garantiert nicht bestanden – La Vista war jedenfalls der Meinung, dass es kein Zufall war.

* Ustascha: 1929 gegründete kroatisch-nationalistische Organisation, die unter Ante Pavelić von 1941 bis 1945 in Kroatien Nichtkatholiken – Juden, Muslime und Serben – grausam verfolgte.

Eine weitere Zentrale für den Handel mit Ausweisen wurde in Rom im »Ristorante Raimondo« an der Via XXIV Maggio 7a., welches vom »Joint« geführt wurde, eingerichtet. Hier wurden Dokumente für die Weiterreise verkauft.

La Vista hegte den Verdacht, dass zwischen der illegalen jüdischen Bewegung in Italien und den russischen und jugoslawischen Geheimdiensten eine Verbindung bestand. »Es existiert eine beinahe perfekte Harmonie in der Propaganda und während den Operationen in den süditalienischen Lagern, wo der Waffenschmuggel aus Jugoslawien und der jüdische Untergrund offensichtlich die gleichen Routen benutzten.«[17]

Auch Flüchtlinge anderer Nationalitäten nutzten Italien als Durchgangsstation. La Vista erwähnte Nazis und Faschisten, die von dort aus über Barcelona nach Südamerika auswanderten. In diesem Zusammenhang wies er ausnahmsweise explizit auf die politische Hilfe des Vatikans hin: »Weitere Untersuchungen zeigen, dass in diesen lateinamerikanischen Ländern, wo die Kirche ein kontrollierender oder herrschender Faktor ist, der Vatikan Druck ausübte, welcher bewirkte, dass die Auslandsvertretungen dieser Ländern eine fast befürwortende Einstellung bezüglich der Einreise von Alt-Nazis, ehemaligen Faschisten oder anderen politischen Gruppierungen, soweit sie antikommunistisch sind, haben.«[18]

Ein zuverlässiger Informant aus dem IKRK erzählte La Vista, dass viele der Mitarbeiter eindeutig prodeutsch wären und praktisch als deutsche Agenten zu bezeichnen seien. Weitere Untersuchungen beim IKRK bewiesen, dass auch bei dieser Organisation keine strenge Kontrolle der Gesuche vorhanden sei und dass man beim IKRK den Empfehlungen des Vatikans zu viel Glaubwürdigkeit schenke.

Es hat sich erwiesen, behauptet La Vista, dass bestimmte Hilfswerke Zugang zu IKRK-Akten hatten und so die Namen von Vermissten oder Toten herausfinden konnten, um diese für Personen, die ihre Identität vertauschen wollten, zu verwenden. Laut seinen Informationen wurde das IKRK sehr locker geführt und bot Agenten entsprechend paradiesische Zustände. Das Resultat, notierte La Vista: Hunderte von Fällen, in denen die Personen nicht richtig identifiziert wurden.

La Vistas Schlussfolgerung: »Es ist offensichtlich, dass eine deutsche

Organisation für die illegale Emigration von Deutschen nach Südamerika existiert. Diese Organisation ermutigt Geflohene, gesuchte Personen etc., sich zu verstecken oder nach Italien zu kommen [...] und verursacht damit eine unerwünschte Situation in Italien. Es ist sehr klar, dass das IKRK von diesen Deutschen, welche sich hinter IKRK-Pässen verstecken, überschwemmt ist.«[19]

La Vista war hauptsächlich wegen kommunistischer Agenten besorgt, welche diese Nachlässigkeit in Italien ausnutzen könnten. Unter Betonung dieser Gefahr empfahl er, weitere Information zu sammeln und Maßnahmen für die Einstellung des Transitverkehrs von »gefährlichen Flüchtlingen« zu ergreifen.

La Vistas Bericht sorgte in Washington für große Aufregung. Es wurde sofort eine streng geheime Sitzung im State Department einberufen, dort kam es zu keinen konkreten Beschlüssen. Es wurden auch – soweit man das beurteilen kann – keine weiteren Untersuchungen veranlasst. Der Botschafter in Bern wurde lediglich instruiert, mit dem IKRK in Genf die Praktiken seiner römischen Büros beim Ausstellen von Pässen zu diskutieren. Die US-Konsulate sollten über die Missbräuche informiert werden. Die jüdischen Organisationen wurden dann indirekt und informell kontaktiert und ermahnt.[20] Auch der US-Vertreter im Vatikan, Graham Parsons, führte ein informelles Gespräch mit Monsignore Walter Carroll, Mitarbeiter im Staatssekretariat des Vatikans. Wie die US-amerikanischen Protokolle beweisen, wurden die zahlreichen Priester, welche im La-Vista-Report namentlich aufgeführt wurden, während dieses Treffens überhaupt nicht erwähnt.[21]

Was im La-Vista-Bericht gänzlich fehlt, ist ein Hinweis auf die eigene US-amerikanische Tätigkeit im Bereich der illegalen Auswanderung, obwohl es die natürlich auch gab. Schon 1945 begründete Oberstleutnant James Milano von der 430. CIC-Einheit in Österreich einen Fluchtweg. Milano, der den Krieg als Agent in Italien verbracht hatte, wollte Agenten retten, die für die westlichen Alliierten gearbeitet hatten und jetzt plötzlich auf sowjetischem Herrschaftsgebiet standen.

Am Anfang gestaltete sich diese Operation sehr einfach. Der CIC besorgte lediglich gefälschte Pässe, welche entweder selbst produziert oder auf dem Schwarzmarkt gekauft wurden. Gefälscht wurde in den

CIC-Büros in Salzburg. Milano erinnert sich: »Es war nicht schwierig, Fälscher zu finden. Wir haben immer gute Fälscher unter den Einheimischen gefunden. Franzosen, Österreicher, Deutsche – alle waren gut.«[22]

Die Nazis gelangten leicht in den Genuss dieser Dienste; es ist jedoch schwierig, nachzuweisen, dass dies den US-Amerikanern in dieser Phase bewusst war.

Nachdem die Russen verschärft kontrollierten, musste Ende 1946 eine richtige Rattenlinie aufgebaut werden. Diese war die Schöpfung Milanos und seines oben erwähnten Mitarbeiters Paul Lyon. Sie kamen auf die Idee, ihre Flüchtlinge nach Südamerika zu schicken, weil dort dringend Handwerker gesucht wurden. Wenn z. B. in Argentinien Schlosser gefragt waren, gab der CIC den Flüchtlingen einen Schnellkurs in diesem Beruf und Spanischunterricht.

Milano behauptete, dass sie sehr sorgfältig waren und kontrollierten, dass sich kein Nazi unter ihre Flüchtlinge mischen könne. Diese Aussage ist nicht allzu ernst zu nehmen, denn spätestens 1947 begannen sie mit einem kroatischen Pater, der klar Nazisympathien hegte, zusammenzuarbeiten.

Dieser hieß Krunoslav Draganovic, für den CIC war er schlicht »The Good Father«. Draganovic gehörte der katholischen Laiengruppe »Intermarium« an, in deren Führungsgremium Personen waren, die viele Fluchtaktionen der Nazis koordinierten. Draganovic, der die Fluchtwege der Ustaschen betreute, war der oberste Vertreter Kroatiens in diesem Leitungsausschuss. Der Erzbischof Iwan Butschko, welcher sich beim Papst erfolgreich für die ukrainische Waffen-SS einsetzte, war der höchste Ukrainer in der »Intermarium«. Sekretär der Zentrale war Gustav Celmins, ehemaliger Führer der nazistischen lettischen Perkonkruata.

»Intermarium« ging aus einer Vereinigung von militanten Antikommunisten in Osteuropa hervor, welche Mitte der 30er-Jahre gegründet worden war. Das Ziel war, eine gemeinsame Front der Völker von »der Ostsee bis zur Ägäis« gegen die UdSSR zu bilden, um eine katholische Föderation zu gründen. Obwohl die »Intermarium« als solche nicht nationalsozialistisch oder faschistisch war, zeigte sie große Sympathien für Nazideutschland und hatte eine klare antijüdische Linie. Vor dem Krieg wurden ihre Mitglieder als Agenten für die deutsche Abwehr eingesetzt, während des Krieges wurde »Intermarium« »zu einem Instrument des deutschen Geheimdienstes«.[23] Nach dem Krieg wollte die »Intermarium« eine Exilarmee bilden, um den Kampf gegen die Sowjetunion zu führen.

In seinem Memorandum vom Dezember 1946 erwähnte Paul Lyon, »Intermarium« sei aktiv an der illegalen Auswanderung beteiligt. Der CIC-Agent William Gowen berichtete im Juni 1947, dass ein ungarischer Faschist, der für ihn als Informant gearbeitet hatte, mit Hilfe der »Intermarium« in Italien aus der Haft entflohen sei.

Diese Informationen hinderten den CIC nicht, 1947 Arbeitsbeziehungen zur »Intermarium« zu knüpfen, und Draganovic wurde zur wichtigsten Drehscheibe der Vatikan-Rattenlinie. Zwei US-Berichte über diese Aktion sind sehr lehrreich, beide wurden von Paul Lyon, 1948 bzw. 1950, geschrieben und 1983 von Allan A. Ryan im Rahmen seiner Untersuchung zum Fall Klaus Barbie entdeckt.

Der erste Bericht vom 15. Juli 1948 lautet:

»Thema: Die Rattenlinie von Österreich nach Südamerika

ZUSAMMENFASSUNG DER INFORMATION

1. Nach Instruktionen vom Büro des Geheimdienst-Direktors USFA versuchten diese Agenten sichere Wege zur Wiederansiedelung von Angehörigen von Besuchern und VIPs und etablieren.
2. Dank der Vatikan-Beziehungen Pater Draganovic', Kroat, Leiter der vatikanischen Wiederansiedlungs-Projekte für Flüchtlinge, wurde ein probeweises Abkommen abgeschlossen, um diese Operation zu unterstützen. Das Abkommen besteht aus einfacher gegenseitiger Hilfe, d. h., diese [CIC-]Agenten helfen Personen, die für Pater Draganovic von Interesse sind, Deutschland zu verlassen; dafür wird Pater Draganovic diesen Agenten die notwendigen argentinischen und südamerikanischen Visa für Personen beschaffen, die für dieses [CIC-]Kommando von Interesse sind.
3. Es kann festgehalten werden, dass einige dieser Personen, die Pater

Draganovic interessieren, für die Denazifizierungspolitik der Alliierten von Interesse sein können*; Diese Personen sind aber auch für unseren russischen Alliierten von Interesse. Deshalb kann diese Operation nicht offiziell bewilligt werden, muss ohne Verzug und mit minimaler Publizität durchgeführt werden.

4. Am 3. Juli 1948 kontaktierten diese [CIC-]Agenten – wie vereinbart – den österreichischen Vertreter des Pater Draganovic in Salzburg [...].«[24]

Im zweiten an Milano gesandten Bericht schreibt Lyon am 10. April 1950:

»GESCHICHTE DER ITALIENISCHEN RATTENLINIE

1. Entstehung:

a. Während des Sommers 1947 erhielt der Unterzeichnete von G-2, USFA, über den CIC-Chef den Auftrag, ein Verfahren für Besucher zu entwickeln, die sich im Gewahrsam des 430th CIC befanden, deren Behandlung in Übereinstimmung mit den gültigen Direktiven und Erfordernissen vollständig abgeschlossen war und deren weiterer Aufenthalt in Österreich ein Sicherheitsrisiko darstellte, sowie eine Quelle möglichen Ärgers für den Kommandierenden General der US-Truppen in Österreich, da den Sowjetischen Truppen deren Anwesenheit in der amerikanischen Zone von Österreich bekannt geworden war und sie in manchen Fällen deren Rückkehr in sowjetischen Gewahrsam verlangten.

b. Der Unterzeichnete begab sich deshalb nach Rom, wo er sich durch Vermittlung eines gemeinsamen Bekannten mit einem früheren slowakischen Diplomaten beriet, der wiederum in der Lage war, die Dienste eines kroatischen römisch-katholischen Priesters zu rekrutieren, Pater Draganovic. Pater Draganovic hatte zu dieser Zeit mehrere geheime Fluchtkanäle eingerichtet, zu verschiedenen südamerikanischen Ländern für verschiedene Typen europäischer Flüchtlinge.

---

* Im Klartext heißt das: Diese Personen können Kriegsverbrecher sein.

2. Geschichte der Operationen

a. 1947 und 1948 war es notwendig, die Besucher physisch von Österreich nach Rom zu begleiten, aus Sicherheitsgründen und um jede Komplikation für die US-Regierung zu vermeiden, die durch fehlerhafte Reisepapiere oder unvorhergesehene Grenz- und Polizeikontrollen hätte entstehen können. […]

c. Nach der Ankunft in Rom wurden die Besucher von Draganovic übernommen, der sie in sicheren Häusern unterbrachte, die unter seiner persönlichen Aufsicht standen. Während dieser Zeit arbeitete der Unterzeichnete aktiv mit Pater Draganovic zusammen – mit der Hilfe eines US-Bürgers, eines hohen Mitarbeiters des IRO [Internationale Flüchtlings-Organisation; Anm. SE] in Rom –, um weitere Papiere zu beschaffen und IRO-Hilfe für den weiteren Transport. Das wurde natürlich illegal getan, insofern solche Personen nicht unter die Bestimmungen der Genfer Charta der IRO gefallen sind. Aber nach einigen Monaten verlor der Amerikaner plötzlich – wegen seines übermäßigen Alkoholkonsums – das mentale Gleichgewicht und erzählte seinen Vorgesetzten und anderen offiziellen Stellen in Rom einige Details des Arrangements. Dies zwang den Unterzeichneten zu gewissen Umstellungen und zum Abbruch der Beziehungen mit dem IRO-Büro. So wurde auch Pater Draganovic gezwungen, sich andere Quellen im Nationalen Katholischen Hilfswerk zu erschließen. Er organisierte bei der Polizei Aufenthaltsgenehmigungen für diese Personen sowie Reisegenehmigungen von Rom nach Genua oder Neapel […] und Bewilligungen des italienischen Außenministeriums für diverse Visa. Kurz, es kann festgestellt werden, dass Draganovic alle Etappen der Operation behandelte, nachdem die Flüchtlinge Rom erreichten. […]

g. Obwohl es von Vorteil sein kann, eine absolute ›Kontrolle‹ über Pater Draganovic und seine Fluchtwege auszuüben, ist kategorisch festzuhalten, dass dies unmöglich und nach Ansicht des Unterzeichneten auch nicht unbedingt erwünscht ist. Draganovic ist bekannt und als Faschist, Kriegsverbrecher usw. registriert. Seine Kontakte mit südamerikanischen Diplomaten seines Schlages werden von Beamten des US-Außenministeriums nicht toleriert. Hinzu kommt die

> Tatsache, dass es aus Sicherheitsgründen besser ist, dass wir notfalls sagen können, dass die Übergabe von Flüchtlingen an ein Hilfswerk unserer demokratischen Denkweise entspreche und dass wir nicht an der illegalen Verschiebung von Kriegsverbrechern, Deserteuren usw. beteiligt sind.«[25]

1951 wurde Klaus Barbie von George Neagoy, Paul Lyons Nachfolger, nach Genua begleitet, wo er mit der Hilfe Draganovics nach Bolivien verschifft wurde. Draganovic wurde vom US-amerikanischen Geheimdienst mindestens noch bis 1960 weiter beschäftigt.
Insgesamt flüchteten etwa 30 000 Nazis über Italien nach Südamerika. Welche Rolle die »Bernhard«-Pfundnoten dabei genau gespielt haben, konnte nicht eruiert werden. Es gab – wie schon erwähnt – einen Hinweis, dass eine gewisse Finanzierung durch Ferry Manser von der »Gruppe Wendig« geleistet wurde. Die Forscher John Loftus und Marc Aarons behaupten auch, dass Bischof Hudal von Walter Rauff, dem SS-Chef Mailands (und Verantwortlichen für das Projekt der Judenvergasung in Schweizer Saurer-Lastwagen) »Bernhard«-Gelder erhielt.[26] Mehr weiß man aufgrund der vielen noch immer gesperrten Akten aber wie gesagt nicht. Es muss bis auf weiteres beim Aufzählen der Hinweise bleiben, die auf eine Verbindung von »Bernhard«-Blüten, Judenfreikäufen und Nazifluchtwegen deuten.
Und wenn diese Blüten, die verschiedenen Agenten, die Kollaborateure und die geflüchteten Nazis nicht gestorben sind, dann leben sie noch heute …

Anhang

Anmerkungen

Einleitung

[1] Vincent La Vista: Illegal emigration movements in and through Italy, 15. 5. 1947, U.S. National Archives, Record Group 59, FW800.0128//5-1547, Appendix C, S. 4.

[2] Major i. Gst. Max Waibel: Die geheimen Verhandlungen über die Kapitulation der deutschen Wehrmacht in Italien (21. Februar – 2. Mai 1945), Frühjahr 1946, Bundesarchiv E27/9540 Bd. Nr. 5.

Kapitel 1

[1] Julius Mader: Der Banditenschatz. Deutscher Militärverlag, Berlin 1966, S. 57.

[2] Walter Hagen (eines der Pseudonyme Wilhelm Höttls): Unternehmen Bernhard. Verlag Welsermühl und Starnberg, 1955, S. 70.

[3] Ebenda, S. 81.

[4] Eberhard Frowein: Die Wunderwaffe Falschgeld. In freier Bearbeitung den Tatsachen nacherzählt. Neptun Verlag, Kreuzlingen 1954, S. 53 ff.

[5] Diese Akten wurden mir freundlicherweise von Georg Biemann, Mitautor des Buches »Blutige Spuren«, zur Verfügung gestellt.

[6] Vgl. auch den Bericht des ehemaligen KZ-Häftlings Adolf Burger: Unternehmen Bernhard. Zum Fälschen gezwungen. Edition Heinrich, Berlin 1992.

[7] Mader: Banditenschatz, S. 68.

[8] Ebenda, S. 69.

[9] Aus dem Urteil des Landesgerichts München in der Strafsache gegen Schwend Friedrich-Paul, 8. 6. 1979. Für diese Angaben bedanke ich mich bei Jürgen Pomorin.

[10] Hagen: Unternehmen Bernhard, S. 102.

[11] Ebenda, S. 112.
[12] Ebenda, S. 112 f.
[13] Ebenda, S. 117.

Kapitel 2

[1] SBAr, E4320 (B) 1990/133 Bd. 8, Aktenzeichen C.12 3095.
[2] SNB-Archiv, Protokoll SNB-Direktorium, 21./22. 12. 1942, No. 934.
[3] Verhörprotokoll Klaus Hügel 28. 1.–5. 2. 1946, Schweiz. Bundesanwaltschaftsakten, SBAr E4320(B) 1971/78 Bd. 93, Aktenzeichen C.2.5865. Hügel will Schwend erst 1944 persönlich getroffen haben; sein Wissen über »Unternehmen Bernhard« ist sehr oberflächlich und unpräzis. Über Schwend weiß Hügel zu berichten, dass er früher für die Devisenfahndungsstelle München und die Abwehrstelle VII München (den militärischen Geheimdienst) tätig war, bis er wegen eines Vergehens, das bis heute nicht eruiert werden konnte, von der Gestapo verhaftet wurde.
[4] Abhörungsprotokoll Alois Vogt 21. 8. 1947, Schweiz. Bundesanwaltschaftsakten, SBAr E4320(B) 1990/133 Bd. 52, Aktenzeichen C.12.4170.

Kapitel 3

[1] Hagen: Unternehmen Bernhard, S. 141.
[2] Ebenda, S. 155.
[3] Zit. nach »Neue Zürcher Zeitung«, 19. 3. 1999.

Kapitel 4

[1] Wilhelm Höttl: Einsatz für das Reich. Im Auslandgeheimdienst des Dritten Reiches. Verlag S. Bublies, Koblenz 1997, S. 328.
[2] Raul Hilberg: Täter, Opfer, Zuschauer. Die Vernichtung der Juden 1933– 1945. S. Fischer Verlag, Frankfurt/Main 1992.
[3] Siehe z. B.: S. B. Beit-Zwi: Post-Ugandan Zionism in the Crisis of the Holo-caust. Tel Aviv 1991; Lenni Brenner: Zionism in the Age of the Dictators. A Reappraisal. Croom Helm, London 1983; Ben Hecht: Perfidy. Julian Messner, New York 1961; Rabbi Moshe Shonfield: The Holocaust Victims Accuse. Neturei Karta of USA, New York 1977.
[4] Hannah Arendt: Eichmann in Jerusalem. Ein Bericht von der Banalität des Bösen. Piper Verlag, München 1965.
[5] Rede vom Dezember 1938. – In: John Bunzl: Der lange Arm der Erinnerung. Böhlau Verlag, Wien 1987, S. 65 f.
[6] Arendt: Eichmann in Jerusalem, S. 70.
[7] Georg Spitz, Abhörungsprotokoll Luzern 15. 9. 1937, SBA, BAr E4320 (B) 1990/266 Bd. 75 Aktenzeichen C.16.200.

[8] Eine Zuschrift aus Wien unterzeichnet mit den Namen Emil Alten und Eugen Tänzer, 28. 2. 1934, Georg-Spitz-SBA-Dossier, SBAr, E4320 (B) 1990/266 Bd. 75, Aktenzeichen C.16.200.
[9] Mitteilung des Polizeikommandos Zürich, 17. 9. 1937, ebenda.
[10] Georg Biemann et al.: Blutige Spuren. Der zweite Aufstieg der SS. Weltkreis Verlag, Dortmund 1980, S. 44.

Kapitel 5
[1] Höttl: Einsatz für das Reich, S. 331.
[2] Joel Brand: Analyse zur Becher-Angelegenheit, undatiert, Privatarchiv Kurt Emmenegger, S. 7. Dieses Privatarchiv des Journalisten Kurt Emmenegger wurde in einem Dachgeschoss in Zürich gefunden und dem Autor übergeben. Entsprechend gibt es hier keine Signaturen.
[3] Brief von Harry M. (Hotel Victoria, London) an die Fremdenpolizei Bern, 19. 4. 1940, Bundesanwaltschaftsakten, SBAr E4320(B) 1990/206 Bd. 190, Aktenzeichen C.16.1925.
[4] Interview Nana Nusinow mit Jacques van Harten, The Institute of Contemporary Jewry, Oral History Dept., The Hebrew University, Jerusalem, 23. 9. 1967. Haganah Archiv, Tel Aviv, Signatur: 93.23, S. 1.
[5] Undatierte Aktennotiz von Pozner, gefunden in dessen Nachlass, CZA, L17/174.
[6] Habib Kna'an: Die ungarische Krone. – In: »Ha'aretz«, 31. 5. 1974 (hebr.).
[7] Siehe die Recherche des Autors zu diesem Thema in »Cash«, 15. 8. 1997 und 19. 9. 1997 sowie Yehuda Bauer: American Jewry and the Holocaust. The American Jewish Joint Distribution Committee, 1939–1945. Wayne State University Press, Detroit 1981, S. 94 ff. und 329.
[8] Brief Schwalb an Mayer, 15. 5. 1945, CZA L17/174.
[9] »Ha'aretz«, 31. 5. 1974.
[10] IKRK-Archiv, G61, Dossier von falschen Delegierten.
[11] Ein undatiertes und unsigniertes Exposé. Verfasst wahrscheinlich von Joel Brand; Privatarchiv Kurt Emmenegger.
[12] Kurt Emmenegger: Der Fall Deutsch. Tatsachen zu einem Justizskandal. 1789 Editions, Zürich 1970. S. 163 f.
[13] Dieser Vergleich stammt aus einem Gespräch, das der Autor mit ihr 1997 in Tel Aviv geführt hatte.
[14] Aussage Menick bei Oberrichter Dr. Kehrli, 4. 7. 1945. BAr E2001(D) 7 Bd. 17, S. 245.
[15] »Ha'aretz«, 31. 5. 1974.

Kapitel 6
[1] Kurt Emmenegger: Reichsführer gehorsamster Becher. – In: »Sie & Er«, Nr. 3/1963, Teil 4, S. 12.

[2] Emmenegger: Der Fall Deutsch, S. 160.
[3] Ebenda, S. 159.
[4] Ebenda, S. 179.
[5] Thomas Keneally: Schindlers Liste. Goldmann Verlag, München 1994, S. 249 bzw. 317. Keneallys Roman beruht auf zahlreichen Interviews mit Zeitzeugen.
[6] Brief Weissmandel ohne Adressat, 22. 5. 1944, Schwalb-Archiv. Das Schwalb-Archiv ist im Archiv des Gewerkschaftsbundes im Lavon-Institut in Tel Aviv. Der Autor durfte 1997 das unbearbeitete Material erstmals sichten, Signaturen gab es damals aber noch nicht.
[7] Brief Kastner an Schwalb, 12. 4. 1944, Schwalb-Archiv.
[8] 8. 8. 1944, Schwalb-Archiv.
[9] 8. 8. 1944, BAr E4320(B) 1990/266 Bd. 91, Aktenzeichen C.16.413/Be/1.
[10] Memo Andreas Biss an Saly Mayer, 30. 8. 1944, Privatarchiv Kurt Emmenegger.
[11] 6. 11. 1944, BAr E4320(B) 1990/266 Bd. 91 Aktenzeichen C.16.413/Be/1.
[12] Report by Roswell McClelland, representative of the War Refugee Board in Switzerland, on the activities of the board in Switzerland from March 1944 to July 1945. August 2, 1945, Franklin D. Roosevelt Library, Records of the War Refugee Board, Box 43, Folder: Evacuation to Switzerland. p. 19. – Zit. in: John Mendelsohn (Hrsg.): The Holocaust (16.) Rescue to Switzerland. The Musy and Saly Mayer Affairs. Garland Publishing, New York-London 1982, S. 46.
[13] Saly Mayer selbst überwies inoffiziell im Rahmen dieses Handels mehr als eine Million Franken.
[14] Brief Alois Steger an Kurt Becher, 24. 2. 1950, Privatarchiv Kurt Emmenegger.
[15] Yehuda Bauer: Freikauf von Juden? Verhandlungen zwischen dem nationalsozialistischen Deutschland und jüdischen Repräsentanten von 1933 bis 1945. Jüdischer Verlag, Frankfurt/Main 1996.
[16] Bericht vom 30. 10. 1942, Akten J. C. Meyer, BAr E5330 1982/1 600 Bd. 3.
[17] Ebenda, Bericht vom 31. 12. 1942.
[18] Brief Dr. Fritz Thönen an einen Professor, 17. 11. 1956. Die Abschrift dieses Briefes wurde mir von Thönens Tochter Martha zur Verfügung gestellt.
[19] Riems an den stv. US-Außenminister Edward R. Stettinius, jr., 8. 10. 1943. – In: David S. Wyman: Das unerwünschte Volk. Amerika und die Vernichtung der europäischen Juden. Max Hüber, Ismaning bei München 1986, S. 146 f.
[20] Wyman, Das unerwünschte Volk, S. 296.
[21] Charles Higham: Trading with The Enemy. An Exposé of The Nazi-American Money Plot 1933–1949. Delacorte Press, New York 1983.
[22] »Besaßen die Briten Ende 1940 immerhin noch Vermögenswerte in Höhe von etwa 3 Milliarden Dollar in den USA, so war der größte Teil davon ein Jahr später verkauft bzw. gegen einen zusätzlichen, nach der Verabschiedung von Lend-Lease zur Erfüllung vorheriger Verpflichtungen bewilligten Kredit der Reconstruction-Finance-Corporation über 425 Millionen Dollar verpfändet. Insgesamt vermehrten die Amerikaner auf privater und auf Regierungsseite im Lauf des Krieges ihre welt-

weiten langfristigen Auslandsinvestitionen um 3,7 Milliarden Dollar.« Zit. in: Konrad W. Watrin: Machtwechsel im Nahen Osten. Großbritanniens Niedergang und der Aufstieg der Vereinigten Staaten 1941–1947. Campus Verlag, Frankfurt/Main 1989, S. 39 f.

[23] Shalom Rosenfeld: Kriminalakte 124, der Prozess Grünwald-Kastner. Karni Verlag, Tel Aviv 1955, S. 319 f (hebr.).

[24] Aus der Schlussrede des Rechtsanwalts Shmuel Tamir. – zit. in: Rosenfeld: Kriminalakte 124, S. 324.

[25] Shabtai Teveth: »Das schwarze Loch«. Ben Gurion zwischen Shoa und Wiederaufbau. – In: »Alpaim«, Nr. 10, 1994 (hebr.).

[26] Brief Kastner an Eliëser Kaplan, Finanzminister, 26. 7. 1948, Yad-Vashem-Archiv, Handakten Pozner, P-12/63, Hervorhebung durch den Autor.

[27] Shoshana Eshoni-Beri: Die Kastner-Affäre. Zur Frage der Aussage zugunsten von Naziverbrechern. Versuch einer anderen Erklärung. – In: »Yalkut Moreshet«, Nr. 59, April 1995, S. 90 (hebr.).

[28] Siehe Shraga Elam in Sebastian Speich et al.: Die Schweiz am Pranger. Banken, Bosse und die Nazis. Wirtschaftsverlag Ueberreuter, Wien 1997, S. 115.

[29] Zit. in Rosenfeld: Kriminalakte 124, S. 16 f.

[30] Ebenda, S. 448.

[31] Gespräch des Autors mit Uri Averny, November 1997.

[32] Siehe Brief Hilfsverein für jüdische Auswanderung an die Sekretärin von Herrn Mayer 16. 7. 1948, Saly-Mayer-Archiv, Mikrofilm Nr. 16.

[33] 6. 4. 1945, Bericht von Allen Dulles aus Bern an das OSS-Hauptquartier in den USA, Entry 134 File 232. Für diesen Bericht bedanke ich mich bei meinem Kollegen Georg Hodel.

[34] Dieter Eichmann erwähnt zwar Becher nicht namentlich, seine Beschreibung lässt diese Interpretation aber als sehr plausibel erscheinen. Vgl.: Giefer Rena und Thomas: Die Rattenlinie. Fluchtwege der Nazis. Eine Dokumentation. Beltz Athenäum Verlag, Weinheim 1995, S. 67.

[35] Schweizerisches Konsulat Hamburg, Sig. Kocher 16. 7. 1953 an Polizeiabt. des EJPD; Bundesarchiv, E 4320(B) 1973/17/95 Aktenzeichen: C.2.17307.

Kapitel 7

[1] Bericht J. Lewis van Harten an das Direktorium des C.I.C.R., 8. 6. 1945, Yad-Vashem-Archiv, P12/39.

[2] Brief van Harten an Pozner, 12. 4. 1945, CZA L17/174.

[3] Bericht eines ärztlichen Begleiters der Rotkreuzkolonne 402 vom 14.5. bis 25.5. 1945 nach Meran, Dr. Jovanovits, Kantonspital Zürich, 4.6.1945, AIKRK SG4/13/M.

[4] Top Secret Telegram from Dulles to Gerhard Van Arkel, 14. 4. 1945, NARA, OSS Operational Archives RG 226 Entry 165 Box 14 F-131.

[5] Interview mit Nusinow, 23. 9. 1967, S. 8 f.
[6] Protokoll der Sitzung am 26. 1. 1945, AIKRK G3/24b Bd. 83 Italie du Nord 1944–1945.
[7] Jean-Claude Faves: War der Holocaust aufzuhalten? Das Internationale Rote Kreuz und das Dritte Reich. NZZ Verlag, Zürich 1989, S. 432 ff.
[8] Brief Valobra an Saly Mayer, 24. 1. 1945, Saly-Mayer-Archiv, Mikrofilm Nr. 16.
[9] Brief Valobra an Saly Mayer, 16. 2. 1945, Saly-Mayer-Archiv, Mikrofilm Nr. 16.
[10] Schreiben P. Kuhnes und Kurt Tschudi, 19. 4. 1945, Archiv des IKRK G59/3.
[11] Favez: War der Holocaust aufzuhalten?, S. 435.
[12] Notiz 28. 2. 1945, Saly-Mayer-Archiv, Mikrofilm Nr. 16.
[13] Brief van Harten an Pozner, 30. 4. 1945, Yad-Vashem-Archiv, Nachlass Pozner P12/39.
[14] Brief Albert Crastan an EPD (Schweiz. Außenministerium), 13. 6. 1945, BAr E2500-/1 Bd. 7.
[15] Delasem-Bericht unsigniert (im Original deutsch, von Lelio Vittorio Valobra), 2. 4. 1945, Saly-Mayer-Archiv, Mikrofilm Nr. 16.
[16] Bericht J. Lewis van Harten an das Direktorium des C.I.C.R., 8. 6. 1945, S. 2–3, Yad-Vashem-Archiv, Nachlass Pozner P12/39 sowie AIKRK G61 Dossier van Harten.
[17] Telefongespräch-Protokoll, 26. 4. 1945, AIKRK G.59/8/EV.
[18] Brief Leo Bisggi de Blasy, IKRK-Delegierte in Genua, an Hr. Vögli, IKRK-Genf, 2. 4. 1946. AIKRK, G61, Dossier van Harten.
[19] Bericht eines ärztlichen Begleiters der Rotkreuzkolonne 402 vom 14. 5. bis 25. 5. 1945 nach Meran, Dr. Jovanovits, Kantonspital Zürich, 4. 6. 1945, AIKRK SG 4/13/M.
[20] Bericht J. Lewis van Harten an das Direktorium des C.I.C.R., 8. 6. 1945, Yad-Vashem-Archiv, Nachlass Pozner P12/39 sowie AIKRK G61 Dossier van Harten.
[21] Bericht von J. van Harten, Nachkriegspläne, Yad-Vashem-Archiv, Nachlass Pozner P12/39.
[22] Undatierter Bericht van Harten, wahrscheinlich 1945, Yad-Vashem-Archiv, Nachlass Pozner P12/39.
[23] Bericht J. Lewis van Harten an das Direktorium des C.I.C.R., 8. 6. 1945, Yad-Vashem-Archiv, Nachlass Pozner P12/39 sowie AIKRK G61 Dossier van Harten.
[24] Ebenda.
[25] Telefongespräch aus Münster von Dr. von Orelli mit Fräulein Odier, 28. 5. 1945, AIKRK G61 Dossier van Harten.
[26] Undatierter Bericht von Rock Ferris, AMG 5th Army, AIKRK G61 Dossier van Harten.
[27] Brief von Albert Lombard, IKRK-Vize-Präsident, an AMG, 30. 5. 1945, AIKRK G61 Dossier van Harten.
[28] Brief van Harten an Pozner, 30. 4. 1945, CZA L17/174.
[29] Bevollmächtigung 17. 3. 1945, Yad-Vashem-Archiv, Nachlass Pozner, P12/39.

[30] Bericht K. Tschudi an den Präsidenten des IKRK, 22. 6. 1945, AIKRK G61 Dossier van Harten.
[31] Bericht Dr. Jovanovits, AIKRK SG 4/13/M.

Kapitel 8

[1] Verhör Schoster, 1. 8. 1945, SBAr E4320(B) 1973/17 Bd. 75 Aktenzeichen C.2.14271.
[2] Bericht von Inspektor W. Benz i. S. Manser Franz und Alfred, 31. 10. 1945, E4320(B) 1973/16 Bd. 75 Aktenzeichen: C.2.17271.
[3] Ebenda.
[4] Protokoll betreffend Abhörung des Herrn Franz Manser, 14. 3. 1946, SBAr E7160-07(-) 1968/54 Bd. 1091 SVSt, Spezialfall 109.
[5] Abhörungsprotokoll Franz Manser, BA SBAr, 30. 8. 1945, S. 19, E4320(B) 1973/16 Bd. 75 Aktenzeichen: C.2.17271.
[6] Abhörungsprotokoll Alfred Manser, BA Locarno SBAr, 30. 8. 1945, E4320(B) 1973/16 Bd. 75 Aktenzeichen: C.2.17271 S. 15.
[7] Abhörungsprotokoll Alfred Manser, BA Locarno SBAr, 30. 8. 1945, E4320(B) 1973/16 Bd. 75 Aktenzeichen: C.2.17271, S. 19.
[8] Ebenda.
[9] Brief Pozner an van Harten, 22. 5. 1945, Yad-Vashem-Archiv, Nachlass Pozner P12/39.
[10] »The Hungarian Crown Jewels« by Robert L. Chapman, Madison, NJ, http://www.msstate.edu/Archives/History/hungary/chapman.html
[11] Brief Pozner an van Harten, 22. 5. 1945, Yad-Vashem-Archiv, Nachlass Pozner P12/39.
[12] Ebenda.
[13] Biemann: Blutige Spuren, S. 57.
[14] Revisions-Bericht (SVSt), 14. 9. 1945, SVSt, Spezialfall 109, SBAr E7160-07(-) 1968/54 Bd. 1091.
[15] Linus von Castelmur: Schweizerisch-alliierte Finanzbeziehungen im Übergang vom Zweiten Weltkrieg zum Kalten Krieg. Die deutschen Guthaben in der Schweiz zwischen Zwangsliquidierung und Freigabe (1945–1952), Chronos, Zürich 1992, S. 14.
[16] Biemann: Blutige Spuren, S. 58.
[17] Ladislas Farago: Aftermath. Martin Bormann and the Fourth Reich. Simon & Schuster, New York 1974, S. 187.
[18] Bericht von Inspektor W. Benz i. S. Manser Franz und Alfred, 31. 10. 1945, E4320(B) 1973/16 Bd. 75 Aktenzeichen: C.2.17271.

Kapitel 9

[1] Kurt Emmenegger, Q. N. wusste Bescheid. Schweizer Spiegel Verlag, Zürich 1965, S. 28 f.

[2] Ebenda.
[3] Higham: Trading with The Enemy, S. 41 ff.
[4] Charles Higham: American Swastika. Doubleday & Company, Garden City, New York 1985, S. 191.
[5] Der bereits zitierte Julius Mader behauptet, dass auch Wilhelm Höttl mehrmals mit gefälschten Papieren in die Schweiz gefahren sei, um mit Dulles zu verhandeln. Er stützt sich auf ein Dokument vom 30. 4. 1943, das auf ein Treffen zwischen dem SS-Vertrauensmann VM 144/7957 und Dulles hinweist. Dieser VM soll Höttl persönlich gewesen sein. (Vgl.: Julius Mader: Die graue Hand. Eine Abrechnung mit dem Bonner Geheimdienst. Kongress-Verlag, Berlin 1961, S. 224 f.) Mader vermengt hier aber offenbar einige Fakten. Höttl reiste zwar – wie wir in den nächsten Kapiteln noch sehen – zweimal mit falschen Ausweisen in die Schweiz, dies war jedoch erst 1945. Der VM muss Prinz Hohenlohe gewesen sein. Denn lt. Höhne war er in Schellenbergs V-Männer-Liste mit dieser Nummer (144/7957) geführt. Vgl.: Heinz Höhne: Der Orden unter dem Totenkopf. Die Geschichte der SS. Sigbert Mohn Verlag 1967, S. 479.
[6] Siehe Shraga Elam: Schweizer Qualitäts-Holzbaracken für die SS-Schergen. In: Sebastian Speich: Die Schweiz am Pranger. Ueberreuter Verlag, Wien 1997, S. 129 ff.
[7] Nach dem Krieg sagte Wilhelm Höttl bei einer Befragung aus, dass Schellenberg zu diesem Zeitpunkt zugegeben hatte, Kontakte mit Dulles zu haben. Höttl vermutete, dass der Mittelsmann Masson war, es könne aber genauso gut der Prinz Hohenlohe gewesen sein.
[8] Zit. nach Higham: Trading with the Enemy, S. 157.
[9] Waibel: Die geheimen Verhandlungen, S. 105 f.
[10] Brief Major Barblan, Pol. Of. Ter.-Kdo. 6 an Oberst i. Gst. Müller, 23. 2. 1942, Spab-Akten, SBAr E27/10065.
[11] Bericht Barblan, 29. 7. 1941, Spab-Akten, SBAr E27/10065.
[12] Briefwechsel mit Hptm. Schulthess in der Geheimdienstzentrale in Luzern, Juni 1944, E27/9981 Bd. 5.
[13] Bradley F. Smith/Elena Agarossi: Unternehmen »Sonnenaufgang«. Das Kriegsende in Italien. Kiepenheuer & Witsch, Köln 1981, S. 118.
[14] Der unmittelbare Schutz zeigte sich z. B. daran, dass SS-General Wolff mit Hilfe seiner »Sunrise«-Freunde über die Schweiz nach Deutschland fliehen konnte.
[15] Brief Husmann an Bundesrat Kobelt, 16. 9. 1947, SBAr E27/9540 Bd. 3.
[16] Brief Husmann an General Telford T. Taylor in Nürnberg, 9. 8. 1947, SBAr E27/9540 Bd. 3.
[17] Frank Garbely: Die Rote Armee vor Triest: Vormarsch bis zum Atlantik? – SS-General Karl Wolff über die geheimen deutsch-amerikanischen Waffenstillstandsverhandlungen in der Schweiz. – In: »Die WochenZeitung«, 27. 7. 1984.
[18] Allen Dulles: The Secret Surrender. Winfeld & Nicolson, London 1967, S. 30 bzw. 35.

[19] Telegramm 677, 10. 11. 1944, OSS-Dokumente, Box 277.
[20] Telegramm 1757, Dulles an OSS-Chef Bill Donovan, 5. 12. 1944, OSS-Dokumente, Box 193.
[21] Allen Dulles/Gero v. S. Gaevernitz: Unternehmen »Sunrise«. Die geheime Geschichte des Kriegsendes in Italien. Econ Verlag, Düsseldorf und Wien 1967, S. 64.
[22] In Dulles' Beschreibungen werden übrigens auch die jüdischen Insassen des KZ Bozen erwähnt. Bei ihm heißt es, dass es Wolff war, der den US-Amerikanern versprach, diese Juden freizulassen – von Jaac van Harten und Valerio Benuzzi ist hier keine Spur. Diese Aktion scheint also offensichtlich sehr viele Väter gehabt zu haben.
[23] Brief Waibel an Oberst W. Müller, 12. 6. 1945, SBAr E27/9540 Bd. 3.
[24] Brief Oprecht an Balsiger, 2. 12. 1947, Bundesanwaltschaft Dulles-Dossier, SBAr E4320(B) 1990/266 Bd. 272 Aktenzeichen C.16.5851.
[25] Dulles: The Secret Surrender, S. 211 bzw. 214 f.
[26] Max Waibel: 1945: Kapitulation in Norditalien. Bericht des Vermittlers. Helbling & Lichtenhan, Basel 1981.
[27] Brief Kurz an Preiswerk, 11. 7. 1975, SBAr Nachlass Kurz J I.203(-) -/-- 722 Bd. 2. Marcel Beck, der bissige Kommentator des »Badener Tagblatts«, wehrte sich gegen diese Glorifizierung. Vgl.: Marcel Beck: Gelungene Rehabilitierung. – In: »Badener Tagblatt«, 10. 10. 1981.
[28] Brief einer Tessinergruppe, die Gerechtigkeit fordert, an den Chef des Eidg. Militärdepartementes, 26. 10. 1945 eingetroffen in Bern, SBAr E27/9518.

Kapitel 10

[1] Waibel: Die geheimen Verhandlungen, S. 85.
[2] Höttl: Einsatz für das Reich, S. 340.
[3] Telegram 6079, 28. 2. 1945. Zit. in: Neal H. Petersen (Hg.): From Hitler's Doorstep. The Wartime Intelligence Reports of Allen Dulles 1942–1945. The Pennsylvania State University Press, University Park 1996, S. 459.
[4] Interview im »Spiegel«, 27. 11. 1963.
[5] Radiotelefon-Gespräch Nr. 290, 27. 3. 1945, NARA, Operational Records of the OSS, Entry 160 Box 1.
[6] Telegram 6209, 2. 3. 1945, zit. in: Petersen (Hg.): From Hitler's Doorstep, S. 461.
[7] Höttl: Einsatz für das Reich, S. 343.
[8] SBAr E4320 (B) 1973/17 Bd. 55, Aktenzeichen C.2.13288, Dossier Friedrich Westen, Chef der SBA an die Fremdenpolizei, 24. 10. 1944.
[9] Höttl: Einsatz für das Reich, S. 343.
[10] SBA, Prinz Alois Auersperg Dossier, SBAr E4320 (B) 1973/17 Bd. 50 Aktenzeichen C.2.13009, Aktennotiz 24. 8. 1944.
[11] Ebenda, Aktennotiz Balsiger, 24. 11. 1944.
[12] SBAr E4320 (B) 1973/17 Bd. 50 Aktenzeichen: C.2.13009 Dossier Prinz Alois

Auersperg Polizeikorps des Kto. Zürich an den Nachrichtendienst Zürich, 18. 4. 1945.

[13] Bericht Nr. B-2048 von Auersperg an die OSS-Zentrale, 20. 3. 1945. – In: Höttl: Einsatz für das Reich, S. 465 ff.

[14] »Profil«, 9. 12. 1998.

[15] Frowein: Wunderwaffe Falschgeld, Klappentext.

[16] SBAr E4323 (A) 1988/1 Bd. 72, Brief SBA an Herrn Dr. K. Lienert, Kant. Polizeikommando St. Gallen, 5. 10. 1945.

[17] Bericht von Inspektor O. Maurer, SBAr, E4320 (B) 1990/133 Bd. 48 Aktenzeichen C.12.4103.

[18] Ebenda, Aktennotiz 13. 4. 1945.

[19] Ebenda, Einvernahme Höttl, Kantonspolizei Zürich, 13. 4. 1945, 20.30 Uhr (die Verhaftung erfolgte um 20 Uhr).

[20] SBAr E4320 (B) 1973/17 Bd. 55 Aktenzeichen: C.2.13288 Dossier Friedrich Westen, Brief Brunner (Frepo) an Oberst i. Gst. Müller (SD) 21. 3. 1945.

[21] Ebenda, Aktennotiz Werner Benz, 6. 4. 1945.

[22] SBAr SBA E4320 (B) 1990/133 Bd. 36, Aktenzeichen C.12.3756 Polizeikorps des Kantons Zürich an den ND der Stadt Zürich, 26. 5. 1944 u. a.

[23] »Der Spiegel«, 22. 4. 1953.

[24] »Der Spiegel«, 27. 11. 1963.

[25] E4320 (B) 1991/243 Bd. 75 C.13.921 SBA-Dossier Wilhelm Bruckner, Bericht des Nachrichtendienstes der Zürcher Polizei, 25. 6. 1946.

[26] Heinz Höhne: Der Krieg im Dunkeln. Macht und Einfluss des deutschen und russischen Geheimdienstes. C. Bertelsmann Verlag, München 1985, S. 483 ff.

[27] Höttl: Einsatz für das Reich, S. 389 und S. 476 ff.

[28] Affidavit vom 14. 12. 1945, Nürnberger Prozesse Dokument 2738-PS. Siehe z. B. http://www.ess.uwe.ac.uk/genocide/jewspers3.htm

[29] »Der Spiegel«, 22. 4. 1953.

Kapitel 11

[1] Alle Zitate stammen aus dem Interview Nana Nusinows mit Jaac und Viola van Harten, 23. 9. 1967, Haganah-Archiv, Signatur 93.23.

[2] Rapport No. 1 Claude Pilloud (IKRK-Delegerierte), 13. 6. 1945, AIKRK G61.

[3] Abschrift eines Briefes von Viola van Harten an Kurt Tschudi in Milano (ohne Datum), AIKRK G61.

[4] Ebenda.

[5] Brief Viola van Harten an den IKRK-Funktionär Foconnet, 3. 6. 1945, AIKRK G61.

[6] Brief Jaac van Harten aus Terni an Pozner, 7. 11. 1945, CZA L17/174.

[7] Abschrift der »Ungarischen Kronschatz-Bevollmächtigung«, 17. 3. 1945, unterschrieben von Dr. Gábor Baron von Kemény, Yad Vashem, Nachlass Pozner P12/39.

[8] Abschrift eines Briefes von Viola van Harten an Kurt Tschudi in Milano (ohne Datum), AIKRK G61.

[9] Sentenza del Giudice Istruttore Nr. 1867/46, 9. 8. 1947, S. 5; CH-Konsulat Venedig, SBAr E 2200.26(-)-/3 Bd. 2.
[10] Vertraulicher Brief vom EPD an die CH-Gesandtschaft in Rom, sig. Huber, 25.6.1946, Personalakten Alberto Crastan, SBAr E2500 -/1 Bd.7 Aktenzeichen B.21.213.22.
[11] Brief Botschafter Ritter aus Rom an den Bundesrat in Bern, 16.6.1946, ebenda.
[12] Brief Botschafter Ritter aus Rom an das EPD, 4.10.1946, ebenda.
[13] Brief an die CH-Gesandtschaft Rom vom schweizerischen Konsul in Venedig, Imhof, 23.1.1947, SBAr E2200.26 (-) -/3 Bd.2 Aktenzeichen: IV.A.39.25.B. Akten des CH-Konsulats in Venedig.
[14] Brief Alexander Kinkelin aus Meran an das Schweizer Konsulat in Venedig, 6. 5. 1947, ebenda.
[15] Erklärung Pozners, undatiert, Yad Vashem P-12/39.
[16] Undatierter und unsignierter Brief an Pozner, CZA L17/174.
[17] Yehuda Bauer: Ha'bricha [Die Flucht]. Sifriat Ha'poalim, Tel Aviv 1970, S. 108.
[18] Habib Kna'an: Die ungarische Krone. – In: »Ha'aretz«, 7. 6. 1974 (Wochenende-Beilage).
[19] Ebenda.
[20] Interview Nana Nusinow mit Eliyahu Ben-Chur, Haganah-Archiv 100.11 (hebr.)
[21] Brief Eliyahu Cohen an seine Frau, 23. 5. 1945. – In Yoav Gelber: Toldot Hahitnadvut Gimel: Nosëi Hadegel. [Die Geschichte der Freiwilligen (Teil III): Die Flaggenträger]. Jerusalem 1983, S. 534.
[22] Joel-Palgi-Interview mit Adir Kohen, 18.12.1959, Haganah-Archiv, 165–26 (hebr.).
[23] Interview Nana Nusinow mit Schalheweth Freier, 17. 7. 1966, Haganah-Archiv, 197.27 (hebr.). Hervorhebung durch den Autor.
[24] Interview Nana Nusinow (unter Mitarbeit von Meir Davidsohn) mit Haim Galbard, 3. 4. 1967, Haganah-Archiv 93.27.
[25] Simon Wiesenthal: Doch die Mörder leben. Droemer Knaur, München/Zürich 1967, S. 109.
[26] Idith Zertal: From Catastrophe to Power. Jewish illegal Immigration to Palestine 1945–1948. Am Oved Publisher, Tel Aviv 1996, S. 311 (hebr.).
[27] Ebenda, S. 322.
[28] Ebenda, S. 20.
[29] S. z. B. ebenda, S. 396.
[30] Ben-Gurion-Tagebuch, 3. 11. 1945, Ben-Gurion Archiv, Sdeh-Boker (hebr.).
[31] Zertal: From Catastrophe to Power, S. 418 ff.

Kapitel 12
[1] Höttl: Einsatz für das Reich, S. 350.
[2] Ebenda, S. 349 f.
[3] Pomorin: Blutige Spuren, S. 48.

[4] Ralph Blumenthal: The Secret of Schloss Labers. – In: »New York Times«, 22. 6. 1986.
[5] Magnus Linklater et al.: Nazi Legacy. Holt, Rinehart and Winston, New York 1984, S. 236.
[6] Hagen: Unternehmen Bernhard, S. 265 ff.
[7] Pomorin: Blutige Spuren, S. 50. Die Klammerausdrücke sind Teil des Zitats.
[8] Ebenda.
[9] Brief Schwend aus Lima an Heinz Riegel in Karlsruhe, 9. 8. 1963. Für die Briefe Schwends an Riegel bedanke ich mich bei Rena Giefer.
[10] Hagen: Unternehmen Bernhard, S. 270.
[11] Linklater: Nazi Legacy, S. 237.
[12] Pomorin: Blutige Spuren, S. 49.
[13] Ebenda, S. 101.
[14] »Stern«, 10. 8. 1959.
[15] Zit. n. Pomorin: Blutige Spuren, S. 107.
[16] Zit. n. ebenda, S. 108.
[17] Zit. n. ebenda, S. 93 f.
[18] Brief Schwend an Riegel, 11. 7. 1963.
[19] Zit. n. Rena und Thomas Giefer: Die Rattenlinie. Fluchtwege der Nazis. Eine Dokumentation. Beltz Athenäum Verlag, Weinheim 1995, S. 90.
[20] Für diese Information bedanke ich mich herzlich bei Georg Biemann.
[21] Brief Schwend an Riegel, 10. 6. 1963.
[22] Ein von Schwend geschriebenes Memorandum, undatiert.
[23] Brief Schwend an Riegel, 11. 7. 1963. Auf welche Zeitung sich Schwend hier bezieht, konnte nicht festgestellt werden. Generell ist festzuhalten, dass Schwend zum damaligen Zeitpunkt schon fast 20 Jahre in einem spanischsprachigen Land lebte und ihm deshalb im Deutschen manche Fehler und etwas holprige Formulierungen unterliefen: einen »Transfer verlagern«, »Nunzius« …
[24] Brief Schwend an Riegel, 9. 8. 1963.
[25] Brief Schwend an Riegel, das Datum ist nicht klar.
[26] Brief Schwend an Riegel, 11. 3. 1964.
[27] Linklater: Nazi Legacy, S. 237 f. »Merex« war eine Strohfirma des deutschen Bundesnachrichtendienstes. Siehe: Peter Dale Scott: How Allen Dulles and the SS Preserved Each Other. CovertAction Number 25, Winter 1986.
[28] Dan Russel: Drug War. Covert Money, Power & Policy (unpublished yet); http://www.drugwar.com/ciasyndicate.htm
[29] Linklater: Nazi Legacy, S. 239.
[30] Für diese Angabe aus dem Schwend-Archiv bedanke ich mich herzlich bei Georg Biemann.
[31] Farago: Aftermath, S. 85 ff. S. a. Linklater: Nazi Legacy, S. 229.
[32] Linklater: Nazi Legacy, S. 258.

Kapitel 13

[1] Christopher Simpson: Der amerikanische Bumerang. NS-Kriegsverbrecher im Sold der USA. Ueberreuter, Wien 1988, S. 215.

[2] Ebenda, S. 218.

[3] Ebenda, S. 217.

[4] Zit. n. Giefer: Die Rattenlinie, S. 98.

[5] Farago: Aftermath, S. 210 f.

[6] Mark Aarons, John Loftus: Unholy Trinity. How the Vatican's Nazi Networks betrayed Western Intelligence to the Soviets. St. Martin's Press, New York 1992, S. 31.

[7] Alois C. Hudal: Römische Tagebücher. Lebensbeichte eines alten Bischofs. Leopold Stocker Verlag, Graz-Stuttgart 1976, S. 21.

[8] Gitta Sereny: Into that Darkness: »the Mind of a Mass Murder«. Picador, London 1977, S. 289.

[9] Sereny: Into that Darkness, S. 316 f.

[10] La Vista: Illegal emigration, S. 2.

[11] Ebenda.

[12] US-NARA, CIC-report number D-3330 von Paul Lyon, 16. 12. 1946.

[13] La Vista: Illegal emigration, Appendix B, S. 4.

[14] La Vista: Illegal emigration, S. 7.

[15] Carmit Gai: Back To Yad-Hanna. Am Oved Publishers, Tel Aviv 1992, S. 43 (hebr.).

[16] La Vista: Illegal emigration, Appendix C, S. 2.

[17] Ebenda, S. 4.

[18] La Vista: Illegal emigration, S. 10.

[19] La Vista: Illegal emigration, Appendix B, S. 9.

[20] Airgram, Department of State to Embassy Rome, 25. 7. 1947, USNA, RG 59 800.0128/7-2547.

[21] Aarons, Loftus: Unholy trinity, S. 44 f.

[22] Linklater: Nazi Legacy, S. 184.

[23] Memorandum for the Officer in Charge, Subject: »Intermarium«, Feren Vajda, INSCOM-Dossier Nr. XE232094I9C003, Dokumente 49-51: zit. n. Simpson: Der amerikanische Bumerang, S. 219.

[24] James V. Milano, Patrick Brogan: Soldiers, Spies, and the Rat Line. America's Undeclared War Against the Soviets. Brassey's, Washington 1995, S. 223 f.

[25] Milano, Brogan: Soldiers, Spies, and the Rat Line, S. 224 ff. Die Übersetzung folgt bis Mitte Abschnitt 2.c. der Übersetzung in Giefer: Die Rattenlinie, S. 118.

[26] Aarons, Loftus: Unholy Trinity, S. 39.

Wichtige Abkürzungen und Organisationen

AMG: Allied Military Government, die am 5. Juni 1945 eingesetzte Militärregierung Deutschlands
CIC: Army Counterintelligence Corps, die Gegenspionagekorps der US-Armee
DELASEM: Delegazione Assistenza Emigranti, ein jüdisch-italienisches Hilfswerk
EPD: Eidgenössisches Politisches Departement, die ehemalige Bezeichnung für das schweizerische Außenministerium. Heute: Eidg. Departement für auswärtige Angelegenheiten (EDA)
Gestapo: Geheime Staatspolizei, die 1933 entstandene politische Polizei war seit 1939 als Amt IV in das RSHA eingegliedert.
Ha'bricha (die Flucht): Organisation für die illegale Auswanderung aus den befreiten Ländern Europas
Haganah: zionistische Untergrundarmee
[Ha'-]Mossad le'alayalia Beth (das Institut für illegale Einwanderung): Organisation für die illegale Einwanderung nach Palästina. Sie ist nicht identisch mit dem heutigen israelischen Geheimdienst [Ha'-]Mossad Le'Modiin We'Tafkidim Me'yuchadim (Institut für Nachrichtendienst und spezielle Aufgaben)
IKRK: Internationales Komitee vom Roten Kreuz, 1864 in Genf begründetes internationales Hilfswerk auf der Grundlage nationaler Rot-Kreuz-Gesellschaften
JA: Jewish Agency for Palestine, die anerkannte öffentliche Vertretung des Zionismus für Palästina. Das Direktorium bildete die vorstaatliche Regierung Israels.
JDC: American Jewish Joint Distribution Committee (kurz »Joint« genannt), das größte jüdische Hilfswerk während des Zweiten Weltkrieges
NS1: Nachrichtenstelle 1 in Luzern (auch »Rigi« genannt). Diese Stelle des schweizerischen Militär-Geheimdienstes befasste sich mit Nachrichtenbeschaffung und koordinierte die Arbeit mit den Außenstellen: »Nell« in Lugano, »Speer« in St. Gallen, »Uto« in Zürich usw.
ODESSA: Organisation der ehemaligen SS-Angehörigen, eine Nazi-Fluchtorganisation
OSS: Office of Strategic Services (Amt für strategische Aufgaben), ein US-amerikanischer Nachrichtendienst
Palamt: Palästina-Amt, eine Art vorstaatliche israelische Botschaft
RSHA: Reichssicherheitshauptamt, nach dem Zusammenschluss von SD und Sipo 1939 die Zentrale des politischen Polizeiwesens im Dritten Reich. Leiter war bis 1942 Reinhard Heydrich, ab 1943 Ernst Kaltenbrunner.
SBA: Schweizerische Bundesanwaltschaft
SBG: Schweizerische Bankgesellschaft
SD: Sicherheitsdienst, der von Reinhard Heydrich gegründete Geheimdienst der

NSDAP innerhalb der SS, ab 1936 offizieller Nachrichtendienst Deutschlands
SGS: Société Général de Surveillance, ein Schweizer Finanzinstitut
Sipo: Sicherheitspolizei, der Zusammenschluss von Gestapo und Kriminalpolizei unter Reinhard Heydrich
SNB: Schweizerische Nationalbank
Spab: Spionageabwehr, die Gegenspionagekorps der schweizerischen Armee
SRK: Schwedisches Rotes Kreuz
SS: Schutzstaffel, 1925 entstandene Sonderorganisation zum Schutz hoher NSDAP-Funktionäre, bald auch die »Polizei« innerhalb der Partei. Ab 1939/40 gab es neben der Allgemeinen SS auch die Waffen-SS.
SVSt: Schweizerische Verrechnungsstelle

Quellen- und Literaturverzeichnis

Ungedruckte Quellen

Archiv der Arbeiterbewegung, Lavon-Institut, Tel Aviv, Nachlass Nathan Schwalb (Dror)
Archiv des Internationalen Komitees des Roten Kreuzes, Genf (AIKRK)
Archiv für Zeitgeschichte, Zürich, Nachlass Saly Mayer und Nathan Schwalb (Dror)
Central Zionist Archives, Jerusalem (CZA)
Haganah Archiv, Tel Aviv
Privatarchiv Kurt Emmenegger, Zürich
Schweizerische Nationalbank-Archiv, Zürich
Schweizerisches Bundesarchiv, Bern (SBAr)
United States National Archives, Maryland (NARA)
Yad Vashem Archives, Jerusalem

Gedruckte Quellen

AARONS Mark/LOFTUS John: Unholy Trinity. How the Vatican's Nazi Networks betrayed Western Intelligence to the Soviets. St. Martin's Press, New York 1992.

AARONS Mark/LOFTUS John: The Secret War against the Jews. How Western Espionage betrayed the Jewish People. St. Martin's Press, New York 1994.

ARENDT Hannah: Eichmann in Jerusalem. Ein Bericht von der Banalität des Bösen. R. Piper & Co., München 1965.

BAUER Yehuda: Freikauf von Juden? Verhandlungen zwischen dem nationalsozialistischen Deutschland und jüdischen Repräsentanten von 1933 bis 1945. Jüdischer Verlag, Frankfurt/Main 1996.

BAUER Yehuda: American Jewry and the Holocaust. The American Jewish Joint Distribution Committee, 1939–1945. Wayne State University Press, Detroit 1981.

BAUER Yehuda: Ha'bricha Sifriat Ha'poalim, Tel Aviv 1970 (hebr.).

BAUER Yehuda: My Brother's Keeper. A History of the American Jewish Joint Distribution Committee, 1929–1939. The Jewish Publication Society of America, Philadelphia 1974.

BAUER Yehuda: Out of the Ashes. The Impact of American Jews on Post-Holocaust European Jewry. Pergamon Press, Oxford 1989.

BECK Marcel: Gelungene Rehabilitierung. – In: »Badener Tagblatt«, 10. 10. 1981.

Beit-Zwi S. B.: Post-Ugandan Zionism in the Crisis of the Holocaust. Tel Aviv 1991.
Blumenthal Ralph: The Secret of Schloss Labers. – In: »New York Times«, 22. 6. 1986.
Brenner Lenni: Zionism in the Age of the Dictators. A Reappraisal. Croom Helm, London 1983.
Bunzl John: Der lange Arm der Erinnerung. Böhlau Verlag, Wien 1987.
Burger Adolf: Unternehmen Bernhard. Zum Fälschen gezwungen. Edition Heinrich, Berlin 1992.
Burke Byron: Counterfeiting of British currency during World War II: Operation Andrew and Operation Bernhard. Book Shop, San Bernardino/California 1987.
Castelmur Linus von: Schweizerisch-alliierte Finanzbeziehungen im Übergang vom Zweiten Weltkrieg zum Kalten Krieg. Die deutschen Guthaben in der Schweiz zwischen Zwangsliquidierung und Freigabe (1945–1952). Chronos, Zürich 1992.
Dulles Allen/Gaevernitz Gero v. S.: Unternehmen »Sunrise«. Die geheime Geschichte des Kriegsendes in Italien. Econ-Verlag, Düsseldorf und Wien 1967.
Dulles Allen: The Secret Surrender. Winfeld and Nicolson, London 1967.
Elam Shraga: Schweizer Qualitäts-Holzbaracken für die SS-Schergen. – In: Sebastian Speich et al.: Die Schweiz am Pranger. Banken, Bosse und die Nazis. Wirtschaftsverlag Ueberreuter, Wien 1997.
Emmenegger Kurt: Der Fall Deutsch. Tatsachen zu einem Justizskandal. 1789 Editions, Zürich 1970.
Emmenegger Kurt: Q. N. wusste Bescheid. Schweizer Spiegel Verlag, Zürich 1965.
Emmenegger Kurt: Reichsführer gehorsamster Becher. Serie in der Zeitschrift »Sie & Er«, 1962/63.
Eshoni-Beri Shoshana: Die Kastner-Affäre. Zur Frage der Aussage zugunsten von Naziverbrechern. Versuch einer anderen Erklärung. – In: »Yalkut Moreshet«, einer Zeitschrift für Dokumentation und Reflexion, Nr. 59 April 1995.
Farago Ladislas: Aftermath. Martin Bormann and the Fourth Reich. Simon and Schuster, New York 1974.
Faves Jean-Claude: War der Holocaust aufzuhalten? Das Internationale Rote Kreuz und das Dritte Reich. NZZ Verlag, Zürich 1989.
Frowein Eberhard: Die Wunderwaffe Falschgeld. In freier Bearbeitung den Tatsachen nacherzählt. Neptun Verlag, Kreuzlingen 1954.
Gai Carmit: Back To Yad-Hanna. Am Oved Publishers, Tel Aviv 1992 (hebr.).
Garbely Frank: Die Rote Armee vor Triest: Vormarsch bis zum Atlantik?

SS-General Karl Wolff über die geheimen deutsch-amerikanischen Waffenstillstandsverhandlungen in der Schweiz. – In: »Die WochenZeitung« (WoZ), 27. 7. 1984.

GELBER Yoav: Toldot Hahitnadvut Gimel: Noseï Hadegel [Die Geschichte der Freiwilligen (Teil III: Die Flaggenträger)]. Jerusalem 1983 (hebr.).

GIEFER Rena und Thomas: Die Rattenlinie. Fluchtwege der Nazis. Eine Dokumentation. Beltz Athenäum Verlag, Weinheim 1995.

HAGEN Walter (Pseudonym für Wilhelm Höttl): Unternehmen Bernhard. Verlag Welsermühl und Starnberg 1955.

HECHT Ben: Perfidy. Julian Messner, New York 1961.

HIGHAM Charles: American Swastika. Doubleday & Company, Garden City/New York 1985.

HIGHAM Charles: Trading with The Enemy. An Exposé of The Nazi-American Money Plot 1933–1949. Delacorte Press, New York 1983.

HILBERG Raul: Täter, Opfer, Zuschauer. Die Vernichtung der Juden 1933–1945. S. Fischer Verlag, Frankfurt/Main 1992.

HÖHNE Heinz: Der Krieg im Dunkeln. Macht und Einfluss der deutschen und russischen Geheimdienste. C. Bertelsmann Verlag, München 1985.

HÖHNE Heinz: Der Orden unter dem Totenkopf. Die Geschichte der SS. Sigbert Mohr Verlag 1967.

HÖTTL Wilhelm: Einsatz für das Reich. Im Auslandsgeheimdienst des Dritten Reiches. Verlag S. Bublies, Koblenz 1997.

HUDAL Alois C.: Römische Tagebücher. Lebensbeichte eines alten Bischofs. Leopold Stocker Verlag, Graz-Stuttgart 1976.

KENEALLY Thomas: Schindlers Liste. Goldmann Verlag, München 1994.

KNA'AN Habib: Die ungarische Krone. – In: »Ha'aretz«, 31. 5. 1974 und 7. 6. 1974 (Wochenendbeilage)

LINKLATER Magnus/HILTON Isabel/ASCHERSON Neal: Nazi Legacy. Klaus Barbie and the International Fascist Connection. Holt, Rinehart and Winston, New York 1984.

LÖHDE Wolfgang: Geld wie Heu. – In: »Stern«, 1959 (Serie).

MADER Julius: Die graue Hand. Eine Abrechnung mit dem Bonner Geheimdienst. Kongress-Verlag, Berlin 1961.

MADER, Julius: Der Banditenschatz. Deutscher Militärverlag, Berlin 1966.

MENDELSOHN John (ed.): The Holocaust (16.) Rescue to Switzerland. The Musy and Saly Mayer Affairs. Garland Publishing, New York-London 1982.

MILANO James V./BROGAN Patrick: Soldiers, Spies, and the Rat Line. America's Undeclared War Against the Soviets. Brassey's, Washington 1995.

MÜLLER-TUPATH Karla: Reichsführer gehorsamster Becher. Eine deutsche Karriere. Konkret Literatur Verlag 1982.

PETERSEN Neal H. (ed.): From Hitler's Doorstep. The Wartime Intelligence Reports of Allen Dulles 1942–1945. The Pennsylvania State University Press, University Park 1996.
PIRIE Anthony: Operation Bernhard: The Plot to ruin Britain by massive counterfeiting. Grove Press, New York 1962.
POMORIN Jürgen/JUNGE Reinhard/BIEMANN Georg/BORDIEN Hans-Peter: Blutige Spuren. Der zweite Aufstieg der SS. Weltkreis Verlag, Dortmund 1980.
ROSENFELD Shalom: Kriminalakte 124. Der Prozess Grünwald-Kastner. Karni Verlag, Tel Aviv 1955 (hebr.).
RUSSEL Dan: Drug War: Covert Money, Power & Policy (unpublished yet) http://www.drugwar.com/ciasyndicate.htm
SCOTT Peter Dale: How Allen Dulles and the SS Preserved Each Other. CovertAction Number 25, Winter 1986.
SEGEV Tom: Die siebte Million. Der Holocaust und Israels Politik der Erinnerung. Rowohlt Verlag, Reinbek bei Hamburg 1995.
SERENY Gitta: Into that Darkness: »the Mind of a Mass Murder«. Picador, London 1977.
SHONFIELD, Rabbi Moshe: The Holocaust Victims Accuse. Neturei Karta of USA, New York 1977.
SIMPSON Christopher: Der amerikanische Bumerang. NS-Kriegsverbrecher im Sold der USA. Ueberreuter, Wien 1988.
SIMPSON Christopher: The Splendid Blond Beast: Money, Law and Genocide in the Twentieth Century. Grove Press, New York 1993.
SMITH Bradley F./AGAROSSI Elena: Unternehmen »Sonnenaufgang«. Das Kriegsende in Italien. Kiepenheuer & Witsch, Köln 1981.
TEVETH Shabtai: »Das schwarze Loch«. Ben Gurion zwischen Shoa und Wiederaufbau. – In: »Alpaim«, Nr. 10, 1994 (hebr.).
WAIBEL Max: 1945: Kapitulation in Norditalien. Bericht des Vermittlers. Helbling & Lichtenhan, Basel 1981.
WATRIN Konrad: Machtwechsel im Nahen Osten. Großbritanniens Niedergang und der Aufstieg der Vereinigten Staaten 1941–1947. Campus Verlag, Frankfurt-New York 1989.
WIESENTHAL Simon: Doch die Mörder leben. Droemer Knaur, München-Zürich 1967.
WYMAN David S.: Das unerwünschte Volk. Amerika und die Vernichtung der europäischen Juden. Max Hüber, Ismaning bei München 1986.
YERGIN Daniel: Shattered Peace. The Origins of the Cold War and the National Security State. Houghton Mifflin, Boston 1977.
ZERTAL Idith: From Catastrophe to Power. Jewish illegal Immigration to Palestine 1945–1948. Am Oved Publisher, Tel Aviv 1996 (hebr.).

Dank

Mit viel Glück stieß ich auf israelische und schweizerische Akten, die neues Licht auf eine der mysteriösesten Affären der Nazizeit und der Zeit danach werfen: die Geschichte der Falschgeldwäscherei in Meran.

Tüchtig nachgeholfen hat diesem Glück Bracha Eshel, damals Mitarbeiterin des Archivs des Gewerkschaftsbunds in Tel Aviv. Bracha gehört zu den wenigen Forscherinnen, die Jaac van Harten, die zentrale Figur dieses Buches, interviewten, und entsprechend wichtig war ihre Hilfe.

Alle historischen Forscher sind auf die Unterstützung der Archivmitarbeiter angewiesen. Ich habe das Glück, die professionelle und engagierte Hilfe Martin Rebers vom Schweizerischen Bundesarchiv in Bern zu genießen, der mir mit seinem Einsatz vieles ermöglichte.

Für die Zustellung wichtiger Dokumente bedanke ich mich herzlich bei Rena Giefer, Georg Biemann, Jürgen Pomorin und Georg Hodel.

Warmen Dank verdient auch Michael Ringier, der Teile dieser problematischen Recherche finanzierte.

Besonderen Dank verdient mein Freund David Wechsler, der aus meinem unmöglichen Deutsch liebevoll eine lesbare Lektüre machte und mich durch seine scharfe Kritik immer wieder herausforderte.

Personen- und Sachregister